U0548982

GOVERNMENT
PERFORMANCE MANAGEMENT
Theory and Practice

政府绩效管理
理 论 与 实 践

葛蕾蕾 /著

中国财经出版传媒集团
经济科学出版社
Economic Science Press
·北京·

图书在版编目（CIP）数据

政府绩效管理：理论与实践／葛蕾蕾著．—北京：经济科学出版社，2021.6
ISBN 978-7-5218-2628-9

Ⅰ.①政⋯　Ⅱ.①葛⋯　Ⅲ.①国家行政机关-行政管理-研究　Ⅳ.①D035

中国版本图书馆 CIP 数据核字（2021）第 118593 号

责任编辑：宋艳波
责任校对：齐　杰
责任印制：邱　天

政府绩效管理：理论与实践
ZHENGFU JIXIAO GUANLI：LILUN YU SHIJIAN
葛蕾蕾　著
经济科学出版社出版、发行　新华书店经销
社址：北京市海淀区阜成路甲 28 号　邮编：100142
总编部电话：010-88191217　发行部电话：010-88191522
网址：www.esp.com.cn
电子邮件：esp@esp.com.cn
天猫网店：经济科学出版社旗舰店
网址：http：//jjkxcbs.tmall.com
固安华明印业有限公司印装
710×1000　16 开　17.5 印张　280000 字
2021 年 6 月第 1 版　2021 年 6 月第 1 次印刷
ISBN 978-7-5218-2628-9　定价：76.00 元
(图书出现印装问题，本社负责调换。电话：010-88191545)
(版权所有　侵权必究　打击盗版　举报热线：010-88191661
QQ：2242791300　营销中心电话：010-88191537
电子邮箱：dbts@esp.com.cn)

前　言

2020年党的十九届五中全会通过的《中共中央关于制定国民经济和社会发展第十四个五年规划和二〇三五年远景目标的建议》，对加快转变政府职能作出重要部署，为全面加强政府建设、完善国家行政体系指明了方向、提供了行动指南。政府绩效管理作为国家治理体系现代化的重要组成部分，在促进政府工作落实、提高政府工作效率、提升公民满意度、促进政府职能转变和行政体制改革等方面发挥了不可替代的重要作用。

20世纪80年代以来，国内学界对政府绩效管理展开了各种理论研究与实践探索，包括新公共管理理论、新公共服务理论、公共价值理论及当下围绕国家治理体系现代化和改革的不断深化与改革。随着国家治理体系与治理能力现代化的有效推进，我国政府绩效管理在理论和实践上不断创新，积极改进治理理念、优化治理流程、拥抱新兴技术，从顶层设计到具体实践上进行有益的探索。不断创新绩效评价模式，致力于提高政府绩效管理的有效性和科学性；全面推进依法治理，保障政府绩效管理的权威性和独立性；积极探索公民参与政府绩效管理的方式和渠道，注重服务质量的改善和公民满意度的提高；大数据技术、云计算、人工智能等新兴技术也为政府绩效管理提供了契机，推动着政府绩效管理模式的不断优化，提高了政府绩效信息的透明度，逐步实现了以民为本和数据驱动，有力推动了政府绩效持续改进。

本书以政府绩效管理的系统模型、流程和关键决策为核心内容，以政府绩效管理研究所取得的理论成果为基础，介绍了美国、英国、韩国、新加坡等国家政府绩效管理的具体案例，以及我国地方政府绩效管理实践的有益探索和经验，以期能够为解答如何构建政府绩效管理体系、如何应用政府绩效管理工具等问题提供借鉴与参考。全书共七章，大体可以划分为四个部分。

第一部分（第一～第三章）：第一章对政府绩效管理的关键概念进行了

阐释与界定，并探讨了政府绩效管理的价值取向；第二章从新公共管理理论、新公共治理理论和公共价值理论的角度，详细系统地梳理了政府绩效管理的理论基础；第三章对目标管理、关键绩效指标、平衡计分卡等重要的绩效管理工具进行了介绍，引入了 OKR 等新兴绩效管理工具的分析，并对不同绩效管理工具进行了比较和展望。

第二部分（第四章）：在政府绩效管理系统模型的框架下，对政府绩效计划、政府绩效评价、政府绩效监控、政府绩效反馈这四个重要环节和政府绩效评价内容、评价主体、评价方法、评价周期、评价结果应用这五项关键决策进行了细致和系统性的阐述。

第三部分（第五、第六章）：这部分介绍了国内外政府绩效管理的探索历程和具体经验。第五章介绍美国、英国、韩国、新加坡政府绩效管理的相关法律法规和典型的绩效管理案例；第六章分析了我国政府绩效管理的发展历程，以期为我国政府绩效管理的研究和实践提供依据。

第四部分（第七章）：这部分主要以平衡计分卡在中国地方政府部门的应用和杭州市"3+1"综合绩效管理实践作为代表性案例，系统、全面地介绍了平衡计分卡这一战略管理和绩效管理工具在北京市延庆区的应用情况，以及浙江省杭州市的综合考评指标体系，为政府绩效管理工具应用以及政府绩效管理的综合探索提供参考。

本书能够付梓出版，凝聚了众人的智慧、努力和付出。在本书即将出版之际，我要感谢中国人民大学方振邦教授的指导，感谢经济科学出版社为本书的出版付出了辛苦劳动。同时，在本书的撰写过程中，参阅和借鉴了大量的相关书籍和资料，在此谨向这些书籍和资料的作者表示诚挚的谢意。笔者学识有限，书中的纰漏和不足在所难免，敬请各位同仁、专家学者批评指正，使得本书能够日臻完善。

葛蕾蕾

2021. 5. 6

目 录

第一章　政府绩效管理概述 ………………………………………… 1

　　一、政府绩效管理的时代背景／1

　　二、政府绩效与政府绩效管理／2

　　三、政府绩效管理的价值取向／21

第二章　政府绩效管理的理论基础 …………………………………… 28

　　一、新公共管理理论／28

　　二、新公共服务与公共价值理论／31

　　三、新公共治理理论／35

第三章　政府绩效管理工具的发展 …………………………………… 37

　　一、目标管理／39

　　二、关键绩效指标／46

　　三、平衡计分卡／56

　　四、目标与关键结果／80

　　五、主要绩效管理工具的比较及发展趋势／88

第四章　政府绩效管理模型 …………………………………………… 91

　　一、政府绩效管理模型构建／91

　　二、政府绩效管理的四个基本环节／92

三、政府绩效管理的五项关键决策 / 111
四、政府绩效管理的四个重要目的 / 142

第五章　国外政府绩效管理实践　145

一、国外政府绩效管理的发展历程 / 145
二、美国政府绩效管理 / 150
三、英国政府绩效管理 / 162
四、韩国政府绩效管理 / 177
五、新加坡政府绩效管理 / 199

第六章　我国政府绩效管理的发展历程　214

一、我国政府绩效管理的发展阶段 / 214
二、以行政效率为核心的政府绩效管理 / 218
三、以服务质量为核心的政府绩效管理 / 221
四、第三方评价 / 226
五、我国公务员绩效评价办法 / 230

第七章　我国政府绩效管理的新实践　239

一、北京延庆政府部门平衡计分卡实践 / 239
二、杭州"3+1"综合绩效管理实践 / 252

参考文献　265

第一章 政府绩效管理概述

绩效是组织的使命、核心价值观、愿景和战略的重要表现形式，也是决定组织竞争成败和能否可持续发展的关键因素。如何利用科学的理论、工具和方法对绩效进行计划、监控、评价和反馈，不断提升绩效水平，从而实现组织既定的战略目标，始终是管理学界热衷的话题。20 世纪 80 年代，政府绩效管理兴起于西方公共管理领域，并迅速在世界各国蓬勃发展。政府绩效管理在提高政府行政效率、提升政府管理效能、完善政府服务质量和改善政府形象等方面发挥着至关重要的作用。政府绩效管理无论是对学术理论研究还是对政府管理实践，都是一个需要深入研究和不断实践的重要课题。

一、政府绩效管理的时代背景

20 世纪 80 年代中后期，在行政管理体制改革的影响下，我国政府开始了政府绩效管理的探索历程。2008 年，政府绩效管理第一次被写入政府工作报告，2011 年，国务院批准建立政府绩效管理工作部际联席会议制度，并开展绩效管理试点工作。2013 年，中共十八届三中全会《中共中央关于全面深化改革若干重大问题的决定》指出，全面深化改革的总目标是完善和发展中国特色社会主义制度，推进国家治理体系和治理能力现代化。2017 年，在党的十九大报告中，习近平总书记肯定了国家治理体系建设取得的成果，同时也提出了要进一步推进国家治理体系和治理能力现代化的战略目标。2020 年，党的十九届五中全会通过的《中共中央关于制定国民经济和社会发展第十四个五年规划和二〇三五年远景目标的建议》，对加快转变政府职能作出重要部署，为全面加强政府建设、完善国家行政体系指明了方向、提供了行动指南。政府绩效管理作为国家治理体系现代化的重要组成部分，在促进政府工作落实、提高政府工作效率、提升公民满意度、促进政府职能转变和行政体制改革等方面发挥了不可替代的重要作用。

进入21世纪，国内学界对政府绩效管理展开了各种理论研究与实践探索，包括新公共管理理论、新公共服务理论、公共价值理论及当下围绕国家治理体系现代化发展与改革的不断深化与推进。中国绩效管理在理论和实践上不断创新，积极改进治理理念、优化治理流程、拥抱新兴技术，从顶层设计到具体实践上进行有益的探索。不断创新绩效评价模式，致力于提高政府绩效评价的有效性和科学性；全面推进依法治理，保障绩效管理的权威性和独立性；积极探索公民参与政府绩效管理的方式，注重服务质量的改善和公民满意度的提高；大数据技术、云计算、人工智能等新兴技术也为政府绩效管理提供了契机，推动着政府绩效管理模式的不断优化，提高了政府绩效信息的透明度，逐步实现以民为本和数据驱动，有力推动了政府绩效持续改进，成为让人民满意的政府。在此背景下，系统地综述政府绩效管理的内涵和理论基础，构建政府绩效管理系统模型，梳理国内外政府绩效管理的发展演变和实践案例，将为我国政府绩效管理改革创新提供有益的理论支撑。

二、政府绩效与政府绩效管理

（一）绩 效

1. 绩效的概念与层次

政府绩效内涵的界定和理解离不开对绩效内涵的充分理解。随着管理实践的不断拓展和深入，人们对绩效概念的认识也在不断变化。在不同的学科领域、不同的组织以及不同的社会发展阶段，人们对绩效有着不同的理解。但是不论是组织还是个人，都应该以系统和发展的眼光来认识和理解绩效的概念。管理学大师彼得·F. 德鲁克（Peter F. Drucker）认为：所有的组织都必须思考"绩效"为何物？战略的制定越来越需要对绩效的新定义。如果不能明确界定绩效，就不能有效地对其进行评价和管理。因此，作为绩效管理的逻辑起点，对绩效的概念进行确切定义和深入理解是至关重要的。

"绩效"也有人采用"业绩""实绩""效绩"等相近或相似的词汇来表达。但这些概念，或使用领域比较狭窄，或意思表达不够完整，而"绩效"被国内的学者和管理者所广泛接受，故本书统一采用"绩效"的概念，并在此基础上讨论绩效管理问题。一般意义上，绩效指的是工作的效果和效率。组织通常由若干个群体组成，而群体又是由员工组成。对应不同层面的活动主体，相应地也就产生了不同层面的绩效。简而言之，绩效是组织期望的为实现其目标而展现在不同层面上的能够被评价的工作行为及其结果。因此，需要明确的是，绩效是分层次的。根据被衡量行为主体的层次性，可以将绩效划分为组织绩效、群体绩效和个人绩效（见图1-1）。

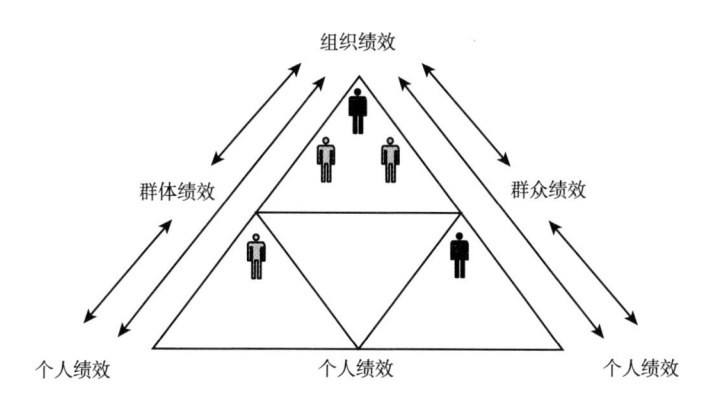

图1-1 绩效的三个层次：组织绩效、群体绩效和个人绩效

组织绩效，是组织的整体绩效，指的是组织目标在数量、质量及效率等方面完成的情况。群体绩效，是组织中以团队或部门为单位的绩效，是群体目标在数量、质量及效率等方面完成的情况。组织绩效、群体绩效和个人绩效有所区别，但又密切相关。组织绩效、群体绩效是通过个人绩效实现的，离开个人绩效，也就无所谓组织绩效和群体绩效。从绩效评价的角度看，脱离了组织绩效、群体绩效的个人绩效评价是毫无意义的，个人绩效需要通过组织绩效、群体绩效来体现。因此，组织绩效管理的最终落脚点在于对员工个人绩效的管理。对于员工个人绩效的内涵，学者们提出过各种不同的看法，概括起来主要有三种典型的观点：一种观点认为绩效是结果；另一种观

点认为绩效是行为；还有一种观点则认为绩效是行为和结果的统一体（见表1-1）。

表1-1　关于个人绩效的不同观点及划分

划分	观点描述	评价内容
结果观	• 《韦氏辞典》（Merriam-Websters Dictionary）将绩效定义为完成某种任务或达到某个目标。 • 贝马尔丁和贝蒂（Bemardin and Beatty, 1984）认为绩效是在特定时间范围内，在特定工作职能下活动或行为产出的结果记录。 • 凯恩（Kane, 1996）指出绩效是一个人留下的东西，这种东西与目的相对独立存在	结果/产出
行为观	• 《牛津辞典》（Oxford Dictionary）将绩效解释为执行或完成一项活动、任务或职能的行为或过程。 • 卡茨和卡恩（Katz and Kahn, 1987）把绩效分为三个方面：加入组织并留在组织中；达到或超过组织对员工所规定的绩效标准；自发地组织对员工规定之外的活动，如与其他成员合作，保护组织免受伤害，为组织的发展提供建议；自我发展；等等。 • 坎贝尔、麦克洛伊、奥普勒和萨格（Campbell, Mccloy, Oppler & Sager, 1990）提出的工作绩效理论则将工作绩效定义为：员工所控制的与组织目标有关的行为。 • 墨菲（Murphy, 1990）指出，"绩效是与一个人在其中工作的组织或组织单元的目标有关的一组行为。" • 博尔曼和摩托威德罗（Borman & Motowidlo, 1993）提出"关系绩效—任务绩效"二维模型。任务绩效指所规定的行为或与特定的工作数量有关的行为；关系绩效指自发的行为或与非特定的工作数量有关的行为	行为/态度等
综合观	• 布鲁姆布雷克（Brumbrach, 1988）认为绩效指行为和结果。行为由从事工作的人表现出来，将工作任务付诸实施。（行为）不仅仅是结果的工具，行为本身也是结果，是为完成工作任务所付出的脑力和体力的结果，并且能与结果分开进行判断。 • 奥特利（Otley, 1999）指出绩效是工作的过程以及其达到的结果。 • 姆维塔（Mwita, 2000）认为绩效是一个综合的概念，它应包含三个因素：行为、产出和结果	行为/结果

无论是"绩效结果观"还是"绩效行为观"，都有其局限性。如果把结果作为绩效，会导致行为过程缺乏有效监控和正确引导，不利于团队合作、组织协同及资源的合理配置；如果把行为作为绩效，则容易导致行为短期化，使员工拘泥于具体工作，缺乏长远规划，从而使预期结果难以实现。因此，"绩效结果观"和"绩效行为观"都无法全面、完整、准确地描述绩效的内涵。在绩效管理实践当中，绩效强调一个工作活动的过程及其结果，也

就是说个人绩效包括了工作行为及工作行为的结果。当我们对绩效进行评价时，不仅要考虑投入（行为），也要考虑产出（结果）。更多的学者提出，应当采用更为宽泛的概念来界定个人绩效，将个人绩效定义为"行为与结果的统一"更为恰当。因此，本书将个人绩效定义为个体表现出来的能够被评价的与组织及群体目标相关的工作行为及其结果。该定义一方面强调了与组织目标相关的工作活动的结果，突出了结果导向；另一方面体现了个体所表现出来的促使结果达成的工作行为及过程。事实上，在管理实践当中的员工个人绩效是那些经过评价的工作行为及其结果，因此这一概念更加符合实际管理工作的需要。

关于绩效与能力、行为和态度的关系，阿瑟·S. 雷伯（Arthur S. Reber）在其主编的《心理学词典》中强调，"绩效通常只包括外显行为，因而与能力有别"。对于员工个人绩效而言，员工的工作态度直接反映员工为实现绩效目标所付出的努力程度，这种努力程度能够在获取绩效结果的工作过程中得以体现，表现为员工的工作行为。而员工个人能力水平的高低仅是达成个人绩效结果的调节变量，不能作为绩效评价的内容，有能力而无意愿工作的员工在组织中大有人在。美国学者贝茨和霍尔顿（Bates & Holton）指出，"绩效是一个多维构建，观察和测量的角度不同，其结果也会不同。"对于一个员工而言，评价内容、评价主体、评价周期、评价方法以及评价结果的应用尤为重要。本书认为除了工作结果之外，员工在工作活动过程中表现出来的行为以及该行为所反映出来的员工的工作态度，是管理者进行绩效评价和监控的重要内容（工作态度、工作能力与工作结果的关系如图1-2所示）。此外，处于组织不同层级的员工个人绩效的评价内容也应有所不同。通常，中高层管理者的绩效评价内容主要以结果为主，而对于基层员工则要综合评价工作态度、工作行为及工作结果。

2. 绩效的性质

为了更深入地理解绩效的概念，必须理解和掌握绩效的性质。结合绩效的定义，本书认为绩效具有以下三个性质，这些性质与绩效的概念、绩效管理过程等密切相关。

①多因性。影响绩效的因素有很多，绩效的多因性是指绩效的优劣并不由单一因素决定，而是受组织内外部因素共同作用的影响。影响绩效的外

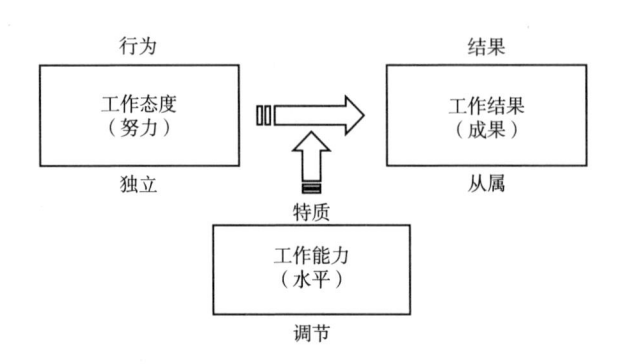

图 1-2 工作态度、工作能力与工作结果的关系

部因素主要包括社会环境、经济环境、国家法规政策及同行业其他组织的发展情况等；内部因素主要包括组织战略、组织文化、组织架构、技术水平及管理者领导风格等。但并不是所有影响因素的作用都是一致的，在不同情境下，各种因素对绩效的影响作用各不相同。在分析绩效差距时，只有充分研究各种可能的影响因素，才能够抓住影响绩效的关键因素，从而对症下药，更有效地对绩效进行管理，促进绩效的持续改进。

②多维性。绩效的多维性指的是评价主体需要多维度、多角度地去分析和评价绩效。对于组织绩效，布雷德拉普（Bredrup）认为组织绩效应当包括三个方面：效果、效率和变革性。效果是指满足顾客需要的程度；效率是指组织使用资源的节约程度；变革性则是指组织应付将来变革的准备程度。这三个方面相互结合，最终决定一个组织的竞争力。对于员工个人绩效，在对其进行绩效评价时，通常需要综合考虑员工的工作结果和工作态度两个方面。对于工作结果，可以通过对工作完成的数量、质量、效率及成本等指标进行评价。对于工作态度，可以通过全局意识、纪律意识、服从意识及协作精神等评价指标来衡量。根据评价结果的不同用途，可以选择不同的评价维度和评价指标，并根据期望目标与实际值之间的绩效差距设定具体的目标值和相应的权重。如何选择适当的评价维度、评价指标及如何确定指标权重等问题会在后面的章节进行详细阐释。

③动态性。绩效的第三个特征是动态性。员工的绩效会随着时间的推移发生变化，原来较差的绩效有可能好转，而原来较好的绩效也可能变差。因此，在确定绩效评价和绩效管理的周期时，应充分考虑绩效的动态性特

征，具体情况具体分析，从而确定恰当的绩效周期，保证组织能够根据评价的目的及时、充分地掌握组织不同层面的绩效情况，减少不必要的管理成本。此外，在不同的环境下，组织对绩效不同内容的关注程度也是不同的，有时侧重于效率、有时侧重于效果、有时则统筹兼顾多个方面。无论是组织还是个人，都必须以系统与发展的眼光来认识和理解绩效。

（二）政府绩效

1. 政府绩效的内涵

政府绩效的内涵十分复杂、丰富，涉及经济、政治、社会的方方面面。虽然国内外学者对政府绩效进行了比较广泛的研究，但迄今为止，政府绩效并没有一个被普遍接受的内涵界定。目前，比较有代表性的观点主要有以下三类。

第一类观点从政府绩效管理产出的角度界定政府绩效，将政府绩效界定为政府在管理过程中所取得的成绩。美国学者理查德·C. 科尔尼（Richard C. Kearney）认为，政府绩效是为实现预期结果而管理公共项目所取得的成绩，它是由效益、效率及公正等多个同等重要的标准引导和评估的。[①] 臧乃康同样认为，政府绩效是评判政府治理水平和运作效率的重要依据，政府绩效是政府成本扣除后的透支或盈余状况的集中反映。政府绩效不单纯是一个政绩层面的概念，还包括政府成本、政府效率、政治稳定、社会进步、发展预期的含义在内。卓越也认为，政府绩效可以定义为政府在积极履行公共责任的过程中，在讲求内部管理与外部效应、数量与质量、经济因素与伦理政治因素、刚性规范与柔性机制相统一的基础上，获得公共产出最大化。彭和平则从产出的效率和效果角度出发，认为政府绩效指的是政府工作完成情况或政府工作的成绩、成效、功绩、政绩，包括行政效率和行政效果两个方面的内涵。政府绩效作为一个综合性概念，指的是政府管理社会公共事务的行政效率和行政效果之和，该定义包括以下几层意思：行政效率和行政效果分属于政府工作的质和量的两个方面，并非绝对割裂，而是相互包容的，因此

---

① Richard C. Kearney. Public Sector Performance: Management, Motivation, and Measurement [M]. Colorado: Westview Press, 1999: 1.

用政府绩效的概念可以将这两个方面有机地统一起来；政府绩效是行政效率和行政效果的统一，不可偏废任何一方。

第二类观点从政府管理能力的角度出发来界定政府绩效的内涵。美国学者帕特莉·W.英格拉姆（Patricia W. Ingralam）认为，政府绩效就是政府把资源或投入转化为产出或结果的管理能力。陈振明认为，政府绩效是指政府在社会经济管理活动中的结果、效益、效能，是政府在行使其功能、实现其意志过程中体现出的管理能力。

第三类观点则从一个综合性的视角去定义政府绩效的内涵。美国学者克里斯托夫·波利特和吉尔特·波科特（Christopher Pollitt & Geert Bouckaert）详细界定了政府绩效的概念，他们认为政府绩效"是指政府活动或项目的运行结果；是指重塑政府过程中以使其具有更强的顾客导向、成本意识和结果导向；是指政治和行政制度的整体能力；以及一种特定或理想制度的更多特征"。我国行政管理学会课题组指出政府绩效在西方也被称为"公共生产力""国家生产力""公共组织绩效""政府业绩""政府作为"等，其字面意义是指政府所做出的成绩和所获得的效益，但其内涵非常丰富，既包括政府"产出"的绩效，即政府提供公共服务和进行社会管理的绩效表现，又包括政府"过程"的绩效，即政府在行使职能过程中的绩效表现。同时，政府绩效还可分为组织绩效和个人绩效，组织绩效包括一级政府的整体绩效、政府职能部门绩效和单位团队绩效。

根据国内外学者对政府绩效内涵的理解，本书将政府绩效定义为各级政府组织为了实现其使命和战略，在履行公共管理职能和提供社会公共服务过程中展现在政府组织不同层面上的行为及其结果。

2. 政府绩效的结构

纵观政府绩效管理的相关研究和具体实践，可从不同的角度对政府绩效内涵进行归纳和划分，以下简述五种主要的分类。

（1）政府组织绩效、政府部门和项目绩效以及公务员绩效

政府绩效具备绩效的通用特性，根据管理层级可以将政府绩效划分为政府组织绩效、政府部门和项目绩效、公务员绩效三个层次。

政府组织绩效，是指各级政府组织在履行职能和实现组织目标过程中，在效率、效益、效果及质量等方面的完成情况。因此，依据政府的组织层次

又可以将政府组织绩效划分为中央政府绩效和地方政府绩效。

政府部门绩效是指各级政府分支部门在履行职能和实现部门目标过程中在效率、效益、效果及质量等方面的完成情况；项目绩效即各级政府开展和实施公共项目过程中在效率、效益、效果及质量等方面的完成情况。政府部门绩效和项目绩效是相互交错的，有的部门需要同时实施多项公共项目，而有些项目则可能需要多个部门共同协作完成。由于各个政府部门工作特点、职能定位等方面存在差异，其部门绩效也呈现出不同的特点。行政管理部门、专业技术部门和行政执法部门在履行职责及实现目标过程中的行为与产出会有很大的区别，具体的不同特点将在后面的章节中进行详细的举例和阐释。

公务员绩效是指依法履行公职、纳入国家行政编制、由国家财政负担工资福利的工作人员的绩效水平，即公务员个体所表现出来的能够被评价的与政府宏观目标及部门目标密切相关的工作行为及其结果。各级领导干部作为管理者，肩负着比普通公务员更为重要的工作责任，履行着更为严格的工作标准和承担更为艰巨的工作任务，因此，在其行为与产出的体现上与普通公务员会有所区别。同时，与普通公务员相比，领导干部个人的绩效水平与政府组织或政府部门绩效之间有着更为密切的关系，为了能够更好地衡量和评价领导干部的个人绩效水平，将公务员的个人绩效细化为领导干部绩效和普通公务员绩效就显得十分必要。

政府组织绩效、政府部门和项目绩效以及公务员绩效是紧密相连的。政府组织绩效、政府部门绩效和项目绩效来源于公务员绩效，又是公务员绩效的高度整合。政府组织绩效、政府部门绩效和项目绩效是通过公务员个体的协作努力来共同实现的，离开公务员个人绩效，政府组织绩效、政府部门绩效和项目绩效是不能成立的。同时，公务员个人绩效是通过政府组织绩效、政府部门绩效及项目绩效来体现和印证的，脱离了政府组织绩效、政府部门绩效和项目绩效的公务员个人绩效是难以体现其价值与意义的。因此，政府组织绩效、政府部门绩效和项目绩效以及公务员个人绩效就共同构成了一个层层相扣、相辅相成、缺一不可的完整体系。

（2）政治绩效、经济绩效、社会绩效

根据政府组织的职能定位和管理特点，政府绩效主要包括政治绩效、经济绩效和社会绩效三个方面。

政治绩效是政府绩效的主要体现。在市场经济环境下，政治绩效是政治文明的具体化，良好的政治绩效表现为政府政策的合理制定及体制的优化创新等。政治文明是各级政府组织在政治绩效上的高度体现，依法行政、廉洁高效、公开公正则是各级政府组织政治绩效得以实现所必须坚持和遵守的准则。

经济绩效是从产出的角度对政府绩效的一种阐释，主要指经济的可持续发展程度，良好的经济绩效应在国民经济结构合理的前提下，既强调量的扩张，又注重质的提升。通常表现为经济的高速、可持续发展的强劲动力和活力，以及人民生活水平的明显提高和生活质量的明显改善等。通常考核经济绩效的具体评价指标主要有 GDP 的增长率、就业量和失业率、通货膨胀率和物价水平、利率和汇率等。

社会绩效是指由政府作为所带来的社会进程的改变。良好的社会绩效势必会促进社会的进步和发展，社会进步不仅仅指经济的发展，它的内涵要丰富得多，包括基础设施建设、公共安全、医疗卫生、公共交通等的不断提高和改善，包括教育、科学、文化生活和道德风尚的全面提升，包括不同地区、不同民族、不同社会阶层及城乡之间的和谐共处与协调发展等。

(3) 外部职能绩效与内部运营绩效

从政府组织内外部的界限划分，政府绩效的内涵包括外部职能绩效和内部运营绩效两个部分。由于公共管理的复杂性和服务对象的多元化，政府组织的外部职能绩效也十分庞杂，涉及经济、政治、社会等诸多领域，具体又体现在社会稳定、教育科技、生活质量和生态环境等多个方面。因此，对政府外部职能绩效进行评价时，不仅要反映国民经济整体的运行状况，还要体现经济、政治、社会和环境发展的协调性。政府的外部职能绩效是政府行为的结果，而要取得良好的外部职能绩效，则需要一个有效率的行政过程。只有政府的内部管理是富于效率的，才能保证外部职能绩效的有效达成。政府组织的内部运营绩效可以从组织效率、管理效率和工作效率三方面进行理解。组织效率是政府高级决策层所表现出来的效率，集中体现为高层领导干部决策的正确性程度。管理效率是政府中层领导干部所表现出的效率。中层领导干部的管理水平是决定其贯彻执行高层决策和领导意图的关键，是组织有序运行的重要保证。工作效率就是政府基层工作人员所表现出的效率。工作人员的技能、士气、素质、人际关系、纪律性等都属于工作效率的范畴。

(4) 经济、效率、效果

根据政府绩效管理的价值标准，政府绩效可以理解为由经济、效率和效果三方面构成。经济表示资源消耗的最小化程度，即在维持特定水平投入时，尽可能降低资源的消耗或充分使用已有的资源以获得最大和最佳比例的产出。经济表示的是耗费与投入之间的关系，即支出是否节约。效率是指在既定的投入水平下使产出水平最大化或在既定的产出水平下使投入水平最小化，一般通过投入与产出之间的比例关系来衡量。效率是西方各国政府及社会各界对政府绩效在项目决策机制、项目实施进度比较、项目经济和社会效益取得等方面要求的具体体现。效果则表示产出最终对实现政策目标的影响程度，包括产出的质量、期望得到的社会效果、公众的满意程度等。效果的目的在于确保经济和效率的同时，保障政府预期目标的顺利实现。经济、效率和效果互相关联，这三方面的优化整合和有效平衡就共同构成了政府绩效的内涵。

(5) 投入、过程、产出、结果

在具体的实践活动中，政府活动的实施过程是由投入、过程、产出、结果四个环节组成的。根据政府运作流程的阶段划分，可以将政府绩效的内涵划分为投入、过程、产出和结果。投入是指政府为社会提供管理与服务所需的资源消耗，包括人力、财力和物力等；过程是指投入既定的资源后，政府具体的运作过程，即政府的工作流程，表现为政府的行政活动，包括政策制定与执行、行政执法等；产出是指政府活动产生的所有输出和提供的服务；而结果就是指这些输出对公众产生的影响。投入、过程、产出、结果从政府活动流程的角度构成了政府绩效，通过具体的工作环节，全面反映政府的绩效状况。

(三) 绩效管理

组织的绩效是通过系统的管理活动实现的，要实现管理所追求的效率和效果两大目标，就必须在战略的指引下对组织的绩效进行科学系统的计划、监控、评价与改进，这正是绩效管理所应承担的责任。因此，在对绩效进行界定的基础上，还需要进一步了解什么是绩效管理及什么是政府绩效管理。

1. 绩效管理的内涵

组织、管理和绩效是密不可分的概念。组织是管理活动及其绩效的载体，管理是组织借以创造绩效的手段，绩效是组织实施管理的目的。纵观百年管理思想史，不论是各类组织中管理者的实践摸索，还是管理学界对管理工作的理论研究，都是围绕绩效展开的。不同时期的不同学术流派虽然各自的研究假设有别，观察和分析问题的视角不同，但都以改善组织绩效作为探索的出发点，并始终致力于促进绩效水平的不断提升。从这个意义上讲，管理学发展的历史就是绩效管理探索的历史。

作为绩效改进的一种探索，绩效评价的概念先于绩效管理提出，但是在实践过程中，绩效评价的各种弊端逐步显露出来。随着绩效评价理论及方法研究的不断深入，人们逐渐意识到仅对绩效结果进行评价，只能区分出绩效水平的高低，而对于绩效目标的达成和绩效水平的提升等方面却没有良好的促进作用。因此，学者们指出不能仅单纯地评价绩效，还应从管理的高度通过计划绩效、监控绩效、评价绩效以及反馈绩效等一系列过程，确保绩效目标的全面实现和绩效水平的持续提升。在这一背景下，20世纪70年代后期，学者们在总结绩效评价局限性的基础上，进一步丰富了绩效的内涵并提出了绩效管理（performance management，PM）的概念，特别是在20世纪80年代后期和90年代诞生了许多关于绩效管理含义的不同观点。英国人力资源协会对1000多家私人企业和公共部门的调查发现，"即使是在那些宣称已经采用绩效管理的组织中，绩效管理也不存在一致的定义"。概括起来，学者们主要持以下三种观点。

一种观点认为，绩效管理是管理组织绩效的系统。该观点是从对组织绩效进行管理的角度来解释绩效管理的，强调通过对组织结构、生产工艺、业务流程等方面的调整来实施组织的战略目标。另一种观点认为，绩效管理是管理员工绩效的系统。该观点是从对员工个人绩效进行管理的角度来解释绩效管理的，强调以员工为核心的绩效管理概念。该理论隐含的前提假设是在对员工绩效进行管理时，组织的目标已经明确，并得到了组织内部员工的认同和承诺。在这两种观点的基础上又综合形成了第三种观点,即认为绩效管理是综合管理组织和员工绩效的系统,也就是将组织绩效管理和员工绩效管理统一整合的过程。但此种观点的内涵却因强调的重点不同而存在差异。一种是更加强调组织绩效,代表人物考斯泰勒认为"绩效管理通过将每个员工或管理者的工作与整个工作单位的宗旨连接在一起来支持组织的整体事业目标"①,另一种是更加强调员工个人绩效,该观点指出绩效管理的中心目标是挖掘员工的潜力,提高他们的绩效,并通过将员工的个人目标与组织战略结合在一起来提高组织的整体绩效。

从绩效管理的本质出发,综合学者们对绩效管理概念的各种观点,本书认为绩效管理是指组织中的各级管理者用来确保下属员工的工作行为和工作产出与组织的目标保持一致,并通过不断改善其工作绩效,最终实现组织战略的手段及过程。绩效管理不应简单地被理解为一个测量和评估的过程,而应是在战略的指引下对组织的绩效进行科学系统的计划、监控、评价与改进的循环过程。理解绩效管理这个概念,应注意把握以下三点。

首先,绩效管理是所有管理者的事情。即组织内的各类管理工作都是围绕绩效开展的,组织的每一个决策和行动都处于绩效管理的范畴之中,绩效管理主要是全体管理者的职责。绩效管理应融入每个高层、中层以及基层管理者的日常工作中,而不能将其当作例外事项,更不能认为仅是人力资源管理者的任务。

其次,绩效管理是一种手段及过程。绩效管理不仅强调绩效的结果,而且重视达成绩效目标的过程。完整的绩效管理包括计划绩效、监控绩效、评价绩效和反馈绩效四个环节,不论哪一个环节出现了问题,都会影响组织最终的绩效水平。绩效管理是一个强调管理者和员工持续沟通的过程,沟通贯穿于整个绩效管理过程的始终,管理者通过与员工沟通来了解绩效现状、设定绩效目标、分析绩效差距、寻求解决方案、进行绩效反馈,从而提高绩效水平。因此,绩效管理不是一年一次的填表工作,不是最后的简单评价,而是通过控制整个绩效周期中环环相扣的各个环节来提高绩效水平,从而实现

---

① Alan Price. Human Resource Management in a Business Context (2nd Edition) [J]. Thomson Learning, 2004.

组织战略。

最后，绩效管理的最终目的是实现组织的战略。绩效管理不是简单的任务管理，任务管理的目的仅围绕实现当期的某个任务目标，而绩效管理则是为了实现体现组织战略的一系列中长期目标，从而对组织不同层面的绩效进行有效管理。因此，管理者应该将组织的绩效管理工作置于战略的高度去考察和把握，使组织不同层次和不同单元的工作绩效始终指向战略目标，并保持动态的协调一致和相互支撑，从而最大限度地实现战略目标。

2. 绩效管理与绩效评价

与绩效管理非常相近并且容易引起混淆的一个概念是绩效评价。不论是在中文文献还是英文文献中，这两个概念都被广泛使用。所谓绩效评价（performance appraisal，PA），特指在绩效周期结束时，选择有效的评价方法，由不同的评价主体对组织、群体及个人绩效做出判断的过程。绩效评价是人们更为熟知的概念，绩效管理是在绩效评价的基础上产生的，是绩效评价的拓展，两者既紧密联系又相互区别。绩效管理与绩效评价的关系如表1-2所示。

表1-2　　　　　　　　　绩效管理与绩效评价的关系

绩效管理	绩效评价
• 一个完整的管理过程	• 管理过程中的一个环节
• 注重信息的沟通与绩效目标的达成	• 注重考核和评估
• 伴随管理活动的全过程	• 只出现在特定的时期
• 战略性与前瞻性	• 滞后性

绩效评价是绩效管理的一个重要环节，不能将绩效评价等同于绩效管理。只有把绩效评价置于绩效管理的整个过程中，才能有效地实现绩效管理的目的。如果一个组织只做绩效评价而忽略了绩效管理的其他环节，那么组织的绩效目标将难以达成。绩效评价成功与否不仅取决于绩效评价本身，而且在很大程度上取决于与绩效评价相关联的整个绩效管理过程。有效的绩效评价依赖于整个绩效管理活动的成功开展，而成功的绩效管理也需要有效的绩效评价来支撑。绩效评价的结果表明了组织选择的战略及行动的结果，

而绩效管理则为绩效评价提供了评价的内容和对象,并在绩效评价的基础上进行相应的决策和改进。只有通过绩效评价这个环节,才能将客观的绩效水平以完整的绩效信息的形式展现出来,从而为个人和组织绩效的改进提供决策依据;同时绩效管理的关键决策都围绕绩效评价展开,包括评价内容、评价主体、评价周期、评价方法以及评价结果的应用,这些决策贯穿绩效管理过程的不同环节,但都是基于绩效评价来进行。因此,绩效管理不等于绩效评价,绩效评价是绩效管理的关键一环。我们必须将绩效评价纳入绩效管理制度之中,才能够对绩效进行有效的监控和管理,从而实现绩效管理的目标。

(四) 政府绩效管理

1. 政府绩效管理的概念及特点

政府绩效管理是将企业的绩效管理理论和方法与政府公共管理实践相结合,所产生的一种新的管理理念。政府绩效管理是指政府组织中的各级管理者为了确保下属公务员的工作行为及工作产出与政府组织的既定目标保持一致,通过不断改善政府组织各个层面的绩效,最终实现政府战略的手段及过程,其目的在于促使政府树立效率意识、服务意识和责任意识,从而实现政府效能的提高、政府形象的提升、公共服务的最优化及社会的安定和谐和可持续发展。

作为政府管理的重要创新,政府绩效管理对于提高政府绩效,改进政府工作,建立行为规范、运转协调、公正透明、廉洁高效的行政管理体制,发挥着重要的作用。因此,需要从以下几个方面对政府绩效管理的概念进行重点的理解和把握。

首先,政府绩效管理强调自身的职责定位。政府组织具有公共性、公益性,政府价值取向的内容在政府管理中具有重要的作用。与利润导向的企业组织不同,政府组织不能以自身利益最大化为终极目标,政府组织必须把公众的利益、国家的利益放在首位。政府的价值取向不同,就会体现出不同的管理目标,继而采用不同的管理手段和方法。因此,这就要求必须重视政府绩效管理的价值取向和社会效应。在借鉴企业组织绩效管理实践经验时,不能直接套用企业组织的具体技术和方法，而应从政府组织的价值取向和职责定位出发，确保政府绩效管理的科学性、可行性和实效性。

其次，政府绩效管理凸显机制创新。政府绩效管理以政府组织"应该管什么"和"怎么管"为中心，以社会的安定和谐和可持续发展为职责使命，以提高政府效能为目标指向，全面理顺政府与社会、上级政府与下级政府、领导与下属、决策机构与执行机构的关系，始终致力于探索新的治理模式和创造更为有效的政府绩效管理机制。

最后，政府绩效管理重视运用科学的管理方法与技术。传统的行政管理方法往往孤立地研究和运用行政手段、法律手段、经济手段和思想教育手段，而政府绩效管理则讲求管理方法与既定目标的统一，并在积极寻求和开发科学、有效的管理方法和技术的同时，注重各种管理方式、方法的合理整合，通过深入地研究和实践企业组织绩效管理的方法与技术，实现企业绩效管理方法和技术与政府组织自身特点的结合，最终形成具有政府组织特色的政府绩效管理方法，为政府绩效管理水平的不断提升提供理论和技术支撑。

2. 政府绩效管理的功能

政府绩效管理作为公共管理过程中的一项重要举措，是在社会政治经济发展以及新公共管理运动的推动下所采取的一种政府治理方式。它是公众表达利益和参与政府管理的重要途径与方法，体现了政府管理对民主、法治和社会公平等价值的追求。对于政府组织而言，它具有十分重要的功能，具体体现在以下几个方面。

（1）有助于深化行政管理体制改革

实施政府绩效管理是提高政府执行力，推进行政管理体制改革的重要途径。随着社会主义市场经济体制的深入发展，建设服务型政府、强化政府社会管理和公共服务职能成为我国深化行政管理体制改革的重要目标。近几年来，通过行政审批制度改革、政务公开等措施，行政体制改革取得了很大的成效，但与社会主义市场经济体制要求还有很大的距离，各自为政、地方保护、有令不行、有禁不止等现象仍然存在。政府绩效管理作为政府管理创新和深化行政体制改革的根本性措施，有利于优化和整合行政资源，形成对各级政府的激励约束机制，从而能够确保政令畅通，提高政府效能。

（2）有助于提高政府公信力，建设人民满意政府

实施政府绩效管理是提高政府公信力，建设人民满意政府，构建和谐社会的重要途径。过去的"行政管理"过分强调了行政管理主体与社会公众之间关系的不对等性，表现出整个行政管理凌驾于人民大众和社会之上的特征。而政府的宗旨是为人民服务，政府绩效管理强调公共服务和社会公众至上，通过采取重塑政府角色、界定政府职能、提高服务质量、强调公众至上和以公众需求为导向等措施，极大地改进了政府与社会公众之间的关系，建立和发展了社会公众对政府的信任，增强了政府的号召力和社会公众的凝聚力，促进了政府从管制型政府向服务型政府转变，从官员本位政府向民众本位政府转变。政府绩效管理成为沟通政府与社会公众的桥梁和纽带，通过开展政府绩效管理，可以让社会公众看到政府为提高政府绩效而做出的不懈努力，有助于提高政府的信誉，获得社会公众的普遍认可；同时可以吸收社会公众的有效参与，增强他们的责任意识、法治意识和全局意识。

（3）有助于科学衡量和有效改善政府绩效

管理学家迈克尔·阿姆斯特朗（Michael Armstrong）指出："要改进绩效，您必须首先了解目前的绩效水平是什么。"通过计划绩效、监控绩效、评价绩效及反馈绩效等一系列绩效管理环节，可以清晰地了解政府绩效所处的水平和所存在的问题，并通过有效的沟通和反馈，寻求解决问题、提升绩效的正确方法和途径，帮助各级政府组织及其工作人员明晰和认同政府的战略部署与既定目标，激发工作热情，切实增强工作的责任感、使命感和紧迫感；使各级公务员能够清晰地了解自己应该干什么、已经干了什么、干得怎么样及应该怎么办等问题，将公务员个人工作活动与政府组织目标有效整合起来，在完成政府组织目标过程中挖掘公务员个体的潜力、提高公务员的组织认同感和忠诚度，从而进一步保障和促进责任型政府、服务型政府的建立和完善。

3. 政府绩效管理与企业绩效管理的异同

（1）政府绩效管理与企业绩效管理的相同点

政府和企业都始终致力于自身绩效水平的不断提升，研究和探索有效的绩效管理方法与模式。政府绩效管理更是在借鉴企业绩效管理经验的基础上，结合自身组织特点、价值取向而产生的政府管理创新。因而，在一定程

度上政府绩效管理和企业绩效管理具有很多共同点与相似之处。

第一，政府绩效管理与企业绩效管理拥有共同的理论基础。委托代理理论认为，在委托代理关系当中委托人与代理人的效用函数不同。委托人追求的是自己财富的最大化，而代理人追求的是自己工资津贴收入、奢侈消费和闲暇时间的最大化，这必然导致两者利益的冲突。在现代企业中，由于所有权和经营权的分离，势必会造成委托人和代理人之间的信息不对称。若缺乏有效的约束管理机制，代理人就有可能利用委托人的授权谋求自身效用的最大化，最终会使委托人付出高昂的代理成本。正是由于委托与代理之间存在的这种矛盾，为企业的绩效管理提供了理论基础。同样，政府部门也是如此。公众利用选举权选出自己信任的政府并委托政府来管理国家和社会公共事务，但在政府履行职责的过程中政府组织与公民之间也存在着信息不对称的问题，政府的管理行为和产出可能不能全面地满足和体现公众的需求和意图，因此，就需要科学的政府绩效管理系统作为有效的监督管理机制对其进行监督、约束和激励，同时政府绩效管理也为公众了解政府行为、监督政府工作提供了一个较好的途径，从而能够确保政府效能的提高和政务的透明、公开与公正。

第二，政府绩效管理与企业绩效管理都强调公众作为评价主体的重要性。随着市场竞争日趋激烈，商品类别愈加丰富，顾客选择企业的空间越来越大，企业的产品和服务能否得到公众的青睐决定着企业的生死存亡。因此，企业为实现其利润最大化的最终目标，必须始终以公众需求为导向，只有这样才能够在日益激烈的市场竞争中得以生存和发展。对于政府而言，在市场经济条件下，政府不仅是公共管理的主体，还是公共产品和公共服务的提供者。政府不仅仅是向社会提供服务和产出，更重要的是为公共服务和公共产品的提供创造一个和谐的环境。社会公众的认同和满意是政府政治合法性的源泉及社会安定和谐的有力保障。因此，将社会公众作为政府的服务对象和评价主体，会促使政府更加重视行政活动的效率与效果，有利于实现政府公共服务的最优化、公共产出的最大化，以及保障社会的安定和谐和可持续发展。

第三，政府绩效管理与企业绩效管理在技术和方法上具有相关性。虽然政府和企业是两种性质不同的组织，但许多绩效管理的技术和方法可以同时运用在这两种组织当中。从政府绩效管理的发展历程中,可以看出政府绩效管理的许多方法和技术都是从企业绩效管理的方法和技术中学习、借鉴过来的。通常是企业绩效管理中所采用的先进技术和方法,经过一系列的改造之后被运用于政府绩效管理活动当中。例如,平衡计分卡、目标管理、标杆管理等很多源于企业的绩效管理工具,现在都已被广泛运用于各国的政府部门之中,并取得了良好的成效。

(2)政府绩效管理与企业绩效管理的差异

政府和企业是两种不同性质的社会组织形式,政府行使公共权力并为公共利益服务,而企业则是以追求利润最大化为主要目标。政府与企业在组织性质、价值取向等方面存在的差异性,决定了政府绩效管理与企业绩效管理自然也存在着很多不同之处。

第一,两者的价值取向不同。价值取向是指行为主体在价值选择和决策过程中的倾向性。价值取向是从价值和定性选择的角度决定做什么和怎么做。企业绩效管理的价值取向就是追求自身利润的最大化,即使不同时期企业对其战略进行了调整,但其最终目的还是为了实现同样的价值取向。而政府绩效管理则不同,政府组织具有公共性和公益性,因此政府不能追求自身利益的最大化,政府组织必须把公众的利益、国家的利益放在首位。由于政府绩效管理的目标是由特定历史时期特定政府的价值取向决定的,随着历史条件和管理环境的变化,政府的价值取向也会随之改变,在不同的历史条件下,政府绩效管理呈现出不同的价值取向。

第二,绩效管理的动力不同。组织性质的差异是造成政府绩效管理与企业绩效管理存在差别的重要原因。企业是一个以企业利益为主导、始终致力于以最低成本获取最大利益的具有强烈"趋利性"的经济组织,因此,企业绩效管理的动力更多地来源于自身对于利润的渴求。与企业组织相比,虽然政府在提供公共服务的过程中也需要追求高效率,但是公共责任永远是第一位的,效率只有在用来满足公众需要和实现公共利益时才有意义。同时,政府面临着相对较低的生存压力,因而也就缺乏为追求高质量的产出和服务而主动改进自身绩效水平的强劲动力。所以,对于政府组织而言,绩效管理的动力主要来自外部的政治压力、社会需求和公众舆论。

第三,绩效管理的目标不同。目标是组织为自己设定的在特定时间范围内利用各种资源所要取得的成效。目标既是组织行动的基础和依据，也是组织绩效管理的基本标准。企业和政府作为不同性质的社会组织，其目标也不尽相同。企业的趋利性决定了企业绩效管理的目标几乎都是围绕经济效益进行设定的。尽管企业也会兼顾社会效益目标，但其目的还是为了经济目标的最终实现。政府是整个社会的管理者，政府的工作需要符合社会多数人的利益、满足社会多数人的需要。社会的多样性和复杂性及政府的价值取向及职责特点决定了政府绩效管理目标的多元性与多重性，即政府既要关注经济绩效，又要重视政治绩效和社会绩效；既要确保国民经济各项指标量上的增加，更要保障经济结构的合理优化；既要保障公共产品的多样化，又要保证社会发展的和谐有序和人民生活的安居乐业。因此，政府进行绩效管理时需要分别确立国家、部门、地方等各级政府部门十年、五年和当年的绩效目标，同时各级政府组织和部门还要根据自身特点，确定针对不同社会群体和工作任务的多重绩效目标，而这些问题在企业绩效管理中则不需考虑。

（3）企业绩效管理对政府绩效管理的启示和借鉴意义

企业绩效管理发展得相对成熟，特别是在理念、制度及方法上都已经形成了比较完整的体系，并已探索出了很多有效的管理方法和工具。正是由于企业绩效管理所取得的成功，绩效管理理念才随着西方新公共管理运动的逐渐兴起被引入政府组织当中。因此，企业绩效管理对于政府而言具有十分重要的启示和借鉴意义。

第一，政府绩效管理可以借鉴企业绩效管理中顾客至上的价值导向。对于企业而言，顾客是指企业最终产品或服务的消费者，而政府的顾客则是指受公共政策和公共管理行为影响的利益相关者。顾客至上的思想最早来源于市场自由竞争中企业的经营理念，现已成为企业生存和发展的基本原则。企业绩效管理中顾客至上的价值取向对于政府绩效管理同样具有重要的意义。在政府绩效管理过程当中，政府作为公共服务的提供者，应增强对公众需求的回应力，重视管理活动的产出、效率与质量；倾听公众的声音、满足公众的迫切需求，这样才有利于改善政府与公众的关系，提升政府形象，增强政府的公信力。

第二，政府绩效管理可以借鉴企业绩效管理的技术和方法。企业绩效管理和政府绩效管理在理论依据方面的趋同，特别是双方对提高管理绩效的共同追求，决定了政府管理借鉴企业管理方法和技术的可行性。在长期的理论和实践发展过程中，企业绩效管理的方法和技术对于政府绩效管理实践具有较强的借鉴意义，包括目标管理、关键绩效指标和平衡计分卡等管理工具都可以被引入政府绩效管理活动中来，为政府绩效管理创新探索出一条有效的途径。

第三，政府绩效管理可以借鉴企业绩效管理的绩效评价指标。绩效管理中非常重要的一个决策就是确定评价内容，即建立科学合理的绩效评价指标体系。从当前我国政府绩效管理的现状来看，政府绩效管理的基础相对薄弱，各级政府组织和部门在推行绩效管理的过程中缺乏有效的绩效评价指标体系，这在一定程度上影响了政府绩效评价的科学性和绩效管理的有效性。在这种背景下，学习和借鉴企业绩效管理经验，设计科学、合理、规范的政府绩效评价指标体系就显得尤为迫切。通过对财务指标与非财务指标、定性指标与定量指标、前置指标与滞后指标、整体运营绩效指标与个人绩效指标等的设计和运用，可以全面地对政府不同层面的绩效做出精确的评价和有效的管理。

三、政府绩效管理的价值取向

价值取向是价值哲学的重要范畴，在公共行政实践活动中，对于目标的确立、方案的选择和目标的实现等起着至关重要的作用。确立公共部门绩效管理的价值取向是开展公共部门绩效管理工作的前提和基础，从深层次决定了公共部门绩效管理的目的、过程和合理性。马克斯·韦伯在其著作《经济与社会》中，将人类的理性划分为工具理性和价值理性。传统的公共行政学认为二者之间相互矛盾，一种理性的张扬则意味着另一种理性的衰落。但是，随着公共行政学的不断发展，尤其是新公共管理运动的兴起，公共部门绩效管理工作的有序开展，必须建立在工具理性和价值理性相互补充和统一的基础之上。[1]

---

[1] 方振邦，唐健，姜颖雁. 公共部门绩效管理［M］. 北京：中国人民大学出版社，2019：17.

政府绩效管理的价值取向，是指政府在绩效管理过程中对其利益和导向所做的一种理性选择。价值取向作为政府绩效管理的灵魂，影响着政府绩效管理的各个方面，从战略定位到指标的设计，再到评价主体的选择和评价结果的运用等，无不受到价值取向的影响。例如，英国政府在20世纪70年代末到80年代中期奉行以经济效率为导向的绩效评价，这一时期采取的雷纳评审、部长信息管理系统、财务管理新方案及下一步行动方案等一系列改革措施和绩效评价方案，都是围绕节约政府开支、提高行政效率等进行的；进入20世纪80年代后期，英国政府的绩效管理由以经济效率为主的阶段进入了以质量为导向的阶段，追求高质量的服务和高水平的公众满意度成为这一时期的主导思想，英国政府先后发起了"公民宪章运动""竞争求质量运动""政府现代化运动"，希望通过在公共服务供给中引入竞争机制、对公共服务品质的公开承诺以及将政府管理与现代化手段相结合等方式来改善和提升公共服务的质量。同样，美国政府绩效管理也先后经历了"效率政府""预算政府""管理政府""民营政府""重塑政府"的不同阶段。我国政府绩效管理也经历了以经济增长导向到科学发展观的可持续发展导向，到现在习近平总书记提出的"以人民满意为标尺"[①]，每一阶段的价值导向都对当时的政府绩效管理产生了十分重要的影响。

（一）公共部门绩效管理的工具理性

工具理性的基本特征就是要求人的行为必须是选择最有效的手段以实现既定目标的行为，或者说以手段的最优化作为理性的最高要求。[②]公共部门绩效管理的工具理性就是要通过对公共部门绩效的评价与管理，积极改善公共部门绩效，提高服务效能。为此，需要明确公共部门的职能定位，并以此作为提高公共部门效率的基础和前提。

1. 合理定位政府部门职能

在不同的历史时期，政府部门的职能有所不同。重塑政府理论的创立者奥斯本和盖布勒指出：政府的功能是随着时代的演进而不断变化的，时代决

---

① 科学有效防治腐败 坚定不移把反腐倡廉建设引向深入［N］. 人民日报，2013－01－23.
② 张康之. 公共行政：超越工具理性［J］. 浙江社会科学，2002（7）.

定了政府该做什么和不该做什么，因而界定政府职能不能只用一把不变的"尺子"。时代演进的历史就是不断重塑政府的历史。在战争年代，政府职能在于保卫国家安全和领土完整；而在和平年代，政府职能则是积极发展经济，维护社会的和谐和稳定。因此，政府的职能是随着社会经济形势的发展而不断变化的，政府绩效管理也需要结合时代发展背景，在对政府职能合理界定的基础上，对政府绩效进行科学合理的评价和判断。

美国学者奥斯本与盖布勒于20世纪80年代初在总结美国各地企业和政府改革经验的基础上，主张用企业精神来改革政府，借以克服官僚主义，提升政府绩效。他们认为改革后的政府具有如下属性：一是起催化作用。政府是掌舵而不是划桨，关注的中心并不是简单提供公共服务，而是促使公营、私营和自愿服务各部分行动起来解决自己社区的问题。二是社区拥有。把控制权从官僚机构那里转移到社区，从而授权给公民。三是竞争性。把竞争机制引入服务提供者中，促使服务提供者之间展开竞争。四是使命感。政府行为的动力不是来自规章条文，而是来自自己的目标和使命。五是讲求效果。衡量政府各部门的业绩是根据效果而非投入。六是顾客导向性。政府把服务的对象重新界定为顾客，让顾客们有所选择。七是有预见性。政府讲求防患于未然，而不是在问题成堆后才来提供各种服务。八是有事业心。政府把精力集中于挣钱而不单单是花钱。九是分权化。政府下放权力，积极采用参与协作式管理，从科层制转变为参与制和团队制。十是市场取向性。宁要市场机制不要官僚主义机制。奥斯本与盖布勒的重塑政府理论影响深远，甚至得到美国前总统克林顿的青睐。

合理定位政府职能，明确政府绩效的真实内涵，是开展政府绩效管理的前提条件。对于转型期的中国而言，面对社会经济转型的变化和要求，需要借鉴参考西方发达国家的改革经验，优化政府职能设置，有效提供公共服务。一方面，要正确处理好政府与市场之间的关系，为市场的健康发育提供公平合理的制度和规则。要依法保护和尊重市场主体的独立法人地位，严格规范市场主体的市场行为和政府自身的公共行政行为，解决政府职能的"缺位""错位""越位"问题。另一方面，也要推动全能型政府向效能型政府的转变，优化政府管理体制，合理界定政府职能权限，努力构建效能政府。

2. 有效提升政府效率

从 20 世纪初政府绩效管理的萌芽开始，就可以明确地看到政府绩效管理的产生与兴起的根本动因就在于可以促进政府部门效率的不断提升，从而提高政府绩效。无论是传统公共行政时期还是新公共管理或新公共服务时期，政府绩效管理的焦点虽然经历了从效率向效益、公平、责任和回应性的多元发展与转变，但对效率的关注始终是政府绩效管理的中心议题。

历经百余年的不断发展，政府绩效管理的框架体系已基本成熟，涵盖了政府绩效计划、政府绩效监控、政府绩效评价、政府绩效反馈等多个环节，对于提升政府效率具有重要意义。其中，政府绩效计划可以明确公共部门在未来一段时期内的主要工作，通过绩效目标的制定和绩效指标的设置为政府部门的具体工作确立方向；政府绩效监控可以通过公共部门绩效信息的搜集及时发现实施公共部门绩效计划面临的各种问题并及时予以解决；政府绩效评价是政府绩效管理的核心环节，通过对政府工作人员的绩效评价，可以促使政府改善工作流程，改进工作方法，不断提高行政效能；政府绩效反馈比较关注政府绩效评价结果的合理运用，可以充分实现政府绩效管理的战略目的、管理目的和开发目的，促进公共部门既定目标的顺利达成。为了提高政府效率，需要不断优化公共部门绩效管理体系，通过公共部门绩效管理体系的良性运转努力提高公共部门绩效。

（二）政府绩效管理的价值理性

价值理性是"通过有意识地对一个特定举止的无条件的固有价值的纯粹信仰，不管是否取得成就"[①]。公共部门绩效管理与企业绩效管理的最大区别就在于价值取向的差异，它不仅仅局限于对效率与效果的片面追逐，更体现了对公平、服务、责任与回应等价值理性的关注。单纯的工具理性倾向无法发现政府绩效管理的真谛，也无助于推动公共部门绩效管理实践的进步，甚至还有可能偏离其价值之本义，必须注重价值理性与工具理性的双重关怀。

1. 追求服务于民的公共价值

公共价值的概念可以追溯到摩尔（Moore）提出的公共部门战略三角模

---

① ［德］马克斯·韦伯. 经济与社会（上卷）[M]. 北京：商务印书馆，1998：56.

型，该模型主要包括价值、合法性和支持及运作能力三个维度。其中，价值指向引导组织要实现的目标，强调组织的效用；合法性和支持指向公共价值实现的合法性来源，强调政治支持和其他利益相关者的认同；运作能力指向达成价值目标的能力，强调资源可得性和管理运作能力对于价值目标实现的重要性。包国宪（2015）在对已有关于公共价值研究文献进行系统分析的基础上，将公共价值划分为结果主导的公共价值（public value）和共识主导的公共价值。[①]其中，从结果主导的公共价值来看，公共价值来源于基本社会价值，由公民和政府共同决定，反映公民的共同偏好，其形成过程是一个多方参与的政治过程。举例来讲，公民人身和财产安全、食品和药品安全、经济增长等都属于结果导向的公共价值。从共识导向的公共价值来看，公共价值是对公共行政合法性的强化或者对公共行政过程的约束，其作用域主要在公共行政过程之中。例如，对效率的追求、创新和改革精神、依法行政、对公民的责任等都属于共识导向的公共价值。

　　政府行为的目的是什么？亚里士多德认为，人类创造政府的宗旨就是为了个人能够过上理性的、正义的生活，政府行为的价值就在于创造和保护公民或社会的"公共幸福"。托马斯·阿奎那认为，政府的价值在于"殚精竭虑地增进公共福利"。洛克认为，政府是人们自愿通过协议联合组成的共同体，其目的是保护他们的财产。可见，与营利导向的企业相比，政府具有纯粹的公共性，其行为的宗旨在于为公民乃至社会谋福利，这是公共部门存在的使命和责任。公共部门绩效管理作为公共部门效率改善和服务优化的工具，也必须树立公共价值取向。首先，政府的绩效必须符合基本的公共价值追求。政府绩效不仅包括对效率、效果的衡量，还需要考虑其是否符合公民对政府的期望，是否满足了公众的要求，行政管理的本质不是管制而是服务，公共价值是判断政府绩效结果是否达成的重要标准。其次，政府绩效管理也需要接受公共价值的指引。公共价值对政府绩效管理起约束规范作用，政府绩效管理活动需要在公共价值的指引下有序展开。要在深刻认识公共价值内涵的基础上，牢记政府的使命和愿景，深入推动政府绩效管理体制机制

---

① 包国宪，[美]道格拉斯·摩根. 政府绩效管理学：以公共价值为基础的政府绩效治理理论与方法[M]. 北京：高等教育出版社，2015：12.

创新，充分促进政府绩效管理的效能发挥，同时坚持依法行政，有序推进扩大公民参与，不断提升公共服务效能。

2. 树立公平、服务与责任的价值理念

政府绩效管理作为一种新兴的管理模式，不仅继承了传统公共行政对效率与工具的追求，更加融合和体现了对公平、服务及责任等价值理性的关注。

公平是公共部门与企业组织在价值理性上的重要区别之一。尽管政府绩效管理源自企业绩效管理，但是它在关注效率提升的同时还将公平作为衡量政府绩效的重要指标。"虽然效率准则规定稀缺资源应被用到其能产生最大纯收益的地方，但公平的目标则可能缓解这一目的，只是有利于特别是非常贫穷的人群的设施得到发展"。[①] 作为政府绩效管理应该坚持的核心价值理念，公平意识应当体现在政府绩效管理的整个过程。政府绩效预算对于提高政府财政资金的利用效率发挥着重要作用，但政府绩效预算的确立不能简单地从成本—收益的经济性角度进行考虑，还需要坚持公平原则，关注政府项目的社会效应和长远发展。政府绩效评价作为政府绩效管理的核心环节，也需要在公平原则下有序进行，要正视地区差异、人员差异、部门差异，才能做出系统、准确的绩效结果判断。

自20世纪七八十年代新公共管理运动兴起以来，顾客导向或者服务导向就成为政府履行职责的核心价值取向。政府与公众之间的关系不是治理者与被治理者之间的关系，而是公共服务与公共产品的提供者与顾客、消费者之间的关系。政府不再是高高在上的官僚机构，社会公众则是提供政府税收的"纳税人"和享受政府服务的"顾客"。因此，公共部门应积极地调整观念与角色，以顾客为导向，增强对社会公众需要的回应力。政府绩效管理也应以顾客为中心，以顾客的需求为导向，不仅关注管理活动产出、效率和质量，还应关注政府提供的公共产品与服务是否满足了公众的需求，是否解决了公众面临的现实问题。

从委托—代理的视角来看，政府作为公共服务和公共产品的受托人与执

---

① ［美］埃莉诺·奥斯特罗姆，等. 制度激励与可持续发展［M］. 上海：上海三联书店，2000：131.

行者，必须忠实于委托人即公众的利益，在委托范围内履行相应的职责。英国学者拉森和斯图尔特（Ranson & Stewart，1995）在其合著的《公共领域管理：实现学习型社会》中指出："对政府进行绩效评价和绩效管理，是体现责任的基本要素，如果没有一个有效的工具来对责任做出判断，那么公共组织也就失去了合法性的权威基础，因此绩效评价和绩效管理应当被视为公共领域中的责任度量工具与实现途径。"[1]

---

[1] Ranson，Stewart. Management for the Public Domain：Enabling the Learning Society [J]. British Journal of Educational Studies，1995（4）.

第二章 政府绩效管理的理论基础

一、新公共管理理论

20世纪六七十年代以来,石油危机、高福利支出导致西方国家出现公共财政危机,高税收、经济滞胀、政府公共服务无效率,造成社会普遍不满,最终导致意识形态的变革。"福利国家"和政府干预遭到猛烈抨击,主要来源于自由经济思想、新制度经济学和公共选择经济学理论的利伯维尔场、个人责任、个人主义等意识形态和思想的崛起,它们主张用市场过程取代政治或政府过程来配置社会资源并做出相应的制度安排,市场化成为政府改革的必然选择。由此,公共企业的私营化、公共服务的市场化、公共部门之间的竞争、公共部门与私人部门之间的竞争,广泛进入西方国家的政府改革策略。政府改革运动旨在摆脱政府财政危机、管理危机和公众信任危机,提升政府的国际竞争力,提高政府绩效。西方各国相继掀起的这股政府改革热潮被称为"重塑政府运动""塑造企业型政府""政府再造""塑造市场化政府"等,这正是新公共管理兴起的源头。新公共管理由重视效率转而重视服务质量和顾客满意度,由自上而下的控制转向争取成员的认同及争取对组织使命和工作绩效的认同。[①]

在这场政府改革运动中,私营企业优良的管理绩效和先进的管理方法成为政府进行管理创新的选择。西方国家主张放松严格的行政规制,建立严明的、可衡量的绩效评估机制,推行和加强政府绩效管理。绩效评估最初主要

---

① 伍彬. 政府绩效管理 理论与实践的双重变奏[M]. 北京:北京大学出版社,2017:9-13.

是作为上级部门评审、控制下级部门行政的工具，评估主体主要是公共组织和专门的机构。到了20世纪90年代，这场改革运动迅速扩展到几乎所有发达工业国家，政府绩效管理进入了一个全新的发展阶段。新公共管理主张政府是"掌舵"而不是"划桨"，主张政府的价值理念应该包括：竞争导向顾客导向市场导向、结果导向、分权导向、前瞻性和追求卓越①，"顾客导向，质量为本"的理念逐渐成为这场政府改革的主题，政府绩效管理的焦点逐渐转向了效益和"顾客满意"，绩效管理方法也得到进一步改善，从而使绩效管理更加具有战略化和系统化的意义。

政府绩效管理的发展事实上是新公共管理运动的一项产物，在管理思想与具体管理模式上都受到新公共管理运动的影响。具体表现有以下几个方面②。

①新公共管理调整政府与社会、市场之间的关系，将竞争机制引入政府公共服务领域，例如，实行"政府业务合同出租""竞争性招标"，鼓励私人投资和经营公共服务行业，打破政府的垄断，提高了公共服务的效率和质量，同时也缓解了政府财政困难。在加强"产业管制"的同时，在一定范围内允许和鼓励私人部门进入这些领域与政府合作或单独投资和经营，这有利于形成公共服务供给的竞争机制和压力结构，提高其经济效益和社会效益。我们知道，市场机制之所以有效率，关键是两个因素在起作用：一是市场信号，如价格、成本、利润、股利等；二是趋利动机。实践证明，市场通过其灵敏的价格信号和利润机制能够有效地引导资源从经济效益低的领域流入经济效益高的领域，从而实现资源的高效配置和节约使用。面对激烈的市场竞争和成本、价格、利润、股份等经济信息的引导，任何私人决策都是理性的，他们用充分的趋利动机来改善和促进资源的配置与流动，不会容忍稀缺资源在经济效益低下的领域中滞留和浪费。因此，新公共管理思想主张在政府公共服务领域引入市场竞争客观上促进了预算管理的绩效，它的这些管理模式理所当然地成为绩效预算管理的有机组成部分。

②新公共管理注重遵守既定的法律和规章制度，注重实际工作绩效特别是顾客（社会公众）的满意程度。与传统公共行政只计投入、不计产出不

---

① 戴维·奥斯本，等.改革政府：企业家精神如何改革着公营部门［M］.北京：上海译文出版社，1996.

② 吕昕阳.政府绩效管理创新研究［M］.北京：经济管理出版社，2017.

同，新公共管理更加重视政府活动的产出和结果，即重视提供公共服务的效率和质量。在绩效预算管理上，表现为重视赋予"一线经理和管理人员"以职、权、责，例如，在计划和预算上重视组织的战略目标和长期计划，强调对预算的"总量"控制，给一线经理在资源配置、人员安排等方面充分的自主权，以适应变化不定的外部环境和公众不断变化的需求。公众的满意程度是公共支出绩效的重要衡量指标，相对于政策制定者与政府高层管理人员，"一线经理和管理人员"更能够了解并迎合公众需求。因此，在既定的战略目标和长期规划下，赋予"一线经理和管理人员"更大的自主权，使他们更加灵活地应对外部环境的变化，有利于提升预算的绩效。

③新公共管理把一些科学的企业管理方法如目标管理、绩效评估、成本核算等引入公共行政领域，对提高政府工作效率是有促进作用的。尽管公共行政管理与企业管理、公共部门与私营企业，在各自的目的、对象和方法上均有种种差异，完全采用企业管理特别是私营企业的管理方法来实施公共行政管理并不可行，但企业管理特别是私营企业管理重视效率、产出、管理的科学性、市场需求和顾客的反馈，在实践中都可供预算管理借鉴。

④新公共管理作为一种新型管理模式，对绩效预算的完成非常有益。在表2-1中，罗伯特提供了一个用于连接管理气质和集权、分权系统的方式。他认为，"公共服务的管理气质应该位于右象限的上部，在这个象限内，担负责任的带有权力的管理行为应顾虑规则和习俗，以决定如何最好地使用预算并取得规定的成果。"①

表2-1　　　　　　　　　　　管理的方式

	集权	分权
正式	管理政治： 行为被规则和程序所限制；正式的问责制	关注结果： 管理的灵活性；责任授权；基于结果的问责制
非正式	专制领导者： 决定日程和方法；没有正式的问责制	集体负责： 个人制定日程；绩效通过同伴的观点来判断

① 刘昆. 绩效预算：国外经验与借鉴[M]. 北京：中国财政经济出版社，2007：34.

正是在新公共管理在提高公共部门行政效果、降低行政成本、化解公共危机、实施政府再造、落实政府责任、改进政府管理、提高政府效能、改善政府形象等观念的指引下，西方各国纷纷开始反思传统预算管理制度并主导了一场全球预算的改革浪潮。澳大利亚、新西兰、美国等国的实践表明，政府转变的有效起点就是开展以绩效为本、以结果为导向的政府绩效预算改革，采取以公共责任和顾客至上为理念的公共预算改革策略，提高政府公共管理和公共服务能力。

二、新公共服务与公共价值理论

进入 20 世纪八九十年代以后，伴随着政府改革运动和重塑运动的兴起与发展，新公共管理运动成为公共行政和公共管理理论与实践的主导范式。基于对新公共管理理论的反思和批判，新公共服务理论（new public service）建立了一种新的公共行政理论。新公共服务理论主要从民主公权理论、小区与公民社会理论、组织人本主义和新公共行政理论以及后现代公共行政中汲取理论营养。[1]

随着公共行政理论与实践的进一步发展，政府与公民之间的关系问题成为当代西方公共行政学界所关注的热门话题，集中体现为公民直接参与公共行政管理、参与公共事务的要求以及构建公民与政府合作的新型治理关系的主张。在这一潮流的冲击之下，新公共服务的研究基本上围绕着"公民参与"展开。新公共服务理论提出了与新公共管理理论针锋相对的几大主张：政府职能是"服务"而不是"掌舵"；公共利益的重要性是为公民而不是为顾客服务；思想的战略性与行动的民主性、责任的重要性；公民权和公共服务的重要性是重视人而不是只重视生产率[2]。

新公共服务是以公民为中心的公共治理理念。它通过鼓励人们去履行他们作为公民的责任，引导政府关注他们的需求。新公共服务以社会公共利益

---

[1] 伍彬. 政府绩效管理 理论与实践的双重变奏 [M]. 北京：北京大学出版社，2017.
[2] 罗伯特·B. 登哈特，等. 新公共服务：服务，而不是掌舵 [M]. 丁煌，等译. 北京：中国人民大学出版社，2010.

为政府服务的核心，并创设公众利益表达的渠道，增强公民在社会公共事务中的参与能力。新公共服务理论坚持以人为本的理念，强调公民权和公众满意度，通过鼓励公民参与社会公共事务，丰富公民的政治参与方式，扩大公民的民主权利，为政府绩效管理提供了新的理论基础。进一步地，一些学者认为对公民权、公共价值的强调使政府绩效管理的研究范式开始从新公共管理向以公共价值为基础的政府绩效治理转换。

随着实践探索与理论研究的深入，新公共管理的各种弊端日益显现，人们开始探索思考公共治理与指导公共治理实践的新思维。于是开始重新思考何为公共治理及其目的，什么是公共治理的规范性功能及其运转方式和管理方式等问题。1995 年，哈佛大学肯尼迪政府学院莫尔教授的《创造公共价值：政府的战略管理》一书问世，"公共价值"的概念被正式提出，并得到了研究者和实践者的广泛关注。[1]

莫尔提出公共价值的初衷是引入企业管理的概念，为公共管理者提供一个理解和指导公共管理实践过程的思维框架。莫尔认为，公共治理的合理性或本性在于创造与追逐公共价值，犹如企业追逐其价值（利润）一样，因而应该从公共价值创造的角度重新审视公共治理，使公共治理能够汇聚各种可能的资源，尽最大可能创造公共价值。为此，莫尔提出了以"创造公共价值"作为公共治理核心战略职能的战略三角模型，如图 2 - 1 所示。

图 2 - 1　战略三角模型

---

[1] 王学军，张弘. 公共价值的研究路径与前沿问题 [J]. 公共管理学报，2013，10（2）：126 - 136，144.

这一模型成为公共部门战略管理中的一种重要框架，其中包含三个要素：公共价值、运转能力和授权环境（支持与合法性）。公共价值是指管理活动要实现的公共价值的具体内容；授权环境是指管理活动涉及的利益相关者及政治家对于该项管理活动是否支持，是否具有充分的授权；运转能力是指公共部门是否有一定的资源和能力来完成管理活动。当三者达到一定的平衡，制订的战略方案就是成功的，因此实现三者的平衡是公共部门战略管理应当遵循的准则。

莫尔的"公共价值创造"理论为学术界、公共部门管理者及公众提供了一种重新思考公共治理的概念框架，公共价值理论也引发了公共价值概念的结构化研究浪潮。莫尔对公共价值的研究集中在公共部门战略管理层面；凯利等在汲取莫尔公共价值研究启示的基础上，将公共价值集中在公共服务改革领域；斯托克在网络治理理论的基础上，进一步发掘公共价值成为公共行政理论的潜力，初步描绘了公共价值管理作为一种新的公共行政理论的轮廓；威廉姆斯等收集整理了 1995~2011 年有关公共价值研究的所有重要文献，并对其进行了系统性的评述，部分例子如表 2-2 所示。

表 2-2　　　　　　　　　　公共管理的不同范式

关键目标	传统公共行政	新公共管理	公共价值管理
管理者的角色	政治性输入资源；通过官僚系统监控服务供给	管理资源输入与结果输出，保证经济性及对公民的责任性	体现公共价值的首要目标包括提高处理最受公众关注问题的有效性；关注点从服务提供延伸到系统维护
公共利益的界定	保证规则和恰当的程序受到遵循	帮助界定和达到共同的绩效目标	在协商和服务网络中起导向作用，维护网络的整体能力
体现公共精神的途径	由政治家或专家界定；界定过程公众少有介入	个体偏好的混合体，由高层政治家或管理者通过考量公众偏好而获得	个体和公共偏好产生于复杂的互动过程，其中对资源与机会成本的审慎反思是必要的
对服务提供系统的偏好	公共部门是体现公共服务精神的垄断体	怀疑公共精神（将导致无效和帝国式专利）；推崇客户导向的服务	公共服务精神不能仅由任一组织体现；在共享价值框架下保持互动关系才是体现公共精神的关键

续表

关键目标	传统公共行政	新公共管理	公共价值管理
民主程序的作用	层级结构的组织或有自律性的专业组织	私人部门或与相关公共服务提供最为密切的公共机构	实用的多途径"菜单",并通过反思能获得预期产出的干预机制来做出选择
关键目标	体现责任性:当选领导者之间体现自身责任的竞赛	体现目的性:设定目标与评估绩效而不关心实现过程	体现话语性:考虑各方观点,轮流和持续的民主交流过程是关键

在西方公共行政学界关于公共价值理论的研究主要以莫尔的公共价值管理理论和波兹曼的公共价值失灵为核心形成了两个主要论域。波兹曼主张从公共价值视角去阐释公共政策和服务,并反对单纯以"市场失灵模式"(价格为主要衡量标准)来衡量公共政策和服务的有效性,并提出公共价值失灵模型,强调公共政策和服务所承载的公共价值。[①] 波兹曼从宽泛的意义上界定了公共价值,认为一个社会的公共价值为人们提供了如下三个方面规范性共识:一是公民或其他个人、法团与其他组织应享有或不应享有的权利、利益与特权;二是公民或其他个人、法团与其他组织应承担的社会、国家与其他方面的义务;三是影响社会结构与功能的各类政策或规则应基于的原则。美利坚大学的罗森布鲁姆教授关注非任务性公共价值在当代绩效导向的公共管理中的地位,他通过价值与结果、价值与管理的区分论述了测量非任务性价值的重要性,提出了一个任务性价值和非任务性价值的平衡计分卡。

公共价值或公共价值创造作为公共治理或国家治理体系现代化的理念,获得了学者们的广泛认同,并且有更多学者付出努力探索公共价值,特别是基于波兹曼的上述三个方面规范性共识的公共价值界定,对于人们恰当地理解公共价值,具有重要的分析性意义。它强调参与者共识在公共价值创造中的作用,而不是对他国的经验进行照搬。这种理解既符合公共价值创造的历史逻辑,也符合各国在文化传统、理性及思维模式方面存在重大差异的现实逻辑或实践逻辑。公共价值是一个文化嵌入性概念,不同国家具有不同的文化传统,因而在历史、行为规范及认知结构等方面存在的差异也决定了所需

---

① 杨博,谢光远.论"公共价值管理":一种后新公共管理理论的超越与限度[J].政治学研究,2014(6):110-122.

要嵌套的公共价值有所不同。

在国内，2011年以兰州大学的包国宪教授带领的研究团队在美国波特兰举办的第二届政府绩效管理与绩效领导国际研讨会上，首次提出了以公共价值为基础的政府绩效治理理论。包国宪教授总结了新公共管理背景下政府绩效评估与管理的贡献困惑和理论反思，他认为产生绩效损失的根本原因是社会建构缺位，政府的产出偏离了社会基本需求，未能体现公共价值，只体现了市场价值。① 新公共服务理论和公共价值理论强调绩效管理中公民参与的重要性及公共利益、民主等公共价值在政府绩效管理中的重要地位，政府绩效管理应当将此纳入理论框架之中。

三、新公共治理理论

20世纪八九十年代开始，"治理""公共治理"等概念开始活跃在公共管理领域的研究当中。2006年，奥斯本（Osborne）在《公共管理评论》上发表了《是否存在新公共治理?》的社论性文章，明确勾画出新公共治理的基本框架，并提出新公共治理范式的未来建构途径与方式。奥斯本认为，公共部门或公共行政与管理理论必须适应其实践特征，捕捉到其现实的基本结构，内在地推演出与现实一致的实践行动。依据这种认识论逻辑，公共领域或公共行政与管理领域现在迫切需要一种更具有整体性的理论，一种超越"行政与管理"两分法的理论，既不同于"公共行政"，也不同于"新公共管理"，而是具有自身特点的可供选择的话语体系。

在奥斯本看来，新公共治理的特点是其基于21世纪国家处于一个多组织和多元的复杂性中的背景下关注公共政策执行与公共服务提供的社会现实。新公共治理植根于组织社会学与网络理论，并且高度关注21世纪公共行政与管理领域日益分块化、碎片化与不确定的性质。新公共治理主要有如下几方面特征。

---

① 王学军，张弘. 政府绩效管理研究：范式重构、理论思考与实践回应——"公共绩效治理：国际学术前沿与全球实践经验高端论坛"综述［J］. 中国行政管理，2013（3）.

第一，新公共治理立足于多组织国家与多元主义国家的现实。新公共治理是围绕公共政策的执行和公共服务的提供来进行的，而这种执行和提供发生在多组织与多元主义的国家中。正是多组织国家与多元主义国家的现实使公共政策执行和公共服务提供的复杂性、多元性及破碎性日益增长。面对两种多元形式作用的结果，传统的公共行政和新公共管理理论难以应对，必须对过去所强调的行政—管理、政府—市场、平等—效率的二分法进行超越。基于此，新公共治理的重点在于组织间的关系以及过程的治理，强调公共服务组织与其环境互动基础上的服务效益和结果。

第二，新公共治理强调公共价值的利用、生成与创造。新公共治理强调组织间的关系和过程的治理，在这当中，信任、关系资本和关系契约服务是治理的核心机制，而不是组织形式和功能。而传统的公共行政则强调组织内的过程，新公共管理则强调政府、私人和非营利组织之间的过程。然而，新公共治理也结合了公共行政的政治因素和新公共管理的经济因素，强调服务的提供需要考虑政策过程的平等和公正，也要考虑成本效益。[①]

第三，新公共治理强调其治理的网络化特征，自治网络是新公共治理的核心。新公共治理意味着政府含义的变迁，意味着治理的新过程，以及社会治理的新方式新方法。网络是非正式的与流动的：不断变换的成员、模棱两可的关系与责任。这种网络以妥协而不是对立、以协商而不是行政命令为特征。因此，从新公共治理的视角看，网络是指自组织的、组织间的网络，以相互依赖、资源交换、博弈规则及不受政府干预、具有较大自主性为特征。

公共治理的上述特征，使新公共治理具有提供某种分析框架的潜能，这种分析框架既能够促进公共部门新理论的生成，也能够为分析与评估公共政策的演进提供支持。

---

① 竺乾威. 新公共治理：新的治理模式？[J]. 中国行政管理, 2016 (7): 132 – 139.

第三章　政府绩效管理工具的发展

管理学是一门直接面向实践的学问，绩效管理工具作为管理实践与管理理论之间的桥梁与纽带，直接来源并应用于管理实践。纵观绩效管理工具的演变历程，它在横向上不断拓宽绩效评价范围，从单纯的财务类指标扩展到全面考察整个组织各个层面的绩效指标；在纵向上不断提升组织的经营功能，从单纯的绩效评价工具上升到成为实现组织战略的战略性绩效管理工具（见图 3-1）。

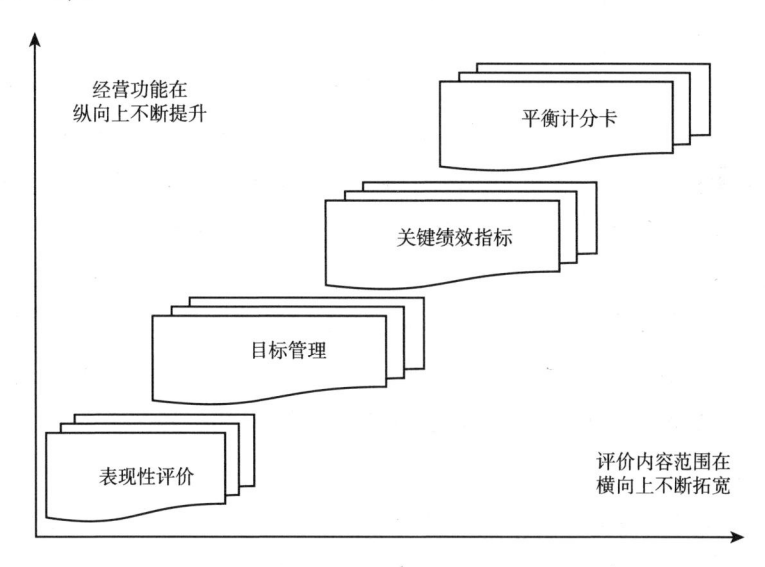

图 3-1　绩效管理工具的发展演变

绩效管理工具的发展演变根据其代表性的绩效管理工具大体可以划分为四个阶段，具体为表现性评价阶段、目标管理（management by objectives，MBO）阶段、关键绩效指标（key performance indicators，KPI）阶段和平衡计分卡（the balanced score card，BSC）阶段。这四个阶段在绩效管理实践中是一个综合运用和跳跃更迭的演进过程。

20世纪50年代中期以前，表现性评价是指上级领导根据绩效周期内下属的工作表现，包括工作的数量、工作的行为等，对其做出评价的管理模式。表现性评价属于绩效评价的范畴，还称不上是真正意义上的绩效管理工具。就表现性评价的评价方法而言，历史上比较典型的有19世纪初欧文（Owen）的颜色评价、30年代的图解评定尺度、40年代的关键事件技术及50年代的特征评价方法等。表现性评价的优点在于操作起来比较简单；但最大的缺陷是它只是纯粹的绩效评价工具，不能有效地确保整个组织战略的落地和执行。因此，50年代以后表现性评价被更为先进的绩效管理工具所取代。

1954年，德鲁克（Drucker）在其著作《管理的实践》一书中提出了目标管理的思想。由于目标管理适应了当时环境的变化和管理实践的需要，在随后的30年间获得了极大的成功，被众多组织所采用。但是，目标管理对人性的假设过于乐观，对组织中存在的本位主义和员工惰性的忽视，导致其实施效果大打折扣。

20世纪80年代末，真正意义上的绩效管理才正式出现，绩效管理工具随之得到长足发展。这一时期，管理学界开始将绩效管理与组织战略相结合，强调过程与结果并重，提倡采用各种评价方法对工作行为和绩效产出进行综合评价。关键绩效指标便是其中的一个代表，关键绩效指标的思路是绩效管理应该抓住对组织发展有重要意义的关键绩效指标，通过关键绩效指标来落实组织的战略目标和工作重点，传递组织的价值导向，进而有效激励员工，促进组织和员工绩效的持续改进与提升。但是，由于关键绩效指标在实现过程中存在难以协同等问题，因此造成了资源耗费，这一点制约了其进一步的发展。

20世纪90年代之后，知识经济的崛起让无形资产的重要性充分凸显出来。传统的以财务指标为主的绩效衡量模式已难以对组织的整体绩效作出全面评价，管理实践迫切需要新的绩效管理工具来促进组织整体绩效的全面提升。1990年，诺兰·诺顿（Nolan Norton）资助的"未来组织的业绩衡量"项目让平衡计分卡得以问世。平衡计分卡在继续关注财务绩效的同时，把目光投向了组织的利益相关者、内部业务流程和无形资产，并在四者之间勾勒出具有严密逻辑性的因果关系，使组织价值创造源泉的无形资产和组织终极使命之间形成了一个战略连续体。正因为如此，平衡计分卡才能在问世之后迅速赢得众多组织的青睐，并被誉为最重要的管理工具和方法。

一、目标管理

（一）目标管理的内涵

目标管理是 1954 年由美国著名管理学家彼得·德鲁克在《管理的实践》一书中提出的。德鲁克认为一个组织的使命和任务都必须转化为目标，而目标只有分解成更小的目标后才更容易被实现。不是有了工作才有目标，而是有了目标之后，根据具体的目标来确定每个人的工作。如果某个领域没有特定的目标，则这个领域必然会被忽视。各级管理者只有通过目标对下级进行领导，并以目标来衡量员工的贡献和产出，才能保证组织总目标的顺利实现。反之，如果没有一定的目标来指导员工的工作，则随着组织规模的扩大和人员的增多，发生冲突及浪费的可能性就越大。因此，德鲁克提出让员工和上级一起，根据组织的总体目标，协商制定员工的个人目标；并在目标管理的实施阶段，实行权限下放和民主协商，使员工进行自我控制，独立自主地完成工作任务，从而有效激励员工的工作热情，发挥员工的主动性和创造性。

由于以往古典管理学派偏重以工作为中心，忽视了人性的一面；行为科学学派又偏重以人为中心，忽视了同工作的结合。因此，德鲁克提出的目标管理是在科学管理和行为科学的基础上把对工作的关注和人的价值统一起来，使员工能够从工作中满足社会需求，同时又能够确保组织目标的顺利实现。"目标管理和自我控制"的最大优点就在于：以目标给人带来的自我控制力取代来自他人的支配式的管控方式，从而激发人的最大潜力，把事情办好。因此，目标管理是一种参与、民主和自我控制的管理思想，也是一种把个人需求与组织目标相结合的管理思想。在这一管理思想下，上级与下级的关系是平等、相互尊重和相互支持的，下级在承诺目标和被授权之后是自觉、自主和自治的。

目标管理理论丰富了现代管理理论，在管理理论中具有十分重要的地位，其理论主要可以用道格拉斯·M. 麦格雷戈（Douglas M. McGregor）提出的 X 理论和 Y 理论等有关人性假设的研究成果来阐释。对人性的假设决定了一个管理者采取什么样的管理方式对待自己的下属员工，X 理论和 Y 理论是两种比较极端的假设。主张 X 理论的管理者认为大多数人都会逃避责任，工作对大多数人而言是没有乐趣的。因此，管理的行为应该是"严厉的"或"强硬的"，管理者要采取严格的监督与控制方式。而 Y 理论则认为工作是一种像游戏和休息一样自然的事，人在工作中可以也愿意承担责任，自我实现的需求与组织的要求并不矛盾。在《企业中的人性面》一文中麦格雷戈把 Y 理论叫作"个人目标和组织目标的结合"，在这种哲学的指引下，管理者的重要任务就是创造一个能够使人的才能得以发挥的工作氛围，并通过让员工参与决策，给予员工更多的自主权等对员工进行内在激励，满足其自我实现的需求。因此，目标管理正是一种以"员工"为中心、以"人性"为本位的管理思想，其本质就是以"民主"代替"集权"，以"沟通"代替"命令"，使组织成员充分而切实地参与决策，通过采用自我控制、自我指导的方式，把个人目标与组织目标结合起来。

在德鲁克之后，很多学者对目标管理进行了定义，使目标管理理论得以不断发展和完善。约翰·享布尔（John Humble）认为，目标管理是在管理者努力发展自己的前提下，积极整合组织的需要来阐明和实现组织利益的动力系统，是对管理风格的要求与奖赏。

乔治·欧迪伦（George Odiorne）认为，目标管理是一种秩序，凭借上下层级对目标的共同了解，制定个人的工作目标及职责，使之能齐心协力地完成组织目标，并以预定的目标作为工作推进的指导原则和评审成果的客观标准。

德尔·D. 麦康尼（Dale D. MeConkey）把目标管理看成是一种业务管理计划和考核方法，即每一位管理者都按其应达成的目标与成果制定一年或一定期间内具体可行的工作内容与进度，期满时以预定目标来衡量实际的成果。麦康尼在分析了近 40 位权威人士对目标管理的观点之后认为个体目标与组织目标应当联系起来，并且需要用具体可衡量的标准来定义目标。

尽管目标管理的具体形式多种多样，但其基本内容是一致的。简言之，目标管理可以描述为如下一个过程：组织中的上下级一起协商、共同制定目标；根据一定时期内组织的总目标，来决定上下级的职责和子目标，并把这些目标作为组织经营、评估和奖励的标准。具体而言，目标管理由明确目标、参与决策、规定期限和反馈绩效四个要素构成。正确理解目标管理的内涵，需要关注以下几个方面。

1. 明确目标

目标管理中的目标是对期望绩效的简要概括，它应该是具体的、可量化的和易操作的，研究人员和实际工作者早已认识到由员工自己先制定个人目标的重要性。美国马里兰大学的早期研究发现，高水平的绩效是和高标准的目标相联系的，明确目标比只要求人们尽力去做有更高的绩效。目标管理提倡由员工首先制定出自己的绩效目标，并通过将组织目标逐级分解转换为各部门和员工的子目标，以此来确保绩效目标的切实可行、员工工作积极性的有效提高和各部门、各员工权、责、利的合理明确，从而使绩效目标方向一致，环环相扣，相互配合，形成一套协调统一的目标体系。

2. 参与决策

参与决策是指绩效目标的制定和行动计划的安排是由上级与下级共同商定完成的，双方需要在目标管理的实施过程中不断交换意见、达成共识。目标管理的目标转化过程既是"自上而下"的，又是"自下而上"的。目标管理的目标制定过程与传统的目标设定不同，传统的目标设定是在高度集权的模式下，以命令的形式把组织的目标按照管理层次逐级分解，员工只能被动地接受；而目标管理则是用上级与下级共同参与的方式来选择和设定各个层次的目标。通过目标制定这一过程，员工的心理状态由"要我做"转变为"我要做"；而管理者的领导风格也由单纯地下达指示，逐渐转变为重视员工参与的人性化管理模式。

3. 规定期限

规定期限是指规定每个目标开始和结束的具体时间，它是管理者检查目标完成情况的基本尺度。目标管理强调时限性，制定的每一个目标都需要有明确的时间期限，如一个月、一个季度、一年或其他适当的期限。在大多数情况下，目标的制定可与年度预算或主要项目的完成期限相一致。在管理实践中，某些目标会安排在很短的时间内完成，而有些目标则要安排在较长的时间内完成，应根据具体的实际情况来制定。

4. 反馈绩效

反馈绩效是指在目标管理的实施过程中，通过检查和评价活动，不断将目标的完成情况反馈给有关部门和个人，促使其持续调整和修正自己的行动计划。这样，每个员工对其所在部门的贡献就变得非常明确。更为重要的是，管理者需要努力吸引下属员工积极参与到评价和反馈绩效的过程中，用这种鼓励员工自我评价和自我发展的方法，来提升员工的工作积极性和工作满意度。

（二）政府组织目标管理的实施

20 世纪 70 年代，目标管理在企业得到广泛推广之后，德鲁克又将这一管理方法引入政府管理领域，形成适用于政府组织等公共服务机构的目标管理理论。德鲁克认为，公共部门绩效管理是当代管理工作中"最重大、最主要的任务"，政府部门可以像企业一样应用和实施目标管理。

1. 政府组织成功实施目标管理的先决条件

政府组织目标管理要取得成功，必须满足下列先决条件。这些先决条件包括以下几方面。

（1）参与式的管理模式

目标管理所提倡的管理模式是参与式的管理模式，该管理模式强调员工的主动参与，要求下属员工参与到决策制定的过程中；同时要求上级领导要善于运用下属员工的专业技能和创新能力来协商和解决目标管理中的关键问题，并能够与下属员工明确分享工作中的职责和权利。

（2）组织层次分明

组织层次是指组织内纵向管理系统所划分的等级。在组织层次混乱的情况下，明确职责权限是件很困难的事情。要想取得良好的管理效果，先决条件是要求管理者为自己承担的目标肩负起责任，这就需要将每个目标切实落实到每位管理者身上。同时，每一位管理者所应负责的目标必须被授予相应的权限，往往职责和权限之间的不匹配是造成目标无法实现的重要原因。

（3）工作的反馈

员工工作情况的反馈是十分必要的，原因就在于员工的成就感越强，越需要上级对自己工作情况的及时反馈。高成就动机的员工不希望在自己采取行动、付出努力后，对工作结果的好坏一无所知。因此，及时准确的工作反馈对于员工工作行为的合理调整和工作水平的提高有着重要的意义。

2. 政府组织目标管理的实施步骤

目标管理包括以下两个方面的重要内容：第一，必须与每一位员工共同制定一套便于衡量的工作目标；第二，定期与员工讨论其目标完成情况。具体而言，政府组织的目标管理主要包括计划目标、实施目标、评价结果和反馈四个步骤。

（1）计划目标

计划目标是指根据组织的使命和任务制订组织的总体目标和行动计划，并依据政府部门的管理层次来确定每个部门和个人的具体目标。通常每年初或上年末，政府组织的高层管理者要根据实际情况和上级部门提出的要求，制定出本年度要完成的目标；然后，各部门的中层管理者与上级领导一起将组织的目标分解为本部门的目标，并最终分解为每个员工的个人目标。在制定员工个人目标时，上级领导和下属员工要及时沟通、协商。通过制定目标这一过程，不仅将组织的目标逐级分解为一个个细化的具体目标，而且能够使员工明确组织期望达到的结果以及为达到这一结果所应采取的措施、步骤和所需的时间及资源，使他们在为目标努力时了解自己目前在做什么、已经做了什么和下一步还将要做什么，不断增加员工个人的工作积极性和组织归属感。

（2）实施目标

目标管理的实施阶段，强调以自我管理为核心来开展工作，其主要目的是对目标计划的实施情况进行监控，保证制订的计划按照预定的步骤进行。在实施目标的过程中，上级领导的主要工作不再是严格的管理，而是根据既定的目标、行动计划和时间安排等对下属的工作进行指导、协助和监控。通过这一过程，可以及时发现问题、纠正行为或对既定计划进行适当修改；同时也可以使管理者注意到组织环境对下属员工工作表现产生的影响，帮助下属员工克服困难和适应他们无法控制的客观环境，创造良好的工作氛围。

(3) 评价结果

评价结果就是将实际达到的绩效结果与预先设定的目标相比较，其目的是使管理者找出未能达到目标的原因，或实际达到的目标远远超出预定目标的原因，从而帮助管理者做出合理的决策。政府部门多采用以月、季、年为周期的阶段性评价，并根据目标的达成情况、目标的复杂程度以及工作的努力程度等进行区别性地评价。通过对实际结果与设定目标的比较评价，达到扬长避短的目的。在政府部门中，评价方式主要有自评和互评两种。

(4) 反馈

反馈就是上级与下级一起共同回顾整个目标管理周期，对目标完成的进度和预期目标的达成情况进行讨论，从而为新目标的制定以及为实现新目标可能采取的战略做好准备。及时反馈结果很大程度上影响着个人、部门乃至整个组织工作效率的提高和工作进度的推进。但是，在我国目前的政府绩效管理中，这一环节常常被忽略。因此，首先要在政府目标管理的过程中树立结果反馈的观念，并尽可能指派专门的机构负责目标管理的反馈工作。

目标管理特别重视和强调员工对整个组织的贡献。在传统的绩效管理中，管理者的作用类似于法官的作用；而在目标管理中，管理者发挥着顾问和促进者的作用，员工也从消极的旁观者转换成了积极的参与者。参与目标的制定使得员工成为目标制定和决策过程的一部分。在整个目标管理的过程中，管理者都要保持联系渠道公开，其目的在于能够及时地与员工沟通，帮助员工持续进步，确保工作任务能够按照既定目标顺利实现。

(三) 对目标管理的评价

目标管理风行一时并不是偶然。经历了第二次世界大战后的各国经济由缓慢恢复转向迅速发展时期，企业急需采用新的管理方法调动员工的积极性以提高竞争力，目标管理由于适应了当时环境的变化和管理实践的需要而迅速发展起来，并因为其理解简单、可操作性强等特点，在政府部门的绩效管理中得到广泛应用。与传统的表现性评价相比，目标管理已经取得了长足的进步。

1. 目标管理的优点

（1）目标管理重视人的因素，强调"目标管理和自我控制"

通过让员工与上级一起协商确定绩效目标，可以使员工有机会把自己的想法纳入计划之中，也使员工对于目标的理解更为透彻，从而最大限度地激发员工的工作兴趣和积极性。同时，通过让员工在达成目标的过程中进行自我控制来满足其自我实现的需要。因此，目标管理既可以对绩效目标进行有效控制，又可以有效地激励员工，促进员工进步。

（2）目标管理可以帮助管理者理清思路，利于组织目标的顺利实现

目标管理迫使管理者仔细思考实现目标所应采取的方式、方法、所需的时间和资源以及行动计划的效果与可能遇到的问题等，从而可以确保行动计划的切实可行。同时，由于目标管理强调员工参与，这能够促使组织中的各级管理者及员工明确和理解组织的目标、组织的结构、组织内的分工与合作及各自的工作任务和职责权限等，有利于目标实施过程中的相互配合和既定目标的顺利实现。

（3）目标管理能改进管理方式和改善组织氛围

目标管理以目标的制定为起点，以目标完成情况的评价和反馈为终点。工作结果是评价工作绩效最主要的依据，这样就使得在实施目标管理的过程中，员工控制目标实现的能力得以增强。同时，目标的制定和实施必须依赖于良好的上下沟通和相互配合，因此，又能够有效地改善人际关系和营造良好的组织氛围。

2. 目标管理的缺点

在实施的过程中，目标管理也暴露出一些弊端。到了20世纪70年代末，目标管理开始遭到质疑。

一是目标管理假定人们对成就动机、能力与自治有强烈的需求，员工愿意接受有挑战性的目标。因此，允许员工制定自己的目标与绩效标准。但它忽视了组织中的本位主义及员工的惰性，对人性的假设过于乐观，组织中的员工并非都具有高成就动机愿意参与决策和承担挑战性任务，这使得目标管理的效果在实施过程中大打折扣。正是基于这个原因，当今许多组织将目标管理的应用范围仅局限于中高层管理者或技术人员。

二是上下级为统一思想所进行的反复沟通需要耗费大量的时间和成本。罗伯特·斯科法（Robert Schaffer）指出："值得嘲讽的是目标管理经常制造的是纸片风景，计划变得越来越长，文件越来越厚，焦点散漫，质量因目标标准过多而混乱，能力都花在机制上而不是结果上。"这容易使目标管理流于形式。

三是目标及绩效标准难以确定。目标管理过分强调通过量化指标来衡量绩效，然而组织中的许多工作是难以量化的，而且绩效标准也因人而异，难以形成一个互相比较的管理平台，目标管理的公平性因此受到质疑。

四是目标管理使员工倾向于选择短期目标，即可以在评价周期内加以衡量的目标，从而导致组织内部员工为了达到短期目标而牺牲长期目标，从而导致组织长期利益受到忽视，不利于组织的可持续发展。

尽管存在上述缺点，目标管理在管理思想史上仍具有划时代的意义。它不仅作为一种绩效管理工具，为未来绩效管理的发展奠定了基础，同时它作为一种先进的管理思想，对后期的很多管理学理论有重大影响。

二、关键绩效指标

（一）关键绩效指标的内涵

进入 20 世纪 80 年代，随着管理实践的发展，管理学界开始注重将绩效管理与组织战略相结合，在这种背景下，关键绩效指标（key performance indicators，KPI）应运而生。所谓关键绩效指标，是指将组织战略目标经过层层分解而产生的用以衡量组织战略实施效果的可操作性的关键指标体系，其目的是建立一种机制，将组织战略转化为内部流程和活动，从而不断增强组织的核心竞争力，使组织持续发展。关键绩效指标的假设是组织战略的实现往往依赖于关键成功领域的某些关键绩效要素，其管理精髓就在于抓住关键、以少制多，是"二八"原理的生动体现。关键绩效指标体系有三个重要的关键词：关键成功领域（key result areas，KRA）、关键绩效要素（key performance factors，KPF）和关键绩效指标。关键成功领域、关键绩效要素和关键绩效指标的关系如图 3-2 所示。

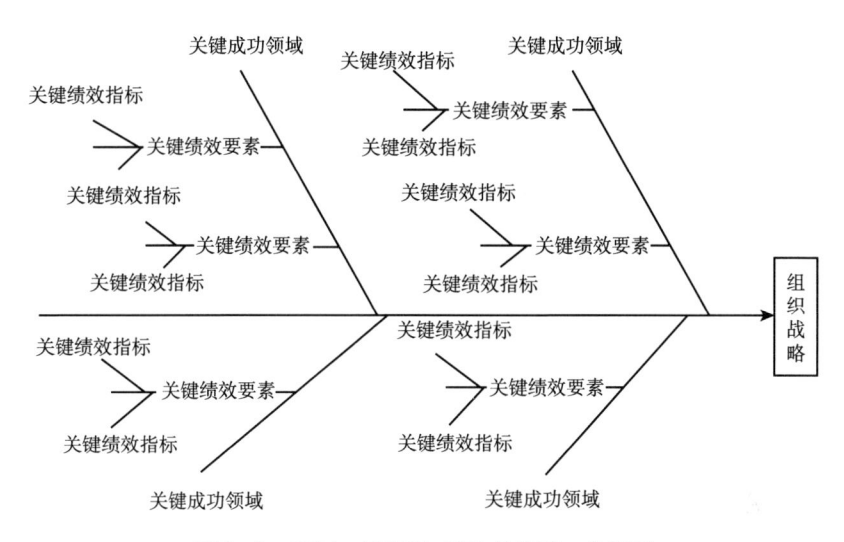

图 3-2　KRA、KPF 和 KPI 的关系：鱼骨图

对于关键绩效指标的内涵，可以这样来理解：它是对组织战略目标有增值作用的绩效指标，这种增值作用体现在它将个人绩效与组织战略目标链接起来，能够反映有效影响组织价值创造的关键驱动因素。因此，它既不是绩效目标，也不是一般的或全部的绩效指标，更不是能力或态度类指标，而是能够衡量组织战略实施效果的关键指标体系。具体而言，要正确理解关键绩效指标的内涵，需要重点关注以下几个方面。

（1）关键绩效指标是衡量组织战略实施效果的关键指标

这包含两方面的含义：一方面，关键绩效指标是战略导向的。它是由组织战略目标层层分解得出的，是对组织战略目标的进一步细化和发展。另一方面，关键绩效指标强调"关键"。它关注的是对组织成功具有重要影响的关键领域。因此，关键绩效指标需要根据组织战略目标的发展演变而不断调整。当组织战略侧重点转移时，关键绩效指标也必须随之修正以正确反映组织战略的新重点。

（2）关键绩效指标反映的是最能够有效影响组织价值创造的关键驱动因素中

关键绩效指标是对驱动组织战略目标实现的重要因素的深入发掘，它实际上提供了一种管理的思路：作为管理者，应该抓住关键绩效指标进行管理，通过关键绩效指标将员工的行为引向组织的目标方向。其主要目的是引导管理者将精力集中在能对绩效产生最大驱动力的经营行为上，及时了解和判断组织运营过程中产生的问题，及时采取提高绩效水平的改进措施。

（3）关键绩效指标体现的是对组织战略目标有增值作用的可衡量的绩效指标体系

关键绩效指标强调对组织绩效起关键作用的指标，而不是与组织经营管理有关的所有指标，关键绩效指标是链接个人绩效与组织战略目标的最佳桥梁，通过关键绩效指标，可以落实组织的战略目标和业务重点，传递组织的价值导向，有效激励员工，确保对组织有贡献的行为受到鼓励，促进组织和员工绩效的整体改进与全面提升。

（二）政府组织关键绩效指标的层次和类别

关键绩效指标是一个系统化的指标体系，包括三个层次、四种类别。就层次而言，关键绩效指标要求建立组织、部门和个人三个层次的指标。其中组织的关键指标，来自对组织战略的分析；部门的关键绩效指标，来自对组织关键绩效指标的承接和分解；个人的关键绩效指标则来自对部门关键绩效指标的承接和分解。严格意义上，关键绩效指标是指那些对组织战略顺利实现发挥重要作用的可操作性的指标体系。但是，在具体的管理实践中，通常还会将一般绩效指标（performance indicators，PI），即影响组织管理和目标实现的基本指标引入绩效指标体系中。一般绩效指标的选择和确定借鉴了关键绩效指标的思路，主要来源于部门或个人的工作职责，体现了组织各层次具体工作职责的基础要求，是对关键绩效指标的补充，是关键绩效指标得以实现的保障。政府组织各级关键绩效指标及一般绩效指标的关系如图 3-3 所示，这三个层面的指标共同构成了政府关键绩效指标体系。通过关键绩效指标体系的建立，把政府的战略规划和目标通过自上而下的层层分解落实为部门与公务员个人的具体工作目标，将政府规划转化为内部过程和活动，从而确保战略目标的有效实施。

纵观政府组织绩效、部门绩效及公务员个人绩效指标之间所呈现出的层层分解、层层支撑的关系，不难体会到"关键"一词是将三者紧密联系起来的主线。关键绩效指标强调在组织战略的牵引下，倾注全力于对组织发展至

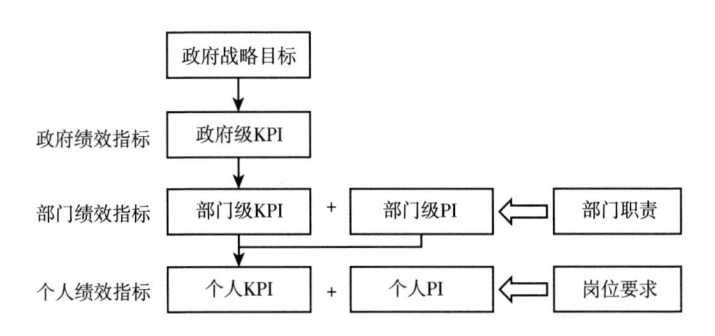

图 3-3　政府组织各级 KPI 及 PI 的关系

关重要的关键成功领域，这充分体现了它作为一种战略性绩效管理工具的鲜明特色。就类别而言，关键绩效指标通常采用财务指标、经营指标、服务指标和管理指标的分类方法。财务指标侧重衡量组织创造的经济价值；经营指标侧重衡量组织经营运作流程的绩效；服务指标侧重衡量利益相关者对组织及其所提供的产品和服务的态度；管理指标侧重衡量组织日常管理的效率和效果。关键绩效指标分类示例如表 3-1 所示。

表 3-1　关键绩效指标分类示例

指标类型	关键绩效指标	单位	权重	目标值	完成情况	打分
财务指标	业务收入	亿元	25%			
	……	……	……			
经营指标	网络资源利用率	%	5%			
	……	……	……			
服务指标	服务对象满意度	%	5%			
	……	……	……			
管理指标	关键人员流失率	%	5%			
	……	……	……			

（三）基于 KPI 的政府绩效评价体系设计

设计良好的关键绩效指标是政府组织绩效管理成功的保障，它所提供的基础性数据是绩效评价的标准和绩效改进的依据。关键绩效指标的设计通常是采用基于战略的成功关键因素分析法来建立的，关键绩效指标体系的建立过程应当按照以下六个步骤进行操作（见图 3-4）。

```
1.确定关键成功领域 → 2.确定关键绩效要素 → 3.确定关键绩效指标
                                              ↓
6.确定个人KPI和PI ← 5.确定部门级KPI和PI ← 4.汇总组织级KPI表
```

图 3-4　关键绩效指标体系建立的步骤

第一步，确定关键成功领域。建立有效的关键绩效指标体系之前，首先必须明确整个政府组织的战略是什么，然后根据组织的战略及战略目标，通过鱼骨图分析，寻找能够促使组织成功的关键成功领域，即对组织的战略目标有重大影响的领域。确定组织的关键成功领域，必须明确三个方面的问题：①这个组织为什么会取得成功，成功靠什么；②在过去那些成功因素中，哪些能够使组织在未来持续获得成功，哪些会成为组织成功的障碍；③组织未来追求的目标是什么、未来的成功关键因素是什么。这实质上是对组织的战略制定和规划过程进行审视，对所形成的战略目标进行反思，并以此为基础对组织的竞争优势进行剖析。为了能够更加生动形象地阐释关键绩效指标体系的建立过程，在此选用某铁路局的关键绩效指标体系为例，其关键成功领域的确定如图 3-5 所示。

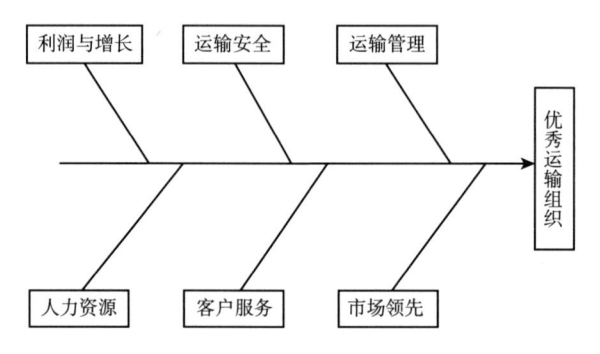

图 3-5　某铁路局关键成功领域的确定

第二步，确定关键绩效要素。关键绩效要素提供了一种"描述性"的工作要求，它是对关键成功领域进行的进一步解析和细化。它主要是要解决以下几个问题：①每个关键成功领域包含的内容是什么；②如何保证在该领域获得成功；③该领域成功的关键措施和手段是什么；④该领域成功的标准是什么。回答上述问题的有效方法就是采用头脑风暴法以集思广益，并利用鱼骨图由浅入深、由表及里地进行层次分析，如图3-6所示。

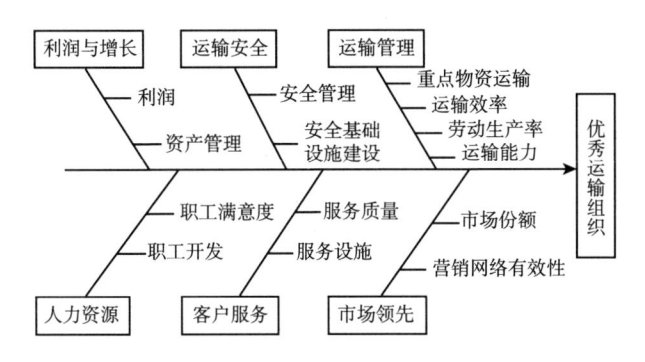

图3-6　某铁路局关键绩效要素的确定

第三步，确定关键绩效指标。确定关键绩效指标就是对关键绩效要素进行细化和甄选，首先将关键绩效要素细化为反映其特性的指标，其次按照具体的原则在众多指标中选择出关键绩效指标（见图3-7）。在确定关键绩效指标的过程中，一般需要遵循三个原则：①指标的有效性，即所设计的指标能够客观地、集中地反映关键绩效要素的要求；②指标的重要性，即通过对组织创造价值的流程分析，找出对其绩效影响最大的指标；③指标的可操作性，即指标必须有明确的定义和计算方法，能够获取客观可靠的数据。

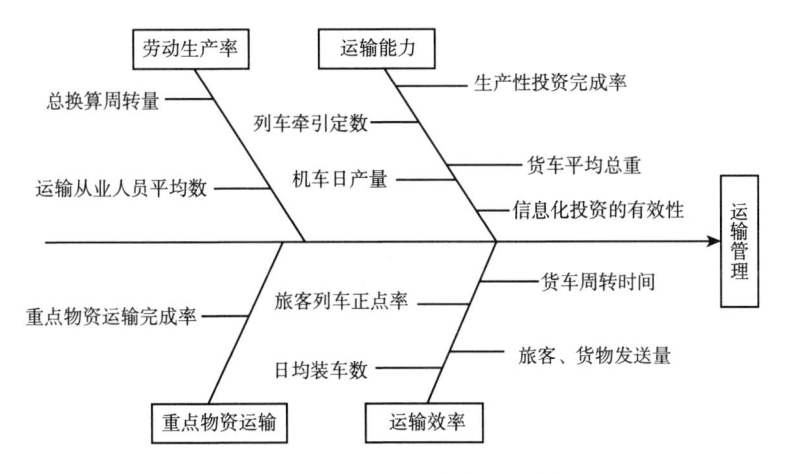

图3-7　某铁路局关键绩效指标的确定

第四步，汇总组织级 KPI 表。将前三个步骤分析所得出的关键成功领域、关键绩效要素和关键绩效指标汇总制表，作为整个政府组织绩效评价的依据，如表 3-2 所示。

表 3-2　　　　　　　某铁路局关键绩效指标汇总

关键成功领域	关键绩效要素	关键绩效指标
运输管理	运输能力	生产性投资完成率
		信息化投资的有效性
		列车牵引定数
		机车日产量
		货车平均总重
	运输效率	货车周转时间
		日均装车数
		旅客、货物发送量
		旅客列车正点率
	劳动生产率	总换算周转量
		运输从业人员平均数
	重点物资运输	重点物资运输完成率
市场领先	市场份额	客货运市场占有率
		客货运收入增长率
	营销网络有效性	客运计划完成率
		货运计划完成率
运输安全	安全管理	行车事故率
	安全基础设施建设	安全设施投入
		线路病害率
客户服务	服务质量	旅客满意度
		货主满意度
		大客户满意度
		路风事件件数
	服务设施	车站评比达标率
		列车评比达标率

续表

关键成功领域	关键绩效要素	关键绩效指标
利润与增长	利润	运输总收入
		运输总支出
		非生产性支出
		每吨换算万公里综合能耗
	资产管理	净资产收益率
		固定资产利用率
		资产负债率
人力资源	职工满意度	职工满意度综合指数
	职工开发	优秀职工流失率
		绩效改进计划完成率

第五步，确定部门级 KPI 和 PI。政府组织目标的实现，需要各个政府部门的全力支持。因此，政府组织级关键绩效指标需要被分配或分解到相应的政府部门，形成部门级的关键绩效指标。有些组织级的关键绩效指标可以直接被某政府部门承接，成为该部门的关键绩效指标。有些指标则不能被直接承担或由一个政府部门单独承担，这就需要对这些指标进行进一步的分解，指标的分解一般基于组织结构和内部流程两条主线进行，如图 3-8 所示。除此之外，为了全面地评价政府部门绩效，还应该根据政府部门的职责和流程等筛选出适应该部门的一般绩效指标作为补充，共同作为政府部门绩效评价的依据。

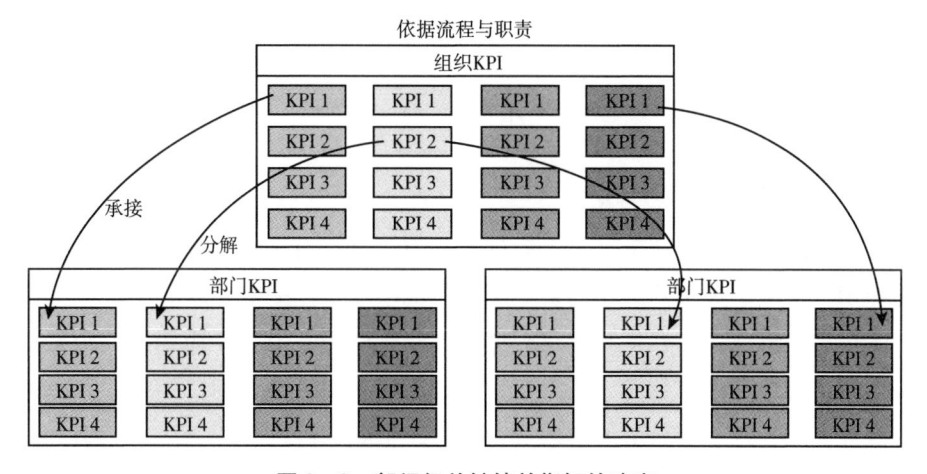

图 3-8 部门级关键绩效指标的确定

第六步，确定个人 KPI 和 PI。公务员个人关键绩效指标和一般绩效指标的确定方式同政府部门绩效指标的设定过程一样，如图 3-9 所示。一部分关键绩效是通过对部门关键绩效指标的承接或分解得来，另一部分一般绩效指标则来自公务员个人的工作职责。

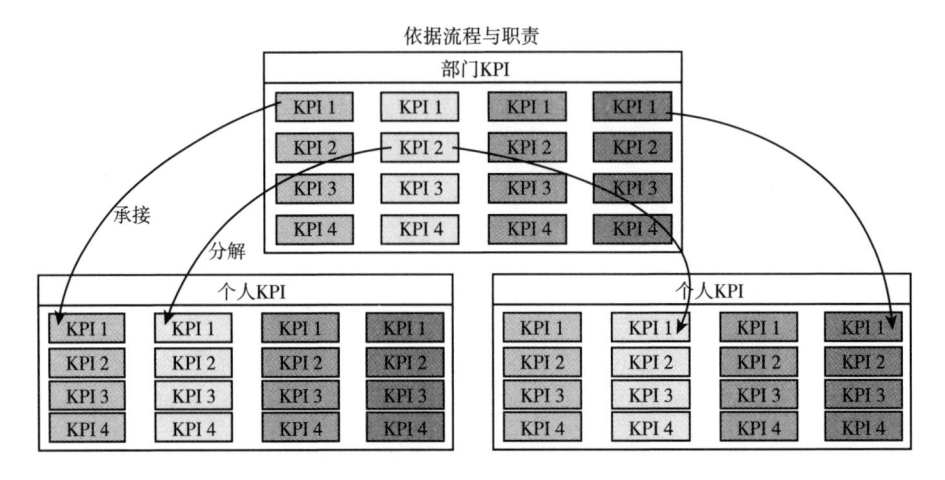

图 3-9 个人关键绩效指标的确定

至此，组织、部门和个人三个层级的关键绩效指标得以建立。经过一段时间的发展，整个政府组织就可以建立一个比较完整的关键绩效指标库，根据不同的发展阶段、不同的战略和组织结构选取不同的关键绩效指标，并可以随着组织的发展和战略目标的改变对绩效指标进行及时调整与补充。

（四）对关键绩效指标的评价

1. 关键绩效指标的优点

善于运用关键绩效指标对组织进行绩效管理，有助于发挥战略导向的牵引作用，形成对员工的激励约束机制。关键绩效指标主要有以下优点。

一是关键绩效指标是基于组织战略的指标体系，有利于组织战略目标的实现。关键绩效指标是对组织战略目标的层层分解，通过对关键绩效指标的有效整合和控制，使员工的绩效行为与组织战略目标的要求相吻合，有利于保证组织战略目标的顺利实现。

二是关键绩效指标是动态的指标体系，有利于绩效评价的科学性和合理性。关键绩效指标的指标和目标值都是根据具体的实际情况来设定的，当组织环境或战略发生转变时，关键绩效指标也会相应地进行调整以适应组织战略的新重点，从而确保关键绩效指标对绩效评价的牵引力。

三是关键绩效指标的达成，有利于组织利益与个人利益的协调一致。关键绩效指标是对组织目标的层层分解和层层支撑，员工在实现个人绩效目标的同时，也是在实现组织整体的战略目标。因此，有利于组织整体利益与员工个人利益的和谐统一，实现组织利益与员工利益的共赢。

2. 关键绩效指标的不足

关键绩效指标的出现受到了管理界和学术界的肯定与认可，但随着管理实践的不断深入，关键绩效指标也暴露出某些不足和问题，主要体现在以下几个方面。

一是关键绩效指标倾向于定量的绩效指标，而忽略定性的绩效指标。这容易导致评价者过分依赖量化的绩效评价指标，使绩效评价误入机械评价的误区，从而影响绩效评价的有效性和合理性。

二是关键绩效指标相对独立，缺少横向上明确清晰的逻辑关系。关键绩效指标的制定是自上而下、层层分解的。在这一过程中，关键绩效指标忽略了指标间横向的协同和合作，过于强调纵向的承接和分解。各关键绩效指标相对独立，缺乏明确的因果逻辑关系，容易导致各部门和各员工在实现各自绩效指标的过程中对有限的资源进行争夺或重复使用资源，从而造成不必要的耗费和损失。

三是关键绩效指标过于强调对结果的考察，而忽略了对过程的监控。关键绩效指标对结果的过分强调容易导致各部门和员工"抓大放小"，放弃权重相对较小的绩效指标，而追求绩效评价中权重较大的绩效指标，容易造成关键绩效指标的遗漏和绩效管理的漏洞，难以保证组织目标的全面实现。

尽管关键绩效指标存在一定的缺点和问题，但是关键绩效指标是绩效管理思想和工具的一个创新与进步。它为管理者们提供了一个新的思路和途径，为以后绩效管理思想和工具的发展提供了一个新的平台。

三、平衡计分卡

20世纪90年代，随着知识经济和信息技术的兴起，无形资产的重要性日益凸显，人们对以财务指标为主的传统企业绩效评价模式提出了质疑。在此背景下，美国哈佛大学商学院教授罗伯特·卡普兰（Robert Kaplan）和复兴国际方案公司总裁戴维·诺顿（David Norton）针对企业组织的绩效评价创建了平衡计分卡。经过两位创始人近20年锲而不舍的努力，平衡计分卡得以不断推陈出新，逐渐发展成为系统完善的战略及绩效管理工具，并被广泛应用于企业、政府、军队、非营利机构等各类组织的管理实践当中。

（一）平衡计分卡的框架及要素

对平衡计分卡的理解，有广义和狭义之分。广义的平衡计分卡指的是一种先进的战略及绩效管理工具；狭义的平衡计分卡是指与战略地图相并列的一种管理表格。战略地图侧重于描述战略，而狭义的平衡计分卡则侧重于衡量战略，两者通过战略目标这一关键要素紧密连接在一起。通过运用狭义的平衡计分卡和战略地图来描述战略、衡量战略、管理战略、协同战略以及链接战略和运营，从而确保组织战略的成功实施和组织绩效的全面提升。

1. 战略地图及其基本框架

战略地图是对组织战略要素之间因果关系的可视化表示方法，是一个有效诠释和沟通组织战略、说明价值创造过程和描述战略逻辑性的管理工具。为了便于读者理解和记忆，我们把通用的战略地图形象地比喻为一座四层的房子。位于楼房顶端的是组织的使命、核心价值观、愿景和战略；房子的主体部分为四个楼层，从上往下依次是财务层面、客户层面、内部业务流程层面和学习与成长层面。战略地图的基本框架如图3-10所示。使命和愿景为组织的发展制定了总的目标和方向，帮助股东、客户和员工正确理解组织的目的和期望。战略是平衡计分卡的核心，是组织在认识其经营环境和实现使命过程中所接受的显著优先权与优先发展方向。组织必须通过制定战略将使命和愿景落实到执行层面，把有限的资源集中到对组织目标实现具有重要推动作用的行动计划上去。

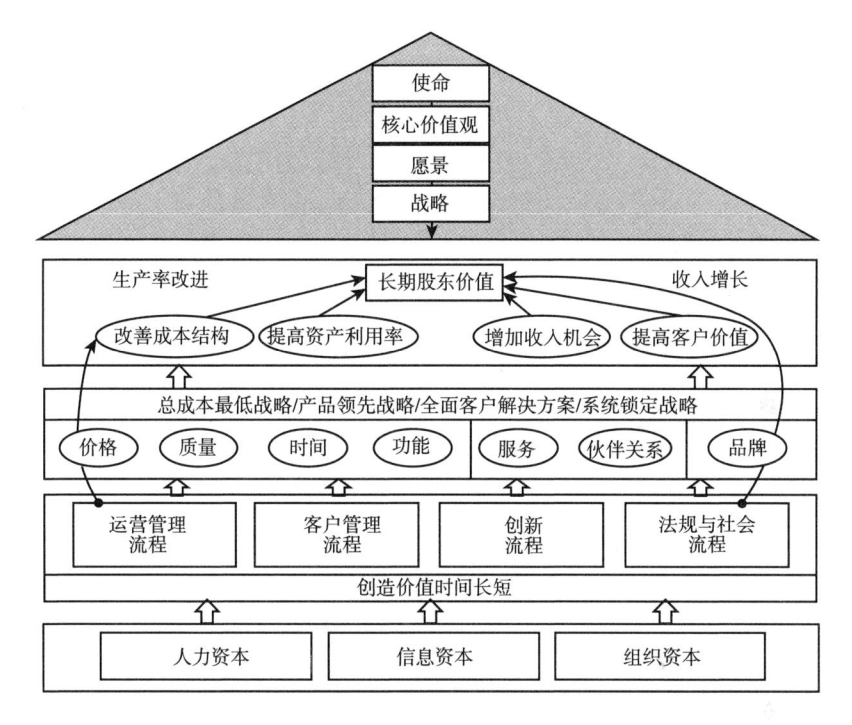

图 3-10　战略地图的基本框架

（1）使命

使命是组织存在的根本价值和追求的终极目标，概括了组织为人类所作出的贡献和创造的价值。卡普兰和诺顿认为，使命是一个简明的、重点清晰的内部陈述，说明了组织存在的原因、指引了组织行动的基本目标和明确了员工行动的价值。一个组织的使命可能简单明了，但却能够激励人心。使命不等于经济目标，"利润最大化"并不能激励组织中各个层级的成员，并且不具有指导作用。正如管理学家吉姆·C. 柯林斯（James C. Collins）所言："对于那些尚未认清真正核心目的的组织来说，'股东财富最大化'是一种现成的、标准的目的，但它实际上是一种无效的替代品。"使命可以延续上百年，因此不能将其和具体的目标、战略混为一谈。目标和战略可以随着组织环境及发展的需要而改变，但是使命却恒久不变。使命就像是地平线上的"启明星"。虽然使命本身不变化，但是它却可以激发改变。使命就像是组织远航时的"灯塔"，指引着组织发展的方向，指导和鼓舞着组织成员不懈努力。因此，在现在这个环境日益多变、竞争日益激烈的时代，组织比以往任何时候都更需要明晰自身的使命，这样才能使组织的工作变得更有意义，更能吸引、激励和留住杰出的人才。习近平同志在党的十九大报告中提出，中国共产党人的初心和使命，就是为中国人民谋幸福，为中华民族谋复兴。[①] 不断增进人民福祉、实现人民幸福，是党的初心使命的集中体现与现实反映。

（2）核心价值观

核心价值观是指组织中指导决策和行动的永恒原则，体现在组织成员日复一日的行动中，反映了组织深层的信仰。卡普兰和诺顿认为："组织的价值观（通常被称为核心价值观）体现了组织的态度、行为和特质。"高瞻远瞩的组织通常只有几条核心价值观，一般介于 3~5 条之间。因为，只有少数的价值观才是深植于组织内部的、至为根本的指导原则。核心价值观是促使组织长盛不衰的根本信条，不能将其与特定的文化或作业方法混为一谈，也不能为了经济利益或短期权益而自毁立场。核心价值观可以来源于领导者的个人信仰，但真正的价值观必须可以接受时间的考验，成为组织文化长期积累和沉淀的结果，为全体成员所共同认可和遵从。

（3）愿景

愿景是组织勾画的宏伟蓝图和期望实现的中长期目标，是组织内人们发自内心的意愿。愿景能够反映组织的使命、核心价值观，明确指引组织战略的制定，正确指导组织成员执行战略的行动，确保组织沿着既定的方向发展。组织的愿景一般由两部分组成：一是组织在中长期内要实现的比较大的目标；二是对组织完成比较大的目标后会怎样进行生动描述。比较大的目标应该是简洁、可行并且鼓舞人心的，它是组织成员共同努力的目标，是团队精神的催化剂，能够激发所有人的力量，促使组织团结。而生动描述则是用憧憬的语言传达想要展现给世界的形象。卡普兰和诺顿认为愿景是一个简明的陈述，通常用憧憬的语言传达组织中长期（3~10 年）想要展现给世界的形象。一个清晰的、具有说服力的愿景陈述一般包括三个关键因素：挑战性

---

① 习近平在中国共产党第十九次全国代表大会上的报告［N］. 人民日报，2017 - 10 - 28.

目标、市场定位和时间期限。

(4) 战略

战略是一种假设，是关于为或不为的选择，是组织在认识其经营环境和实现使命过程中所接受的显著优先权与优先发展方向，描述了组织打算为谁创造价值以及如何创造价值，它是平衡计分卡的核心。卡普兰和诺顿主要是秉承战略定位学派的观点，尤其是迈克尔·波特的思想，从竞争战略层面来探讨战略。波特把战略分为三个层次：一是定位，即战略就是一种独特、有利的定位，关系到各种不同的运营活动；二是抉择，即在市场竞争中作出取舍；三是配置，即在组织的各项运营活动之间建立一种有效的联系。因此，一份完整的战略既要定义"战略是什么"，还应指出"如何实现战略"，具体如图 3－11 所示。

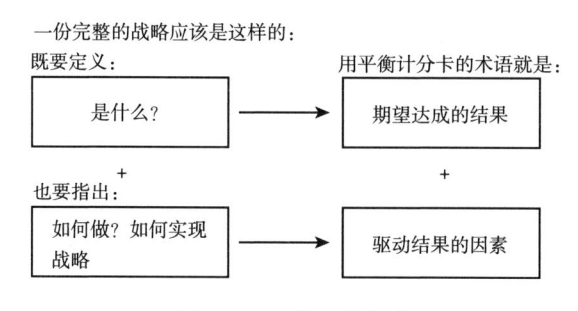

图 3－11　战略的构成

需要注意的是，战略是从组织使命到员工行动这一连续统一体中的一环，它自身无法构成一个独立的管理系统。通常，战略由多个并存且互补的战略主题组成。在制定战略时，全面准确的战略表述需要包括三项基本要素：目标、优势和范围。

(5) 战略地图的四个层面

战略地图的主体由四个层面构成，从上到下依次是财务层面、客户层面、内部业务流程层面以及学习与成长层面。前两个层面描述了组织所期望的最终成果，后两个层面则描述了如何实现战略的过程。战略地图四个层面的关系如图 3－12 所示。

①财务层面。财务层面（financial perspective）以传统财务术语（如投资报酬率、收入增长和单位成本等）描述了战略的有形成果，提供了组织成

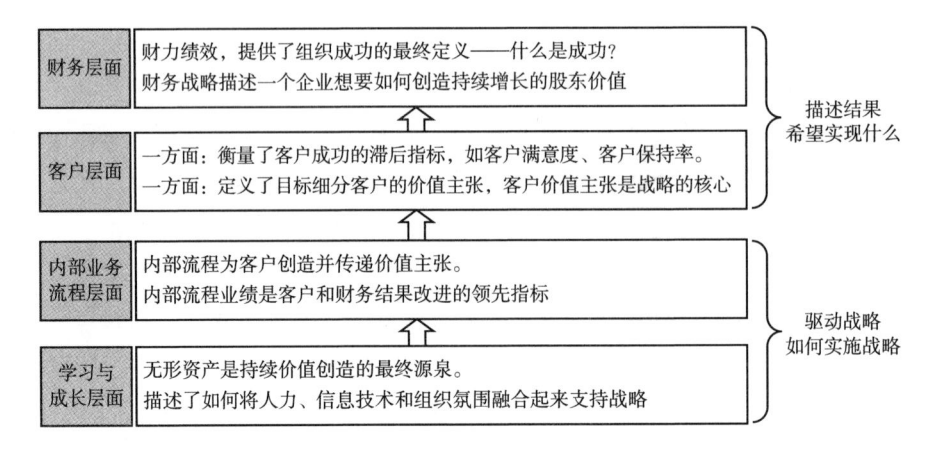

财务层面	财力绩效，提供了组织成功的最终定义——什么是成功？财务战略描述一个企业想要如何创造持续增长的股东价值	描述结果 希望实现什么
客户层面	一方面：衡量了客户成功的滞后指标，如客户满意度、客户保持率。一方面：定义了目标细分客户的价值主张，客户价值主张是战略的核心	
内部业务流程层面	内部流程为客户创造并传递价值主张。内部流程业绩是客户和财务结果改进的领先指标	驱动战略 如何实施战略
学习与成长层面	无形资产是持续价值创造的最终源泉。描述了如何将人力、信息技术和组织氛围融合起来支持战略	

图 3-12 战略地图四个层面的关系

功的判断依据。对于企业来说，平衡计分卡财务层面的最终目标是利润最大化，确保股东价值的持续提升。为了达成这一目标，组织可以通过收入增长和生产率改进这两种战略来改善组织的财务绩效，具体如图 3-13 所示。

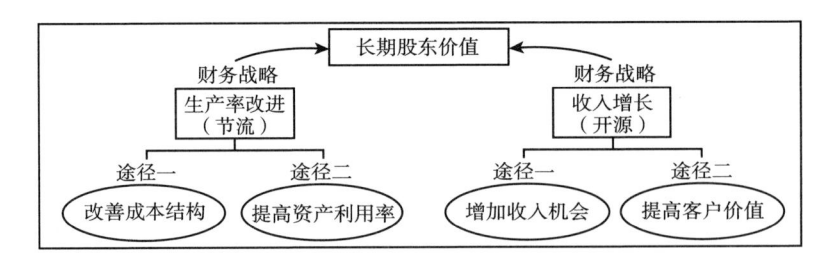

图 3-13 平衡计分卡的两大财务战略

第一，收入增长战略，即"开源"，可以通过两种途径实现：一是增加收入机会，通过销售新产品或发展新的客户来创造收入增长。二是提高客户价值，即加深与现有客户的关系，销售更多的产品和服务。第二，生产率改进战略，即"节流"，也可以通过两种途径实现：一是改善成本结构，即通过降低直接或间接成本来改善成本结构，使得生产同样数量的产品而消耗更少的人、财、物等资源。二是提高资产利用率，即通过更有效地利用财务和实物资产，减少实现既定业务水平所必需的流动资金和固定资本。相比而言，收入增长通常比生产率改进花费更长的时间。因此，在确定这一层面的目标时，必须同时关注长期（收入增长）和短期（生产率改进）两个方面，使组织能够在短期利益和长期目标之间保持平衡。

②客户层面。客户层面（customer perspective）定义了组织战略所选择的客户价值主张。客户价值主张是一种针对竞争对手的战略模式，是组织经过战略分析，在界定细分市场和目标客户的基础上，为客户提供的一整套有关产品与服务特征、关系和形象等方面的独特组合。差异化的客户价值主张不仅决定了战略所瞄准的市场群体，而且也决定了组织如何使自己相对于竞争对手更具特色。客户价值主张的选择是战略确定的中心要素。卡普兰和诺顿在前人研究的基础上总结出了四种通用的客户价值主张：总成本最低战略、产品领先战略、全面客户解决方案以及系统锁定战略。此外，客户层面还包括衡量客户价值主张成功的滞后和结果性指标，如客户满意度、客户保持率、客户增长率等。

特定的客户价值主张定义了组织的战略，战略的本质在于选择。因此，组织应当在综合分析环境因素以及自身情况的基础上选择一种合适的客户价值主张，并将其转化为特定的目标、指标、目标值和行动方案，以便组织成员能够更深入地认识、更准确地把握体现差异化的战略要素，从而把客户价值主张落实到每个组织成员的具体工作当中。四种客户价值主张的内涵及相互间的区别如表3-3所示。

表3-3　　　　　　　　　　　四种通用的客户价值主张

项目	总成本最低	产品领先	全面客户解决方案	系统锁定
价值定位	为客户提供可靠的、及时的、低成本的、有限选择的产品和服务	为客户提供高品质的、领先的、选择多样化的产品和服务	为客户提供全面的、定制化的产品和周到的、持续性的服务	为客户提供难以转换的、标准化的产品、服务或交流平台
差异化因素	关注价格、时间、质量和品牌	关注时间、功能和品牌	关注服务、伙伴关系和品牌	关注功能、服务、伙伴关系和品牌
代表性企业	丰田、松下电器、西南航空、戴尔、麦当劳、沃尔玛	宝马、奔驰、耐克、索尼、英特尔	IBM、美孚石油公司	微软、思科、eBay、黄页、美国运通、Visa、万事达
基本要求	具有很强的成本控制能力，对大众消费口味的调查很在行	具有很强的创新和产品研发能力，能够快速地将新产品投入市场	对客户关系管理十分在行，强调同客户建立长期的友好关系	拥有专利、许可协议或专有知识，能够创建行业标准并持续创新

③内部业务流程层面。内部业务流程层面（internal process perspective）阐述了创造价值的少数关键业务流程，即为实现客户价值主张所必需的重点工作。根据创造价值时间的长短，内部业务流程又可以分为运营管理流程、客户管理流程、创新流程以及法规与社会流程四类。运营管理流程是指生产和交付产品或服务的流程，卓越的运营可以为企业带来质量、成本、生产周期和服务效率等方面的巨大改进；客户管理流程是建立并利用客户关系以提高客户价值的流程，它反映了组织选择、获得、保留目标客户并不断扩大客户规模的能力；创新流程是指开发新产品、新服务、新流程和新关系的流程，它是提升客户获得率和增长率、提高客户忠诚度和增加利润的必要条件；法规与社会流程主要是指改善社区和环境的流程，有效的法规与社会流程可以驱动长期股东价值的创造，具体如图3-14所示。

运营管理流程	客户管理流程	创新流程	法规与社会流程
生产和交付产品或服务的流程	提高客户价值的流程	创造新产品或服务的流程	改善社区和环境的流程
生产并向客户提供产品和服务	建立并利用客户关系	开发新产品、新服务、新流程和新关系	遵章守法 满足社会的期望 建立繁荣的社区
①从供应商处获得原材料 ②将原材料转变为产品或服务 ③向客户分销产品或服务 ④管理风险	①选择目标客户 ②获得目标客户 ③保留目标客户 ④增长客户业务	①识别新产品和服务的机会 ②管理研发组合 ③设计和开发新产品和服务 ④将产品和服务推向市场	①环境业绩 ②安全和健康业绩 ③员工雇用 ④社区投资
短波	中波	长波	长期

图3-14　四类创造价值的内部业务流程

资料来源：［美］罗伯特·S.卡普兰，大卫·P.诺顿.战略地图：化无形资产为有形成果［M］.广州：广东经济出版社，2005.

④学习与成长层面。无形资产是组织持续创造价值的源泉，学习与成长层面（learning and growth perspective）描述了组织的无形资产及其在战略中的作用，具体包括人力资本、信息资本和组织资本三个方面。人力资本是指执行战略所需的知识、技能和才干；信息资本指的是支持战略所需的信息系统、数据库、网络和技术基础设施；组织资本体现了执行战略所需的动员和持续变革流程的组织能力（见图3-15）。这些资产必须被相互协调并与关

键内部流程保持战略的一致性。

人力资本	信息资本	组织资本
执行战略所需的知识、技能和才干等	支持战略所需的信息系统、数据库、网络和技术基础设施	执行战略所需的动员和持续变革流程的组织能力
有用性（战略能力）	有用性（战略信息）	有用性（变革议程）
知识（工作所需的一般知识） 技能（谈判、协商、项目管理） 价值（价值取向）	信息系统 数据库 网络和技术基础设施	文化 领导力 协调一致 团队工作

图 3-15 三种无形资产

资料来源：[美] 罗伯特·S. 卡普兰, 大卫·P. 诺顿. 战略地图：化无形资产为有形成果 [M]. 广州：广东经济出版社, 2005：158.

第一，人力资本。在战略地图中，人力资本被划分为知识、技能、价值取向三个方面。其中，知识是指执行工作所要求的一般基础知识；技能是指弥补一般基础知识要求的技能，如谈判、协商和项目管理等技能；价值取向是指在既定工作中能产生突出绩效的特性和行为，如有些工作要求团队合作精神，有些则要求以客户为导向等。

第二，信息资本。信息资本可以分为"硬件"和"软件"两个部分，即技术基础设施和信息资本应用程序。管理者必须知道如何为组织的特定战略选择相应的信息资本组合，以及如何管理支持战略所需的信息资本组合。

第三，组织资本。组织资本被定义为执行战略所需的动员和持续变革流程的组织能力，即将组织拥有的能力和技术协同起来以实现战略目标的能力。为了有效地描述和衡量组织资本，平衡计分卡将组织资本划分为文化、领导力、协调一致和团队工作四个组成部分。

综上所述，战略地图的四个层面先后回答了四个问题：财务层面回答的是我们如何满足股东的期望；客户层面回答的是我们如何满足目标客户的需求；内部业务流程层面回答的是我们必须做好哪些重点工作；学习与成长层面回答的是我们必须在哪些无形资产上做好准备。这四个层面以特定战略为核心，从上往下层层牵引，从下往上层层支撑，具体如图 3-16 所示。

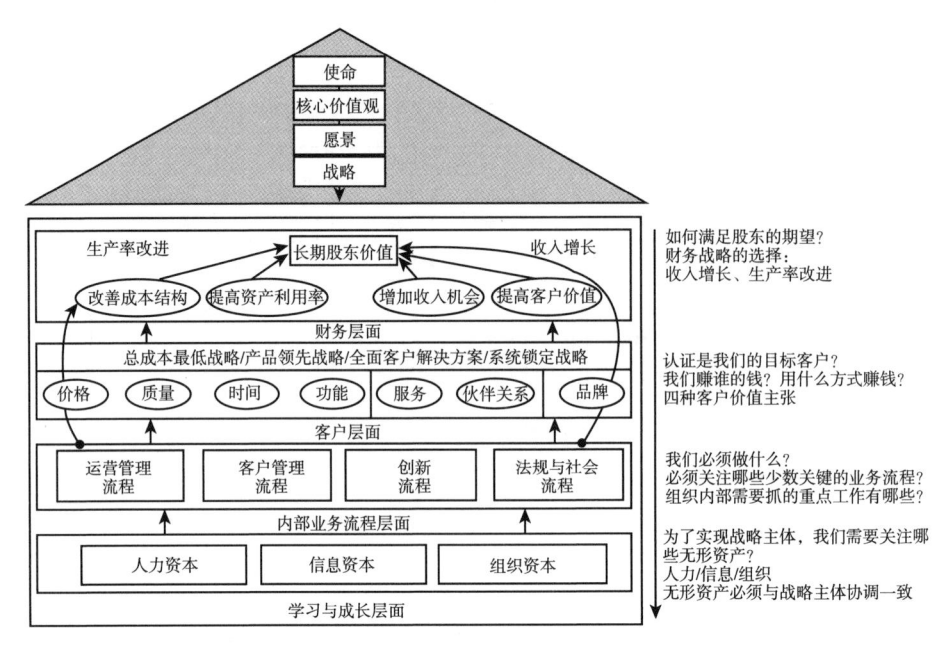

图 3-16 战略地图四个层面回答的四个问题

使命、核心价值观、愿景、战略四个层面及其构成要素通过逻辑因果关系有效整合起来，形成了战略地图的具体框架，如图 3-17 所示。这个框架就是卡普兰和诺顿的战略地图通用模板，主要适用于以盈利为目的的企业组织，而政府、事业单位、军事机关等公共组织的战略地图框架则需根据组织属性及相应的运营实际进行必要的调整。

2. 平衡计分卡的关键要素

狭义的平衡计分卡是一个由财务、客户、内部业务流程、学习与成长等四个层面构成，用以将战略地图的目标转化为可量化的衡量指标和目标值，并制定相应行动方案和预算计划的管理表格。通过制作平衡计分卡，组织建立了用以衡量战略的绩效指标体系，明确了未来所要达到的绩效水平，确定了实现战略所需的行动方案以及相应的资源。需要强调的是，平衡计分卡不是绩效评价量表，平衡计分卡的首要目的在于管理而非评价。

平衡计分卡的表现形式是一张二维的表格（见表 3-4）。纵向是财务、客户、内部业务流程、学习与成长四个层面，横向是目标、指标、目标值、行动方案和预算。

```
                        使命
                      核心价值观
                        愿景
                        战略
```

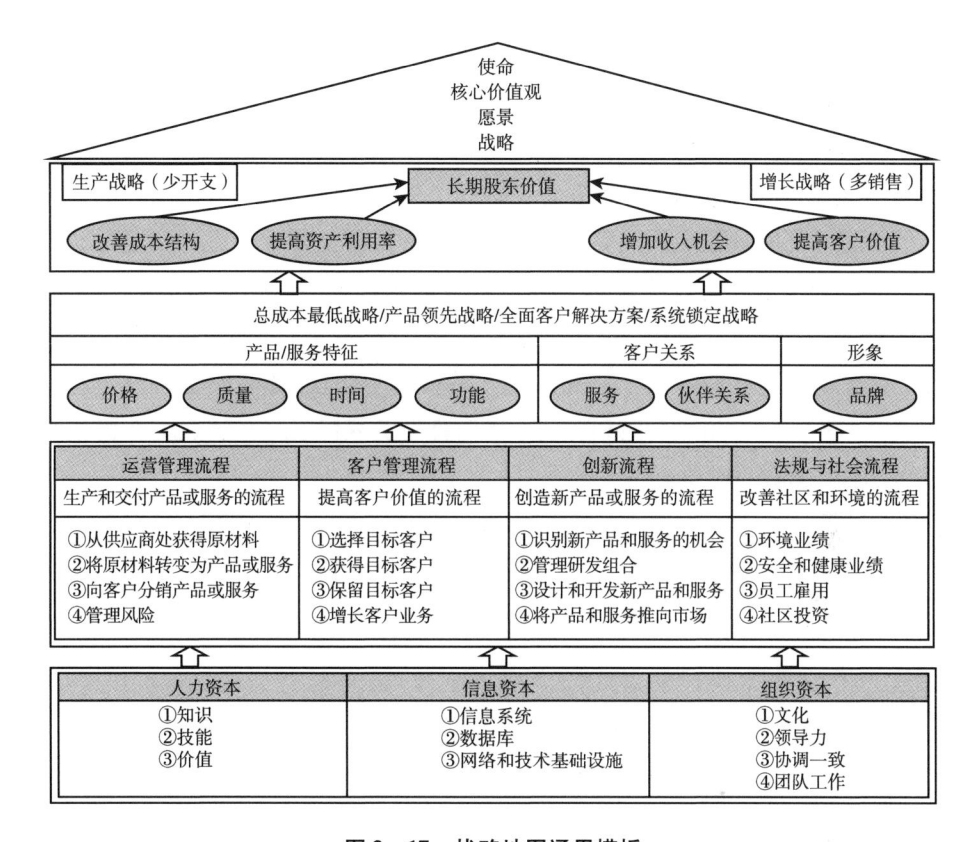

生产战略（少开支）	长期股东价值	增长战略（多销售）
改善成本结构　提高资产利用率		增加收入机会　提高客户价值

总成本最低战略/产品领先战略/全面客户解决方案/系统锁定战略

产品/服务特征	客户关系	形象
价格　质量　时间　功能	服务　伙伴关系	品牌

运营管理流程	客户管理流程	创新流程	法规与社会流程
生产和交付产品或服务的流程	提高客户价值的流程	创造新产品或服务的流程	改善社区和环境的流程
①从供应商处获得原材料 ②将原材料转变为产品或服务 ③向客户分销产品或服务 ④管理风险	①选择目标客户 ②获得目标客户 ③保留目标客户 ④增长客户业务	①识别新产品和服务的机会 ②管理研发组合 ③设计和开发新产品和服务 ④将产品和服务推向市场	①环境业绩 ②安全和健康业绩 ③员工雇用 ④社区投资

人力资本	信息资本	组织资本
①知识 ②技能 ③价值	①信息系统 ②数据库 ③网络和技术基础设施	①文化 ②领导力 ③协调一致 ④团队工作

图 3-17　战略地图通用模板

资料来源：[美]罗伯特·S. 卡普兰，大卫·P. 诺顿. 战略地图：化无形资产为有形成果[M]. 广州：广东经济出版社，2005：269.

表 3-4　　　　　　　　　　平衡计分卡（样表）

层面	目标	指标	目标值	行动方案	预算
财务					
客户					
内部 业务流程					
学习 与成长					

目标是战略与绩效指标之间的桥梁，它说明了战略期望达成什么，即若想实现战略需要在各层面中要做好哪些事情，通常用动宾短语来表达；指标则紧随目标，用以衡量目标的达成情况，通常以名词的形式出现；目标值是针对指标而言的，设定了目标在特定指标上的未来绩效水平；行动方案说明了怎么做才能实现预定的战略目标，通常是指某种计划或项目，制定行动方案时要综合考虑目标、指标和目标值；预算则说明了实施行动方案所需的人、财、物等资源。由于指标是由目标推导出来的，而目标之间具有因果关系，因此指标之间也形成了紧密的关联关系。从整体上看，平衡计分卡的逻辑关系呈现为一个由纵向因果关系、横向推导关系以及指标关联关系构成的网状结构，如图 3–18 所示。

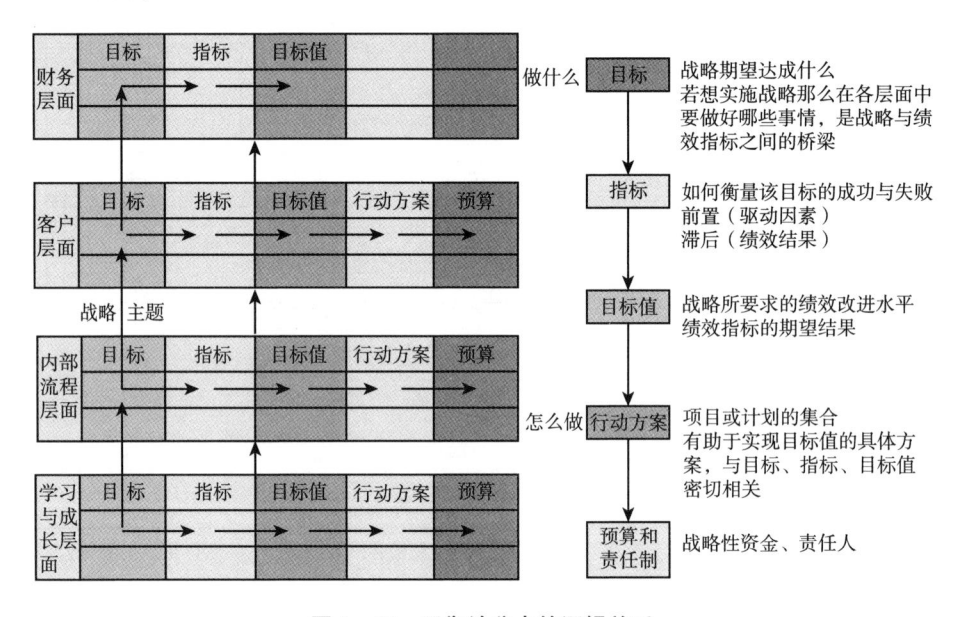

图 3–18 平衡计分卡的逻辑关系

（1）目标

目标是一定时期内，组织在特定绩效领域所希望取得的理想成果。目标指出了有效实施战略所必须做好的事情，是对组织使命、愿景和战略的进一步展开与细化，是组织协调一致的核心和关键。具体而言，平衡计分卡的目标主要可以分为以下几种类型。

第一，长期目标、中期目标、短期目标。根据价值创造周期，平衡计分卡中内部业务流程层面的目标可以划分为长期目标、中期目标和短期目标。平衡计分卡的构成是以战略主题为基本单元的，而单个战略主题的确定主要是对内部业务流程层面中少数关键流程的组合。不同时限战略主题的组合能够从整体上直接反映战略的意图，保证组织在短期利益和长远发展之间取得有效平衡，从而实现股东价值的持续性增长。

第二，组织目标、部门目标、个人目标。根据组织的管理层次，平衡计分卡的目标可以划分为组织目标、部门目标和个人目标。组织目标是对组织战略的具体细化和明确界定；部门目标主要是对组织目标的承接和分解；个人目标则是根据职位职责，对其所在部门的目标的承接和分解，具体如图 3-19 所示。

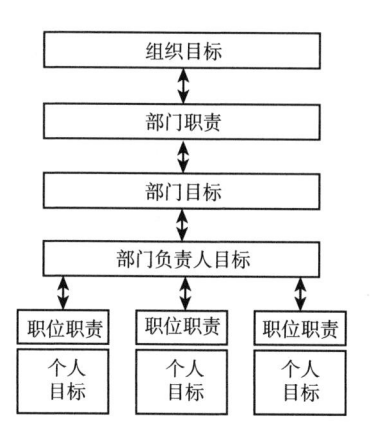

图 3-19　组织目标、部门目标和个人目标

第三，承接目标、分解目标、独有目标。从组织的纵向协同来看，平衡计分卡通过分层承接和分解的方式把战略转化为承接目标、分解目标及独有目标，将各个分散的业务单元和职能部门的不同工作协同起来，实现"1+1>2"的功效，确保组织价值的最大化。承接目标是指上下级公司、部门（或职位）之间一脉相承的共同目标；分解目标是指从上级公司、部门（或职位）目标分解到下级公司、部门（或职位）的目标；独有目标是指在承接和分解之外，各部门、各职位为完成工作要求而需要独立实现的目标。通过承接目标、分解目标和独有目标，可以有效地联系组织、部门和个人，确保组织战略切实地落实到每位员工，促进组织战略的顺利实现和组织行动的纵向协同，具体如图 3-20 所示。

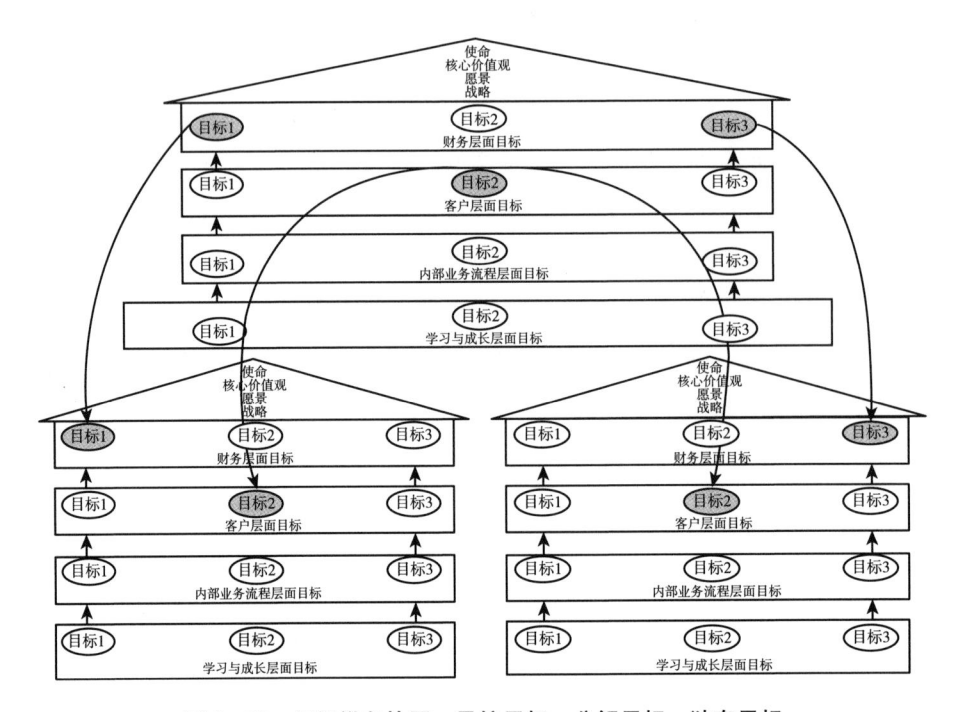

图 3-20　组织纵向协同：承接目标、分解目标、独有目标

第四，共享目标、分享目标、独有目标。从组织的横向协同来看，平衡计分卡是按照分工与协作相结合的原则，把部门和个人的目标划分为共享目标、分享目标及独有目标。共享目标是指目标所确定的事项是一个整体，不可分解，需要不同部门或不同员工合作才能完成的目标；分享目标是指目标所确定的事项虽然是一个整体，但是可以分解，不同部门或不同员工根据各自的职责承担部分任务，按照各自所处的流程节点位置进行衔接和配合才能完成的目标；独有目标则是根据职责权限的划分，由单个部门或员工独立完成的目标，通常不需要与他人进行协作。通过目标来实现组织的纵向协同和横向协同，可以有效提高组织的战略执行力，提升组织的核心竞争力，确保组织战略的顺利实现。

（2）指标

指标是指用以衡量目标实现程度的标尺。通常对单个指标进行评价所形成的结果只能反映绩效目标的某一个方面，只有根据工作的数量、质量、时间、成本等不同维度进行指标设计和组合，才能得到一个综合的评价结果，从而真实地反映预期绩效和实际绩效的吻合程度。因此，在平衡计分卡中，指标也被划分为不同类别。

第一，财务指标与非财务指标。平衡计分卡在保留财务指标的同时，将非财务指标分为客户类指标、内部业务流程类指标和无形资产类指标，从而形成一个基于目标因果关系链的绩效指标体系。

第二，客观指标与主观判断指标。将指标分为定性指标和定量指标是管理实践中最为常见的做法。实际上，无论是定性指标还是定量指标都能转化为数值形式，从而模糊了两者之间的界限。为避免这一现象，平衡计分卡将定性和定量指标改为主观判断指标与客观指标。客观指标的评价依赖于直接的数据，而主观判断指标的评价建立在对数据和信息的综合分析之上，受制于评价者的知识、经验和主观感受。

第三，前置指标与滞后指标。平衡计分卡为了凸显价值创造过程中绩效结果和驱动因素之间的因果关系，将指标划分为前置指标和滞后指标，并力求在两者之间取得平衡。把前置指标纳入组织绩效管理的体系中来，弥补了以往绩效管理工具只重视滞后指标的片面性，使得那些对组织成功有利的、不容易发现和评价的行为能够得以衡量，如表3-5所示。

表3-5　　　　　　　　滞后指标与前置指标的比较

	滞后指标	前置指标
定义	一段时期结束时的结果指标 通常具有历史绩效的特征	驱动或导致滞后指标绩效的指标 通常评价目标实现过程和活动的绩效
举例	销售额 员工满意度	花在客户身上的时间 缺勤率
优势	易于辨别和确认	起预测作用 允许组织根据结果随时调整
劣势	侧重于历史，无法反映现时活动 缺乏预测力	难以辨别和确认 许多新指标在组织里缺乏历史数据支持

第四，计分卡指标和仪表盘指标。计分卡指标涉及财务、客户、内部业务流程和学习与成长四个层面，通常是员工的日常行为不能直接影响到的战略性和结果性的指标，并多为聚焦于跨业务和跨职能的滞后性指标，其

更新频率往往是以月或年为周期，作用在于牵引组织对关系组织战略实现的关键目标进行衡量；而仪表盘指标则主要涉及内部业务流程层面，通常是员工的日常行为可以影响到的运营性和过程性的指标，并多为聚焦于局部的部门、职能和流程的前置性指标，其更新频率往往是以天甚至小时为周期，作用在于规范员工的具体行为和监测日常运营过程。计分卡指标和仪表盘指标之间通过目标的衔接而相互联结在一起，两者之间形成一个有机的整体。

第五，评价指标和监控指标。为了从众多指标中找出对组织战略成败最具影响的因素，平衡计分卡将绩效指标分为评价指标和监控指标。评价指标又称为战略性指标，是指组织为了取得竞争优势而用来界定战略的指标，这类指标一般都需纳入绩效评价量表以便定期对目标进行衡量；监控指标又称为诊断性指标，是指那些可以监控组织是否按部就班地运转并在出现异常现象时需要立刻注意的指标。平衡计分卡中的指标多是帮助组织达成战略的战略性指标，仅有少数监控组织运行的诊断性指标。通常，一个高水平的平衡计分卡大约包括30个指标，只有将平衡计分卡指标控制在一定的数量范围之内，才能有效聚焦管理者的注意力和精力，集中有限的优势资源促进组织战略的顺利实现。

（3）目标值

目标值是指既定目标在相应指标上所期望达到的绩效标准。如果说目标描述了实现战略所需做好的事项，指标显示了如何追踪和评价目标的实现程度，那么目标值则说明了这些关乎战略成败的事项应该做到何种程度。通过有时间限制和具体量化的目标值，可以把笼统的描述性目标转变为明确细化的绩效任务。目标值提供了奋斗的方向，指明了需投入的资源规模和应付出的努力程度，对员工也能产生内在的激励作用。但是，激励作用的形成取决于合理的目标值设置。目标值既要有一定的挑战性，即需要员工经过一定的努力才能达成；同时，目标值又不宜设置得太高，以免使员工望而生畏，影响战略目标的顺利实现以及员工自我效能感和工作满意度的提升。

（4）行动方案

行动方案是指有时间限制的、自主决定的项目或计划。行动方案的制定需要兼顾目标、指标和目标值的要求，将具有时间限制的、量化的目标值转化成为具体可操作的实际行动，从而明确实现战略目标所需的途径和方法，帮助组织达成绩效目标。通常，每个非财务类目标至少有一个行动方案来支撑。战略主题将不同目标的行动方案绑定在一起，形成一个整体性的行动方案组合，基于同一战略主题的行动方案必须协调同步。因此，管理者需要对行动方案进行严格的筛选、管理和评估，确保所选的行动方案能够全面支撑战略目标并切实得到有效执行。至此，组织的战略经过目标、指标、目标值和行动方案的步步诠释，已经从一个静态的、笼统的战略谋划变成了组织在一段时间内必须完成的若干个具体的计划或项目。

（5）预算和责任制

与行动方案密切相关的是预算和责任制。其中，预算要解决的问题是为行动方案提供合理的资金支持，责任制则是要明确实施和管理行动方案的责任人及其职责。平衡计分卡主张将组织的战略制定过程和预算编制过程结合起来进行。利用平衡计分卡来驱动预算程序，可以使组织明确制定预算的根本目的是什么，确保组织将有限的资金分配给最重要的战略性行动方案。同时，在为行动方案提供资金保证的同时，组织应该建立起有关战略执行的责任机制。通常，平衡计分卡要求组织根据管理层级、职责权限以及管理跨业务和跨职能流程的需要，以战略主题为单元为相应的行动方案选择主题负责人和执行团队，并通过一系列管理会议来定期回顾行动方案实施的进程和效果。由此，组织的战略及绩效管理过程形成了一个包括计划、监测、执行、评价、调整和问责等诸环节在内的良性循环，为组织战略的顺利实现提供了清晰的思路和有力的保障。

（二）政府组织的平衡计分卡

平衡计分卡最初是针对企业组织开发设计的，随着平衡计分卡在企业组织获得极大成功，逐渐被政府组织所采纳。卡普兰和诺顿认为："虽然平衡计分卡最初是运用于改善营利性企业的管理，但是平衡计分卡在改善政府部门和非营利性组织的管理上效果更好。"美国的夏洛特市、美国商务部经济发展管理司、美国能源部、英国国防部、伦敦自治区、澳大利亚梅维尔市、奥地利维也纳财政部、日本姬路市、韩国富川市和新加坡地方法院等政府组织都成功应用了这一先进的绩效管理工具。我国台湾地区、香港特别行政区、黑龙江省海林市的一些部门也都采用了平衡计分卡这一绩效管理工具。据国际社会保障协会2004年发布的报告，在被调查的社会保障机构中，有60%的单位使用平衡计分卡来实施绩效管理和加强社会保障服务，其中80%的单位认为平衡计分卡对组织绩效的提升产生了积极的影响。现在，已经有越来越多的政府组织开始或者着手实施平衡计分卡，平衡计分卡的运用对于政府组织绩效管理来说，是一个必然的发展趋势。

1. 政府组织的使命、核心价值观、愿景及战略

与企业组织相比，政府组织的使命、核心价值观和愿景不仅要体现组织内部管理的特性，还要满足所辖区域内服务对象的需求，因而更具有"组织—社会"的特点。这是因为：一方面，政府组织作为一个组织实体，充分实现内部管理的最优化是政府组织不可回避的关注点，其使命、核心价值观及愿景的设定必须要围绕"打造卓越的组织"这一中心任务；另一方面，对于任何一个政府组织而言，其存在的意义就是要为社会提供更好的公共服务，确保公共利益最大化，政府组织社会公共服务这一特性同样不容忽视。因此，在许多政府组织的具体实践中，使命、核心价值观及愿景的"组织—社会"特点都体现得十分明显。

（1）政府组织的使命

政府组织的使命相对清晰，归根结底是使公众利益最大化。世界银行早在1997年的世界发展报告中就指出，"每一个政府的核心使命"包括了五项最基本的责任，即：①确定法律基础；②保持一个未被破坏的政策环境，包括保持宏观经济的稳定；③投资于基本的社会服务和社会基础设施；④保护弱势群体；⑤保护环境。确定政府组织使命的难点就在于，政府组织通常需要同时负责多个相对独立的基本职责，难以通过概括性的语言进行整合。因此，这就需要政府组织的高层管理团队和员工一起讨论，共同参与制定，明晰对于本级政府组织而言最为根本的存在理由和所作出的最终贡献。正如戴维·奥斯本（David Osborne）在《摒弃官僚制：政府再造的五项战略》中所指出的："充分讨论组织根本方向的过程——争辩各种不同的假设和组织成员所持的各种不同观点，达成一个共同的使命，这是一个有效的过程。如果这件事情做得好，使命陈述可以贯穿组织的始终。"

我国政府的使命则根源于党"全心全意为人民服务"的根本宗旨，党的十九大报告明确指出："中国共产党人的初心和使命，就是为中国人民谋幸福，为中华民族谋复兴。这个初心和使命是激励中国共产党人不断前进的根本动力。全党同志一定要永远与人民同呼吸、共命运、心连心，永远把人民对美好生活的向往作为奋斗目标，以永不懈怠的精神状态和一往无前的奋斗姿态，继续朝着实现中华民族伟大复兴的宏伟目标奋勇前进。"我国各级政府的初心和使命，都是对党的初心和使命的践行。因此，我国各级政府进行使命陈述时都需要追根溯源。

（2）政府组织的核心价值观

政府组织核心价值观的提炼必须从高层管理者开始，但却不能止步于此。许多政府组织的高层管理者将核心价值观理解为一个静心思考后形成的信条，或者灵光一闪所产生的顿悟式的押韵口号，事实远非如此。虽然我们认为核心价值观大多来源于创始人或高层领导的个人信仰，但是除非它引起员工的共鸣，否则难以推行。因此，高层管理者应该积极主动地将员工纳入组织核心价值观的形成过程中，让每一位员工都有机会发表自己的意见，大家共同思考、发现、讨论、检验和提炼组织的核心价值观。当组织的核心价值观与员工个人的信仰融为一体时，好处是显而易见的，包括：①培养强烈的个人效能感；②培养身为组织一员的自豪感；③提高对组织的忠诚感；④促进对工作期望的理解；⑤培养协作和团队精神；等等。

我国政府组织的核心价值观，从根本上应该追溯到社会主义核心价值观。但是，社会主义核心价值观是党从整体上对各级政府应该坚持的价值准则进行的规定，各级地方政府和职能部门在公共服务实践中，还需要根据自身实际，凝练出相应的价值准则，例如，黑龙江海林市政府根据自身情况确定了"学习创新、艰苦创业、团结务实、民主廉政"十六个字的核心价值准则，北京市延庆区则确定了"绿色发展、高端一流、以人为本、开拓创新"等核心价值准则。

（3）政府组织的愿景

与使命和核心价值观的形成过程一样，政府组织的愿景描述需要高层管理者和全体成员一起讨论并反复沟通才能完成。这一过程要求参加讨论的成员明确表达未来一段时间所期望达到的目标。彼得·圣吉（Peter Senge）指出:"如果人们没有愿景,他们所做的一切就是签字画押。其结果就是顺从,从没有承诺。"当组织成员将自己内心的愿景表达出来后,通常会发现许多人都有着与自己相同的个人愿望,当这些共同愿景与组织的使命和未来发展趋势结合起来之后,就形成了组织未来一段时间的理想蓝图。

通常来讲,组织对愿景的陈述除了有一个清晰的、具有说服力的宏伟目标之外,通常还包括三个关键因素:挑战性目标、定位和时间期限,如美国肯尼迪政府空间计划(1961年)的愿景陈述是:"在20世纪60年代结束之前,实现登陆月球,并安全返回地球。"其中,挑战性目标是"实现登陆月球并安全返回地球",定位(领域)是"航空航天事业探月工程",时间期限是"在20世纪60年代结束之前"。又如东莞市科学技术博物馆(2009年)的愿景陈述是:"到2015年,成为国内一流、国际知名的(专题)科技馆。"其中,挑战性目标是"国内一流、国际知名",定位(领域)是"专题科技馆",时间期限是"到2015年"。

政府机构或非营利组织也需要有明晰的愿景。政府组织一般通过中长期规划来确定国家和地方发展的宏伟目标。作为世界上少数实行战略规划的国家,党和国家在"愿景"上着力也是非常多的,并且也取得了良好的效果,各级地方政府通常也根据国家规划,制定地方的中长期规划,描绘地方发展的蓝图。

(4)政府组织的战略

政府组织的战略是指政府组织为达成使命和愿景所选择的一种显著优先权,是在可以预见的较长时期内需集中精力完成的关键任务。卡普兰曾指出:"对于公共部门而言,战略可能是一个不相关的观念,这些机构缺乏长远考虑。它们试图为每个人做任何事情,结果什么事情也没有做。"这直接指出了明晰战略对于政府组织而言的重要性,只有通过制定战略,才能够明确政府组织期望达成的结果和确定整体的实施途径。保罗·尼文(Paul Niven)提出了一种制定战略的简单方法,这个方法分为以下五个步骤。

①开始。第一步需要评估准备工作、编制战略制订计划、讨论国家政策和上级指令,并从历史的角度审视组织,包括组织所提供的产品和服务、具有里程碑意义的事件等。

②实施利益相关者分析。辨认所有关键利益相关者及其对机构的需求。

为了取得成功，考虑组织对利益相关者的需求同样重要。

③开展 SWOT 分析。优势与劣势通常是组织的内部因素，而机会与威胁则体现组织的外部环境。在规划战略时，审视 SWOT 各个因素之间的相互影响至关重要。

④确认战略主题。战略主题一般与影响组织使命、核心价值观和愿景的基本政策问题或重要挑战密切相关。利用前面步骤获取的信息，可以顺利提炼出组织的战略主题。

⑤制订行动方案。通过战略主题分析，形成战略问题清单之后，针对这些问题寻找解决方案。将这些解决方案进行整合并描述，就能够明确组织整体发展的优先方向。

结合莫尔的创造公共价值范式，政府组织战略是在组织使命和核心价值观的指引下，为实现宏伟愿景而进行的资源配置优先权的制度性安排。由于政府工作是一个巨型复杂系统，并且始终面对有限资源供给和无限需求增长的矛盾，只有科学谋划与合理安排较长一段时间内需集中精力完成的关键任务，才能更好地配置资源，使政府综合绩效表现达到最佳状态。通过科学的战略规划，才能更好地为政府组织期望目标和实现路径绘制路线图及设定时间表。

根据达韦尼在《超强竞争：管理战略操纵动力学》中所表述的观点，当竞争对手效仿优势或以谋略战胜优势时，优势便会消失。因此，一个组织想保持持续的竞争优势变得越来越困难。达韦尼的研究表明，竞争主体通常会通过创造一系列的短期优势以夺取竞争的主动权。在我国政府管理实践中，地方政府之间的"绩效与晋升锦标赛"制度可能导致官员个人绩效与组织绩效产生冲突，这无疑增加了政府改革的复杂性和难度值。

我国政府战略管理的理论研究虽然比较滞后，但是，战略规划实践却由来已久。我国政府战略是在中长期发展规划基础上，通过制定各类"发展规划"来具体实现政府战略目标，各级政府通常都会制定"经济与社会发展五年规划"，如《中华人民共和国国民经济和社会发展第十三个五年规划纲要》也会制定各种专项规划，又如《京津冀协同发展规划纲要》、《人力资源和社会保障事业发展"十三五"规划纲要》（人力资源和社会保障部）等。各级政府和职能部门就可以根据这些战略规划，制订年度计划或重大项目从而为构建绩效管理体系确定逻辑起点和基本依据。

2. 政府组织战略地图四个层面的内涵

虽然政府组织和企业组织的战略地图都是由财务、客户、内部业务流程以及学习与成长层面构成,并通过各层面间的因果关系形成严密的逻辑体系,但是由于公私部门之间的差异,两者在各层面的具体内涵上也有所区别。

(1) 财务层面

对于大多数政府组织来说,其最终目标是提供社会公共服务,确保公共利益最大化,而不是取得财务上的成功。但是,财务层面仍然占有非常重要的位置,各种财务指标既是促进组织成功的重要因素,也是完成使命的限制条件。卓越的运营、以低成本创造价值等财务层面上的有效性,对于政府组织同样具有重要意义。但是,传统上基于预算的衡量政府组织财务绩效的方式,只是在财务控制方面具有一定的作用,并不能激励政府组织自觉地去提高资金的使用效率。财务层面的存在则可以使政府组织的财务衡量更加平衡,既关注政府组织的预算支出,从"节流"的角度关注财务,同时又注重政府组织的收入增长,从"开源"的角度衡量财务。但是由于政府组织类型的多样性,在设计政府组织的财务层面时,需要根据政府组织的不同类型来选择相应的战略地图模板。

(2) 客户层面

奥斯本(Osborne)和盖布勒(Gaebler)指出,传统的政府组织从未将服务对象当成顾客看待,它们往往不去关注服务对象而是关注与其利益密切相关的部门和群体。这种导向使政府组织忽略了自身最重要的职能——提供社会公共服务。战略地图的客户层面将有助于政府组织改变这种狭隘的思维方式,使其认识到服务对象的广泛性和多元性。为此,一些学者和组织对客户层面的名称进行了修改,博奇(Bocci)将其界定为"社会团体(community)层面",并根据公民与组织的关系划分为"作为顾客的公民""作为所有者的公民""作为守法者的公民",以及"作为合作者的公民"几个方面[1];韩国富川市将"客户层面"修改为"市民层面",认为市民才是其最

---

[1] Bocci F. A New BSC Architecture for the Public Sector [J]. Perspectives on Performance, 2005, 4 (3): 30–32.

重要的"客户",该层面的目标主要依据市民的需求而制定;中国海林市则将该层面称之为"利益相关者层面",因为利益相关者包含的内容更为广泛,既包括了政府组织的上级、同级以及下级部门,也包括了作为其服务对象的群众、企事业单位和社会团体等。

(3) 内部业务流程层面

在政府组织的战略地图中,内部业务流程对客户层面目标的实现发挥着重要的驱动和支撑作用,该层面目标的实现程度决定了政府组织公共产品和服务的质量,并最终影响着社会公众的满意度。因此,政府组织在确定内部业务流程层面的目标时,一项关键的原则就是要以政府组织的客户需求为导向,根据客户层面的目标来确定在内部业务流程层面应该重点关注的具体工作。另外需要注意的是,由于政府组织绩效领域的宽泛性以及绩效目标的多元性,其内部业务流程层面的内涵要广泛得多,它超越了企业组织对内部业务流程的定义。除了要关注组织内部管理的效率和效果之外,还要切实考虑政府组织在其所辖范围内需要履行的社会职能和所承担的社会职责以及必须完成的阶段性工作任务等。

(4) 学习与成长层面

在当今社会,无形资产是组织创造价值的真正源泉。对于政府组织来说,无形资产的重要性也日渐凸显出来。"学习型政府""电子政务""组织发展"等新的管理理念已逐渐引入政府组织当中,"人力资本""信息资本""组织资本"等无形资产也受到政府组织管理者的高度关注。就人力资本而言,政府组织对人力资源的重视程度日益提高,不断通过加强培训等方式提升员工的基本素质和业务能力;就信息资本而言,政府组织的信息化建设在提高行政效率和改善服务质量等方面发挥着日益重要的作用;而就组织资本而言,文化、团队、领导力、激励机制等方面的建设则日益成为政府组织提升内部凝聚力、改善管理水平的重要途径。总之,在政府组织战略地图的学习与成长层面,人力资本、信息资本与组织资本应受到同样的关注,并进行合理有效的配置和衡量。

3. 政府组织战略地图的基本模式

卡普兰和诺顿指出:"衡量政府机构和非营利性组织的经营是否成功,应该视其能否有效地满足纳税人和利益相关者的要求,它们必须为客户或利益相关者定义一个具体的目标。财务因素可以发挥促进或约束的作用，但是很少成为主要的目标。"保罗·尼文同样认为，当平衡计分卡基本模式被应用于公共组织时，战略制定和财务、客户、内部业务流程、学习与成长等层面具体内容的确定就要围绕公共组织的特点进行，充分体现公共组织的非营利性。具体而言，政府组织的最终目标是为公众提供服务，而企业存在和发展的最大动力是获取利润。因此，政府组织战略地图四个层面的设置应该与企业组织有所区别，并且需要充分反映出政府组织的管理特点和战略逻辑。

对于政府组织战略地图基本模式的探讨可谓"仁者见仁，智者见智"。一些学者认为，政府组织的目标是使公共利益最大化，其财务目标不应是组织最重要的关注点，所以在政府组织的战略地图中可以省略财务层面。例如，卡普兰和诺顿提出的政府组织战略地图模板中就没有包含财务层面。但是，更多的学者则认为，财务层面应该是任何组织都必须关注的重要领域，正如保罗·尼文所言："任何组织，不论其状况如何，都需要财务资源，这样才能成功经营并满足客户需求。"① 因此，在保罗·尼文提出的政府组织战略地图模板中，客户层面的位置得到了提升，而财务层面作为一项约束条件位于战略地图的底端。与之类似，韩国富川市在设计战略地图时，同样将财务目标作为提升客户满意度的一项重要驱动因素，将财务层面放在与内部业务流程层面并列的位置予以关注。不过也有研究认为，财务层面作为组织的一项产出结果，应该与客户层面并列位于战略地图的顶层，共同作为政府组织最终关注的产出结果，以反映政府组织的经济性。夏洛特市政府的战略地图就反映了这一观点。针对不同类型的政府组织，我们对政府组织战略地图的应用模式进行了总结，并对战略地图的构成部分进行了调整，形成了适用于政府组织的战略地图模板。相比企业组织的通用模板而言，政府组织战略地图模板主要是对财务层面的位置进行了调整，具体如图 3-21 所示。

(1) A 模式

图 3-21 左边的模板主要适用于一级政权组织，如县级党委政府、乡镇

---

① [美] 保罗·尼文. 政府及非营利组织平衡计分卡 [M]. 北京：中国财政经济出版社，2004：34.

党委政府。作为国家的一级政权组织，这类政府组织拥有和行使公共权力，对政治、经济、社会、文化等各项事业进行管理，拥有广泛的利益相关者，并将公共利益最大化作为追求的重要结果，因此，需要将利益相关者层面（客户层面）放到战略地图的顶端。同时，尽管这类政府组织不以盈利为目的，并且运营费用全部来自财政拨付，但却承担着发展和管理国民经济的重任，并将经济建设作为工作的重心，因此财务层面应当放在与利益相关者层面并列的位置。采用这一模板的政府组织，还应包括一些具有财税创收任务的政府部门或事业单位，其中政府部门主要是指经济管理部门，它们需要从上级战略地图中承接经济建设方面的目标，如经济局、发改局等；事业单位主要指那些运营经费部分由财政拨付、部分自筹，实行企业化经营的单位，如铁路局、人才交流中心等。由于这类组织的运营经费部分来源于社会，只有其产品或服务得到社会的认可，才能从财务上保障组织的延续和发展，因此其财务层面应被放到战略地图的顶层。

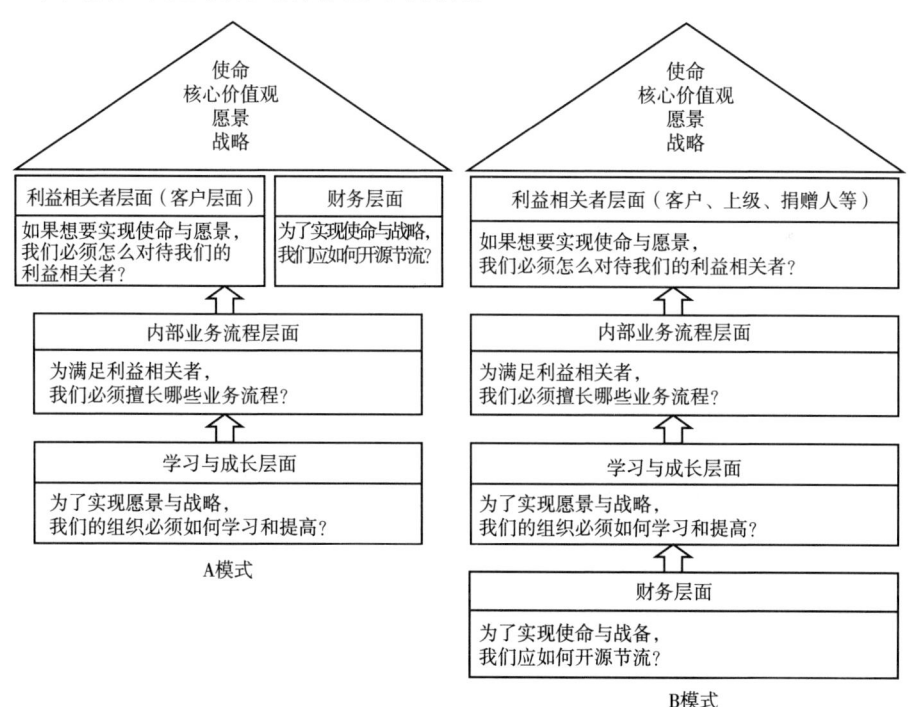

图3-21 不同类型政府组织战略地图模板

(2) B模式

图 3-21 右边的模板主要适用于绝大部分政府职能部门和公益性事业单位，如市委组织部、公安局等。这类组织拥有和行使公共权力，从事社会公共事务管理，提供公共产品和服务，运营经费全部来源于国家财政，不需承担财税创收任务。因此，利益相关者的需求是否得到切实满足成为其关注的最终结果。财务层面则被置于战略地图的底部，作为利益相关者、内部业务流程、学习与成长这三个层面的驱动因素和约束条件。对于这种类型的政府组织，财务目标除了涉及降低成本和提高资金使用效率外，争取外部资金支撑也可能成为其需要关注的目标之一。

在对政府组织战略地图模板的研究过程中，我们归纳出一些关键特征：首先，客户层面应该位于战略地图的顶端。对于大多数政府组织来说，"客户"这一概念的外延更为宽泛，包括了社会公众、上级部门、捐赠者、社会团体、中介机构等不同的利益相关群体。政府组织的最终目标是为利益相关者提供服务而非盈利。因此，在政府组织的战略地图中，客户层面的位置需要被提升至顶层。其次，财务层面根据组织性质的不同，有不同的摆放方式。尽管财务目标不是政府组织的终极目标，但同样不容忽视。对于有些政府组织而言，财务层面是衡量组织成功与否的最终结果，而更多的政府组织则将其作为影响组织工作效果的驱动因素和约束条件。最后，内部业务流程层面和学习与成长层面是实现组织最终目标的重要支撑。无论是政府组织还是企业组织，内部业务流程和无形资产的作用都是至关重要的，它们最终决定着组织能否长期可持续发展。

四、目标与关键结果

目标与关键结果法，即 OKR（objectives and key results），是一套定义、跟踪目标及其完成情况的管理工具和方法。

1954 年，德鲁克提出了一个具有划时代意义的概念——目标管理（management by objectives，MBO），这是德鲁克所发明的最重要、最有影响的概念，并已成为当代管理体系的重要组成部分。20 世纪 70 年代，作为德鲁克的忠诚信徒，英特尔的总裁安迪·格鲁夫提出高输出管理的概念，即HOM（high output management），发明并推行了目标与关键结果法（OKR）。同一时期甲骨文公司的老板拉里·埃里森在甲骨文公司采用使命、目标和关键结果的管理方法，即MOKRs（mission-objectives and key results）。

约翰·杜尔早期在英特尔工作，对OKR这个管理工具非常认可。1999年，约翰·杜尔成为知名风投公司"KPCB"的合伙人，同时也是谷歌的董事，他把这套管理工具推荐给谷歌的拉里·佩奇和谢尔盖·布林。在谷歌成功实施后，OKR被其他知名IT（信息技术）公司借鉴，这些公司包括领英（LinkedIn）、（推特）Twitter、希尔斯（Sears）、甲骨文（Oracle）等。随着这些公司相继开始使用，OKR逐渐受到越来越多的IT公司认同。谷歌对它所投资的企业，都要专门进行OKR系统的培训和实施。

OKR大概是在2013年底传入我国，一开始主要是一些从硅谷回国创业的人，以及互联网、IT公司应用OKR后，再传到国内公司应用，使OKR逐渐受到IT、互联网、高科技公司的追捧，并逐渐开始流行起来。国内的明道、豌豆荚、知乎等公司都开始使用OKR的管理模式，OKR非常适合运用于这类发展迅速、变化较快的互联网或高新技术企业使用。

20世纪70年代，英特尔正在从一家存储芯片公司转型为微处理器公司，而当时的管理团队负责人安迪·格鲁夫希望他的员工能专注在最要紧的事务上以便成功转型，OKR就在这个时候诞生了。如果说以前的工作方法论是前进路上的一座"灯塔"的话，那么OKR就像是"北斗七星"。OKR最典型的两个特征：一是目标在精不在多，因为它是用来明确工作重心的；二是目标全体公开、透明，员工除了可以知道自己的目标，还可以知道组织内包括领导在内所有人的目标。通过目标的公开透明，可以帮助员工从横向、纵向上对自己的目标和行为进行校准，激励员工不断提升绩效。

（一）OKR的定位

1. OKR是沟通工具

第一，OKR是沟通工具：团队中的每个人都要写OKR，所有这些OKR都会放在一个文档里。任何员工都可以看到每个人在这个季度最重要的目标是什么，以及团队这个季度的目标是什么。

第二，OKR必须可量化（时间和数量）。如健身时设定锻炼目标，如果只是定义成"我们要努力提高身体素质"，肯定不是一个好的OKR，因为无法衡量，好的OKR是"今年的跑步时间较去年增加一倍"。

第三，目标必须一致：制定者和执行者目标一致、团队和个人的目标一致。首先，制定公司的OKR；其次，每个团队制定自己的OKR；再次，每个工程师或设计师制定各自的OKR。这三步各自独立完成，然后对照协调这三者的OKR。

OKR跟个人薪酬没有关系，因为OKR系统的结果和每个人的奖惩并不直接挂钩。OKR是组织进行目标管理的一个简单有效的系统，能够将目标管理自上而下贯穿到基层。对一个项目来说，设定目标是非常重要的，因为这决定了如何去做，以及能做到何种程度。因而，OKR有以下几方面特点。

（1）模糊的目标，用于统一努力的方向，而非计划

所有做过IT项目的人都知道，再周全的计划总是赶不上变化。所以，OKR不是计划，只是一个模糊的目标，具体如何实现还需要探索。OKR代表你到底要去哪里，而不是你要去的地方具体在哪里。但有了目标至少有了努力的方向，这样，个人的目标、团队的目标和公司的目标才有可能一致，从而为产生更大的影响提供可能。

因为由员工或者研发组长提出目标，而非经理，OKR需要统一个人的目标和团队的目标。研发组长负责的是团队的目标，而员工在意的是个人的职业生涯和个人为公司做出的影响，两个目标通过共同制定OKR来统一。

（2）不作为考核标准

既然OKR是用来统一目标而非衡量成果，它一般不作为考核标准，虽然评审的过程中也会参考，但0.7和1.0分之间本身并没有太大差别。

2. OKR是目标管理工具

对组织、团队、个人三个层次来说，有不同的目标。

组织：管理层向整个组织表达近期想要着重做的事情，是开拓新的领域还是深耕现有领域？

团队：团队负责人首先需要考虑为了公司的OKR，自己的团队能做什么，除此之外是本团队想做的紧急而重要的事情。

个人：除了绑定公司和团队的OKR，自己还想改变和挑战什么，为什么？

因此，OKR有以下几个关键点：

一是自上而下：公司和团队的领导需要明确自己想要的"O"（目标）是什么，更重要的是为什么有这个"O"，然后排各项优先级，至于"KR"可以多种多样；

二是需要遵循SMART原则：确保任何一个同事都能看懂你的OKR，特别是跨部门的同事；

三是强调产出/关键结果：所谓产出导向就是关注做事情的成果，而不仅仅关注事情做了没有；

四是及时调整：定期排序，调整优先级。①

（二）OKR的特点

OKR是一套严密的思考框架和持续的纪律要求，旨在确保员工紧密协作，把精力聚焦在能促进组织成长的、可衡量的贡献上。OKR的使用需要组织成员对其有着一致的理解。可以从以下几个方面来理解OKR。

1. 严密的思考框架

OKR意在提升绩效，但如果只是简单的每个季度跟踪一下你的结果，你不会得偿所愿。在前面介绍OKR的前世今生时，我们提到了德鲁克，德鲁克有一句名言："最严重的错误，并非由错误的答案造成。真正危险的事，是问了错的问题。"当你检查OKR结果时，真正挑战你的应该是你如何才能超越那些数字本身。你应该像一个人类学家那样，深入思考它们对你而言意味着什么，从而让你能发掘出振奋人心的问题，帮助你找到未来的突破口。当OKR被严谨和规范地执行时，这一思考框架的作用会更加突出。

---

① ［美］保罗 R. 尼文. OKR：源于英特尔和谷歌的目标管理利器［M］. 北京：机械工业出版社，2017.

2. 持续的纪律要求

OKR 代表了一种时间和精力上的承诺。要注意防止把目标设定后就束之高阁的现象。要想从 OKR 方法中受益，必须遵从这个模型的要求。具体来说就是：①以季度（或者其他预先规定的周期）为单位刷新 OKR；②仔细确认结果达成情况；③如有必要，持续修正现行战略和商业模式；④结果导向。

3. 确保员工紧密协作

我们都非常清楚跨团队协作的重要性，以及团队在促成组织成功中的价值。OKR 必须被设计用于最大化协作和促进整个组织对齐一致，这可以通过 OKR 本身所固有的透明性来做到。由于 OKR 对每一个人都充分共享，组织内从上至下都可以看到 OKR 及其达成情况。

4. 精力聚焦

OKR 不是也不应被当成是一张待完成的任务清单。OKR 的主要目的是用于识别最关键的业务目标，并通过量化的关键结果去衡量目标达成情况。战略专家指出：战略就是不做什么和做什么，两者同等重要，不可偏废。OKR 也是如此。制定 OKR 时必须做出最终取舍，决定哪些内容才是最终的关注点。

5. 做出可衡量的贡献

KR 通常（几乎完全）是定量的，这是它的一个自然属性。任何时候都应当尽量避免主观描述 KR，KR 要能精确地指出它的达成对业务究竟有多大的促进作用。

6. 促进组织成长

判断 OKR 成功与否的最终标准，还是要用结果说话，看目标所取得的实际成果如何。

（三）OKR 的构成

1. 目标

目标（objective），是对驱动组织朝期望方向前进的定性追求的一种简洁描述。它主要回答的问题是："我们想做什么？"一个好的目标应当是有时限要求的（如某个季度可完成的）、鼓舞人心的、能激发团队达成共鸣的。

举例来说，这个季度我们的目标之一就是："设计一个引人入胜的网站，吸引人们对OKR的关注。"这个目标是简洁的（寥寥数语）、定性的（没有数字）、有时限要求的（我们自信本季度能完成）、鼓舞人心的（将我们的创意用于创建一个既美观又实用的网站，是一件非常令人兴奋的事）。

2. 关键结果

关键结果（key results）是一种定量描述，用于衡量指定目标的达成情况。如果目标要回答的是"我们想做什么"这个问题的话，那么关键结果要回答的则是："我们如何知道自己是否达成了目标的要求。"有些人可能对我们定义中使用的"定量"一词不以为然，说如果KR是用于衡量达成结果的话，那么它天生就应当是定量的呀。这里我们再次重复的目的是强调KR应当用数字说话。

KR的挑战之处，也是其终极价值在于，它会迫使你将目标中模糊或模棱两可的部分进行量化。拿我们刚才的例子来说，目标是："设计一个引人入胜的网站，吸引人们对OKR的关注。"现在我们需要致力于澄清什么叫"引人入胜"，"吸引"又指的是什么。没有现成的方式能帮助你把"引人入胜"和"吸引"直接翻译成数字，你必须结合业务环境去解释这些词语的具体含义。如下是我们的"KR"（绝大多数Objective都只有2~5条"KR"）：

①20%的访客一周内会再次访问本网站；
②10%的访客会寻求我们的培训和咨询服务。

（四）OKR的主要作用

①OKR公开之后，每个团队和个人都能清楚伙伴们在做什么，避免浪费，借力合作。

②每个人的精力是有限的，对应到团队和公司也一样；OKR更多是作为一个管理方法或者沟通的工具，经常打开OKR看看，让大家的努力都在一

定时间内专注在一致的方向上。

③提到重心，OKR 里的每一项 O 都是有优先级的。最后的总分也通常是通过各个 Key Results 的权重加权平均得出的。所以在有限的时间内，哪些是重点、哪些应该优先完成，一目了然。

④因为有的公司给员工的自由度比较大，OKR 的存在就保证了员工不会"跑偏"，也保证了这种自由度的存在。

⑤OKR 不会涉及具体数字，所以并没有给人很大压力，也不存在为了"OKR 好看"而弄虚作假的情况，其实没有人会期待团队 100% 完成 OKR（如果 100% 完成了，只能说明 OKR 定得太简单）。没有具体数字，只有任务和完成任务的百分比，所以 OKR 更适合高科技公司作为指导工程师的工具。

（五）OKR 的优点、缺点

OKR 能够抓住工作的重点，所有与岗位相关的目标都有相应的关键结果对应。被正确定义的关键结果能够对目标形成比较直接的支持作用。实施 OKR 能够为整个组织带来 3 个方面的价值。

一是对于组织层面来说：实施 OKR 有助于形成以绩效为导向的组织文化；能够形成上级和下级就绩效问题持续沟通的组织氛围，提升上级的领导能力，提高下级的满意度和敬业度；有助于明确组织层面的目标与方向。

二是对于团队层面来说：实施 OKR 有助于团队内部上级和下级的双向沟通，保持团队内部行动的一致性；有助于定期查找问题，找到业绩增长点，及时调整工作方向；有助于保持团队的目标，让团队目标既能够支持战略，又能够为员工目标提供参考。

三是对于个人层面来说：实施 OKR 有助于员工抓住工作的重点，明确工作的方向，让员工的行动更加聚焦；员工的工作能够得到及时评价，有助于增强员工的信心；能够让员工的工作成果得到持续反馈，有助于提高员工的绩效意识，同时有助于员工个人能力的提升。

OKR 既有优点，也有缺点。与其他绩效管理工具相比，OKR 的优点主要包括以下几点。

一是 OKR 实施起来比较简单，每个团队或个人最多设置 5 个目标，每个目标一般包含 3~4 个关键结果。实施 OKR 后，每个岗位的员工都能明确工作的重心，既有目标又有完成目标的导向性，员工的目标感更强。而每个部门或岗位一般会设置 5~8 个关键指标。

二是 OKR 比较透明，实施 OKR 的组织一般要求整个组织、全部部门、全部岗位的 OKRs 都是公开透明的。OKR 的这种公开透明，让员工的思维跟得上公司的目标和团队的目标，以免某岗位员工因为原本的岗位职责或工作惯性所限而偏离方向。

公开透明的 OKR 有助于增强员工的全局意识。上级与下级的 OKR 关联比较紧密，更能体现公司上下拥有一条心、拧成一股绳，以强化公司整体的凝聚力。而若实施其他绩效管理工具，员工很难知道其他部门或岗位的指标。

三是在 OKR 中，目标的设置不仅强调顶层目标的分解，同时也非常强调基层员工的意见。基层员工的目标是由员工和管理者共同制定的，因为基层员工与直接客户的接触更紧密，对客户的需求更了解，对工作的要求更实际。

这样做能够充分调动员工的积极性。基层员工的充分参与有助于促进员工主动执行，有助于让员工对待工作的态度由"要我做"变成"我要做"。而有的绩效管理工具特别强调自上而下分解目标的过程，自下而上的沟通相对比较少，员工的参与感比较弱，员工被动执行的意味更强。

四是 OKR 中的目标并不强调明确量化，有时甚至一些比较具有鼓动性的口号也可以作为目标。OKR 中的关键结果比较强调量化。其他的绩效管理工具对指标的要求普遍比较强调量化。

五是 OKR 剥离了员工的直接利益因素，其结果通常不直接和绩效工资挂钩。OKR 将组织的工作重心由"考核"转移到了"管理"，更强调员工的行为纠偏和能力提升，这与其他的绩效管理工具，尤其与 KPI 大不相同。

OKR 同样存在缺点，OKR 的缺点主要包括以下几点。

一是适用性存在局限。OKR 并不适合所有的组织，对于一些生产经营非常稳定的公司或组织，有时候实施其他的绩效管理工具反而更合适。

二是 OKR 特别强调绩效管理的过程管控，特别强调沟通，所以对管理者和员工的沟通能力都有一定要求。并不是所有员工都能快速理解和实施 OKR，在适合采取 OKR 的组织实施 OKR，有时候也会因为管理者或员工沟通能力的差异而让 OKR 的推行举步维艰。

三是 OKR 不把绩效结果与员工薪酬挂钩的做法是一把"双刃剑"。这样做有时候可以在一定程度上激励员工创新；但在有些情况下，这样做反而会让员工失去对目标的敬畏，不容易达成目标。

五、主要绩效管理工具的比较及发展趋势

1. 主要绩效管理工具的比较

前面对主要绩效管理工具的演变过程、具体内涵及特点等内容进行了详细介绍，为了帮助读者加深对绩效管理工具的理解以便在管理实践中正确应用，下面我们将从工具的性质、适用对象、基本特征、主要功能、构成要素以及指标体系等方面对目标管理、关键绩效指标和平衡计分卡进行全面的比较，如表 3-6 所示。

表 3-6　　　　　　　主要绩效管理工具的比较

工具	目标管理	关键绩效指标	平衡计分卡	OKR
应用时代	50~70 年代	80 年代	90 年代以后	90 年代以后
性质	重视工作与人的结合	指标分解的工具与方法 将战略与评价指标结合	集大成的理论体系 将战略管理与绩效管理有机结合	目标分解和沟通工具
适用对象	个人	组织、群体、个人	组织、群体、个人	组织、群体、个人
基本特征	员工参与管理 体现"我想做" 自我管理与自我控制	战略导向 指标的承接与分解 指标层层分解、层层支撑	战略导向 目标的共享与分享，承接与分解 强调因果关系、平衡	战略导向 公开透明 不与薪酬晋升挂钩
主要功能	管理、考核 （关注结果）	考核、管理 （关注结果）	管理、考核 （关注过程和结果）	管理、考核 （关注过程和结果）

续表

工具		目标管理	关键绩效指标	平衡计分卡	OKR
构成要素		目标 指标 目标值	战略 关键成功领域 关键绩效要素 关键绩效指标	使命、核心价值观、愿景、战略、客户价值主张、四个层面目标、指标、目标值、行动方案	目标 关键结果
指标体系	设计	根据组织目标由上下级协商确定	根据战略自上而下层层分解	根据使命、核心价值观、愿景、战略、客户价值主张等，依据目标分层分别制定	根据组织目标由上下级协商确定
	关系	指标之间基本上独立，彼此没有联系	指标之间基本上独立，彼此没有联系	目标之间的因果关系导致四个层面的指标之间有关联性	目标与公司整体目标一致
	类型	侧重定量指标	无前置指标和滞后指标之分，强调客观指标	有前置指标和滞后指标之分，兼顾客观指标、主观判断指标	强调创新 结果不需完全达成

2. 绩效管理工具的发展趋势

通过学习与研究绩效管理工具的演变过程及绩效管理理论和实践的发展方向，可以对绩效管理工具的发展趋势进行如下判断。

（1）战略导向

随着战略对组织发展重要性的日益提升，组织的绩效目标与战略目标将紧密联系在一起，而这种联系则需要通过科学的绩效管理工具呈现出来，以便管理者能够将战略管理融入绩效管理过程中。因此，绩效管理工具的战略导向必将越来越明显。

（2）多维度评价

早期的绩效评价，尤其是对企业组织绩效的评价，通常是单一维度的，多限于财务类指标。在当今复杂动荡的环境下，当前财务状况优良的组织并不意味着具有持续的竞争力。因此，对于组织发展前景的判断不能仅仅依据财务报表就妄下结论，必须把影响组织正常运转和持续进步的各种关键因素都考虑进来，所以从多个维度对组织进行系统诊断非常必要。

（3）结果与过程并重

在客户的市场主导地位日益强化的形势下，组织对客户需求及其变化的回应速度便成为组织制胜的关键因素。在这种情况下，组织管理者的决策位置必须前移以加大对经营过程的关注，防止组织陷入被动的局面。由此，绩效管理要做出相应的调整，通过过程评价、动态评价、趋势评价等方式加强对目标实现过程的监督和调控，以确保组织不偏离预定轨道。

（4）多层次评价

在以往的绩效评价模式中有两种现象：一是组织主要对员工，尤其是基层员工的个人绩效进行评价，管理者只充当评价者；二是只对组织绩效进行单一维度的评价，即根据利润目标的达成情况判断绩效的优劣等级，据此决定全员的薪酬水平。众所周知，组织绩效源于群体绩效，而群体绩效则以个人绩效为基础，但是个人的高绩效并不意味着群体和组织的高绩效，还涉及绩效目标之间是否协调一致的问题。因此，从个体、群体、组织等不同层次对绩效进行全面管理和评价，是提升组织整体绩效的必然选择。

第四章　政府绩效管理模型

━━▶ 一、政府绩效管理模型构建

随着我国行政管理体制改革的不断深化，政府绩效管理作为行政管理制度的重要创新，受到越来越多的重视。研究和探索全面、科学的政府绩效管理系统，构建以政府战略为导向的绩效管理模型，成为在政府管理过程中贯彻落实科学发展观的迫切需要。在具体的实际工作中，如何科学地进行绩效管理决策和规范地实施绩效管理过程，进而有效地提高政府绩效水平也是各级政府组织管理者需要经常思考的问题。因此，一个系统、全面的绩效管理系统对于政府绩效管理活动的顺利开展和实施就显得尤为重要。

在综合思考绩效管理系统评价标准的基础上，结合国内外政府绩效管理的研究和实践，本书认为政府绩效管理系统是各级政府组织基于其使命、核心价值观、愿景和战略建立的一个由绩效计划、绩效监控、绩效评价和绩效反馈这四个环节共同组成的循环系统。同时，评价内容、评价主体、评价周期、评价方法以及结果应用这五项关键决策始终贯穿于四个环节之中，对政府绩效管理的实施效果起决定性的作用，最终促进政府绩效管理的战略目的、管理目的和开发目的的全面实现（见图 4-1），即一个科学、有效的政府绩效管理系统应该包括四个目的、四个环节和五项关键决策。对于一个完整的政府绩效管理系统而言，"四个目的"至关重要，并且需要同时实现，只有这样才能够确保各级政府组织和部门绩效管理活动的有效性与战略导向性。各级政府组织和部门的管理者作为绩效管理主体，在进行绩效管理时则需要严格按照政府绩效管理的四个环节来开展工作，"四个环节"环环相扣、缺一不可。"五项关键决策"主要是指设计政府绩效管理系统时需要重点关注的五个问题。评价内容是"五项关键决策"中的核心，由政府组织的使命、核心价值观、愿景和战略所决定，评价主体、评价方法、评价周期和结果应用则围绕着评价内容的选择而确定。

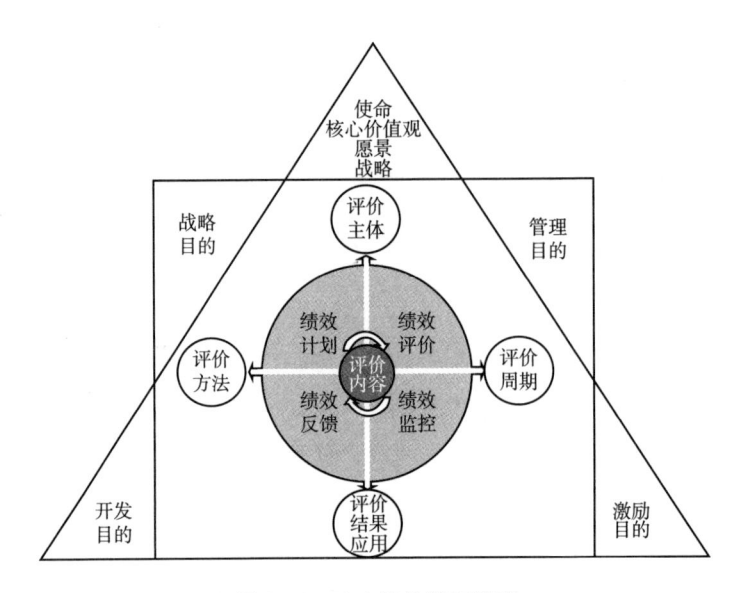

图 4-1 政府绩效管理模型

二、政府绩效管理的四个基本环节

为了确保政府绩效管理的有效性，各级政府组织和部门的管理者作为政府绩效管理主体在进行绩效管理时，需要严格按照绩效计划、绩效监控、绩效评价和绩效反馈这四个环节来展开。

（一）政府绩效计划

"凡事预则立，不预则废"。没有具体的行动计划，目标只是一个美好的愿望。计划是对未来的预想及使其变为现实的有效规划，是对未来发展的预测和行动方案的制订过程。现代组织处于急剧变化的环境中，组织发展所面临的宏观、微观环境瞬息万变，各级政府组织和部门要想树立良好的政府形象，建设人民满意政府，顺利实现政府既定的战略规划，第一步就需要系统化的前瞻性思考和对行动方案的缜密设计。

绩效计划作为政府绩效管理系统闭循环中的第一个环节，是指在新的绩效周期开始时，各级政府组织和部门的管理者与下属一起就下属在新的绩效周期将要做什么、为什么做、需要做到什么程度、何时做完以及怎么做等问题进行讨论，促进相互的理解和协议的达成，最终形成双方同意并正式签署的绩效目标协议书的过程。制订绩效计划不仅仅是完成一份工作计划那么简单。作为整个政府绩效管理过程的起点，制订绩效计划的过程更加强调上级和下属互动式的沟通及全员的参与，使上级与下属在如何实现预期绩效的问题上达成共识。因此，绩效计划的内容除了包括最终的公务员个人绩效目标之外，还包括为了达到计划中的绩效结果，双方应做出什么样的努力、应采用什么样的方法等内容。但这并不是说绩效计划一经制订就不可改变，环境总是在不断发生变化，在计划实施过程中往往需要根据实际情况进行一定的调整。

1. 政府绩效计划的内涵

计划是对未来进行预测并制定相应行动方案的过程。现代社会处于急剧变化的环境中，政府所面临的宏观、微观环境无时无刻不在发生着变化，政府要想真正履行自己的职能，比以往任何时候都需要进行系统化的前瞻性思考。政府管理者必须具有远见并为未来做好准备，否则就会陷入难以预见的困境之中。

根据管理学的一般原理，计划既是制定目标的过程，也是这一过程达成的预期目标；既涉及目标（做什么），也涉及达到目标的方法（怎么做）。计划的目的和作用在于，给出行动的方向、降低变化的冲击、减少浪费和冗余、设立标准以利于控制。同样，绩效计划既是对工作绩效有目的地进行计划的过程，也是这一过程所最终形成的绩效计划协议，因此绩效计划同样具有计划的一般功能和特点。

政府绩效计划是评价双方就评价对象应该实现的工作绩效进行有效沟通，并将沟通的结果落实为签订正式的书面协议，即双方在明晰责、权、利的基础上协商签订绩效计划协议的过程。绩效计划是政府绩效管理过程中的首要环节，在政府绩效管理体系中具有不可忽视的重要作用。

2. 政府绩效计划的制订

在制订政府绩效计划时，首先需要对政府绩效计划的步骤和方式进行明确的规定，围绕政府的发展战略和总体目标来制订绩效计划，以确保制订的计划能够引导各级单位及全体成员沿着组织战略的方向前进。

（1）准备阶段

在新的绩效周期开始之前，需要由上级主管领导及绩效管理机构的相关成员组成一个绩效管理委员会，开始对组织的整体战略和具体目标进行讨论与规划。在政府绩效计划的准备阶段，主要工作是SWOT分析、交流信息和绩效动员。

SWOT分析是一种将组织内外部环境和条件等各方面因素进行综合与概括，进而分析组织的优势（strength）、劣势（weakness）、面临的机会（opportunity）和威胁（threat）的一种分析方法。其中，优势和劣势是组织的内部因素，机会和威胁则是组织的外部因素。一个组织的战略应是该组织"能够做的"（分析组织的强项和弱项）和"可能做的"（分析环境的机会和威胁）之间的有机组合。因此，通过SWOT分析，可以帮助政府组织把资源和行动聚集在自己的强项和机会最多的地方，从而使组织的战略更加清晰、明了。

交流信息主要是在绩效管理委员会和评价对象之间进行，需要交流的信息主要包括两方面的内容：一是政府组织的使命、核心价值观、愿景和战略。无论是下属单位还是公务员个人，都需要对政府组织的发展战略和整体目标有一个全面、深入的理解与把握，这样既可以增强评价对象的大局观念，从整体的视角和组织的高度对自身的绩效目标进行审视，又可以使其明确自己对于组织总体绩效的贡献程度，从而激励其努力实现绩效目标。二是评价对象工作和职位的相关信息，如组织职能、职位职责、绩效诉求等，沟通这些信息有助于使绩效目标的设置更加科学、合理。具体而言，信息沟通的渠道包括每年的总结大会，各单位以及部门的例会和传达会，领导干部的走访和调研，各种文件、通告、内部网络以及内部刊物等，另外一些非正式的沟通渠道也是信息交流的重要方式。

除了SWOT分析和交流信息之外，沟通和培训也是这一阶段的主要任务。通过沟通和培训，评价对象能理解政府绩效管理的重要作用、政府绩效评价体系的运行机制以及相应管理结构的职责权限、自身的权利和义务等内容，这些对于科学地评价政府绩效，确保政府绩效管理系统有序运行非常必要。通常，政府绩效计划阶段的沟通和培训应由政府绩效管理的主管机构组织实施，并通过自上而下、层层传达的方式确保各级政府组织和全体成员都能够清晰地了解、理解政府组织的使命、核心价值观、愿景、战略及自身的职位职责与绩效之间的关系和链接机制等，从而使其认识到绩效管理不是束缚的"枷锁"，而是提升绩效的有效手段，从而使全体成员都能积极投身到政府组织的绩效管理之中。

（2）沟通阶段

沟通是现代管理实践中的一个重要课题，几乎任何工作都离不开有效的沟通，在政府绩效计划阶段也是如此。在做好了充分的准备后，上下级双方可就绩效管理周期内的评价内容、评价方法、评价主体、评价周期等内容进行深入地沟通和讨论。在此，再次强调政府绩效计划是一个双向沟通的过程，评价对象如果能够成功地参与到政府绩效计划的制定过程中，他们会认为自己是组织中重要的组成部分，从而激发其对组织的满足感和认同感。政府绩效计划并不是一纸空文，而是各级政府组织、部门和公务员日后的努力目标与行动纲领，如何达成绩效计划协议对于政府绩效计划的实施有着非常重要的意义。在任何类型的设计活动中都有一个根本原则，那就是把将要使用系统的相关人员吸收到这个系统的设计过程中来。这意味着上级领导和下属公务员都要对政府绩效计划的形成付出自己的努力和贡献，使评价对象在参与自己的绩效目标制定过程中形成一种心理承诺。

在准备阶段，各级政府组织和公务员都已经了解了政府组织的使命、核心价值观、愿景、战略以及组织的总体目标，并且明确了自身的职位职责和工作要求，接下来就需要沟通有关具体绩效目标、评价指标以及行动方案的问题。在此阶段中，绩效计划会议是最主要的沟通方式。召开这种会议首先要注意创造一个良好的环境和气氛，尽可能减少环境和气氛所带来的压力，同时减少来自外界的干扰，并要注意避免任何可能的中断。双方进行政府绩效计划沟通时的一个重要原则就是多问、少讲，采用引导的方法让评价对象为自己设立目标，而不是告诉他要做什么。在通常的情况下，政府绩效计划沟通时应该至少回答以下四个问题：

第一，该达成什么工作目标？

第二，按照什么样的程序达成目标？

第三，何时达成目标？

第四，花费多少？使用哪些资源？

(3) 制订阶段

在经过周密的准备，进行了多次沟通之后，政府绩效计划就初步形成了。为了使政府绩效计划真正发挥作用，还需要对政府绩效计划进行审查和检验，确定以下内容是否达成：

①各级政府组织和公务员的绩效目标是否与政府组织的使命、核心价值观、愿景、战略及整体目标紧密相连，并且清楚地知道自己的绩效目标与整体目标之间的关系。

②政府绩效评价指标体系是否能够切实反映绩效管理周期内各级政府组织和公务员的工作职责与职位要求，且没有缺失或溢出的情况。

③政府绩效计划中已经对各级政府组织和公务员的主要工作任务、各项工作任务的重要程度、完成任务的标准以及在完成任务过程中享有的权限等都已经达成了共识。

④评价双方都十分清楚在完成工作目标的过程中可能遇到的困难和障碍，并且明确相关单位及人员所能提供的支持和帮助。

⑤形成了一个经过双方协商讨论的政府绩效协议，该协议包括具体的绩效目标、绩效评价指标、绩效评价标准及权重，主管人员和评价对象双方都要在该文档上签字。

最后要说明的是，保证计划的时效性十分重要，应随时更新和补充内容使政府绩效协议更具灵活性和动态性，以适应环境的变化和挑战。

(二) 政府绩效评价

1. 政府绩效计划的内涵[*]

对于政府绩效评价的内涵，中外学者从不同的角度对其进行了界定。经

---

[*] 在英文文献中，performance appraisal，performance evaluation 和 performance measurement 几个概念的含义非常相近，特别是 performance appraisal 和 performance evaluation 几乎没有区别，两者和 performance measurement 的区别也不是很大。略微的差别在于，前者是指针对绩效所做的评价或考核，强调的是过程，而后者更多是指如何对绩效进行衡量，强调的是方法。需要注意的是，在中文文献中，绩效评价、绩效测评、绩效考核、绩效考评等都是上述几个英文概念的中文译法，本书将它们作为同一层面的概念使用。

过梳理和分类,可以将政府绩效评价的定义分为以下几种类型。

(1) 从评价目的的角度进行定义

一些学者从评价目的的角度对政府绩效评价进行了界定,认为政府绩效评价的目的是建立一种体系或机制,从而据此来评价政府绩效,改善政府管理水平,提高政府工作的效率和效果。

詹姆斯·Q. 威尔逊(James Q. Wilson)认为,政府绩效评价意味着这样一种制度设计:在该制度框架下以取得的结果而不是投入要素作为评判政府部门的标准。

菲利普·J. 库珀(Phillip J. Cooper)认为,政府绩效评价是一种责任机制,这种机制包括四个方面的含义:①经济学的效率假设;②采取成本—收益的分析方式;③按投入和产出的模式来确定绩效标准,注重对产出的评价;④以顾客满意为基础来定义市场责任机制。

戴维·奥斯本(David Osborne)和特德·盖布勒(Ted Gaebler)认为,政府绩效评价就是改变照章办事的政府组织,谋求有使命感的政府;改变以过程为导向的控制机制,谋求以结果为导向的控制机制。

美国《国家绩效评论》(1993)认为,政府绩效评价的目的在于把公务员从繁文缛节和过度规则中解脱出来,发挥他们的积极性和主动性,以使他们对结果负责,而不再仅仅是对规则负责。因此,政府绩效评价就是以结果为本,建立一种新的公共责任机制:既要放松具体的规则,又要谋求结果的实现;既要增强公务员的自主性,又要保证公务员对民众负责、对结果负责;既要提高效率,又要切实保证效能。

哈利·P. 哈特(Harry P. Hart)则给出了一个更为全面的定义,他认为政府绩效评价就是基于服务或者项目的结果和效率的常规评价。它至少有三个方面的目的:①为每个计划的绩效指标提供基准价值以及提供必要的行动;②为指标提供历史数据,使每一个需要测量的指标有所比较;③为工作进展是否符合战略计划目标提供数据。

(2) 从评价内容的角度进行定义

一些学者从评价内容的角度对政府绩效评价进行了定义,认为政府绩效评价是检验政府效率、服务质量、公共责任和公众满意程度等内容的方法,通过这些方面的分析和比较对政府绩效进行评定。

肯尼斯·普莱维特（Kenneth Prewitt）指出，政府绩效评价是根据管理的效率、能力、服务质量、公共责任和社会公众满意程度等方面的判断，对政府公共部门管理过程中投入、产出、中期成果及最终成果所反映的绩效进行评定和划分等级。

桑助来等认为，政府绩效评价就是政府或社会其他组织通过多种方式对政府的决策及管理行为所产生的政治、经济、文化、环境等短期或长远的影响和效果综合分析与科学测评。

（3）从评价过程的角度进行定义

一些学者从评价过程的角度对政府绩效评价进行了定义，将政府绩效评价定义为一个包括收集绩效信息、评定绩效结果等环节的管理过程。

美国1993年通过的《政府绩效与结果法案》对政府绩效评价进行了说明，认为政府绩效评价是一种通过客观的测量和系统的分析，确定联邦政府的项目是否达到预定目标程度的评价方式。

克莱格·福尔廷（Craig Foltin）认为，政府绩效评价是确定纳税人资源是否被有效地用于服务和行政管理项目的过程。

彭国甫认为，政府绩效评价是运用科学的标准、方法和程序，对政府绩效进行评定与划分等级。政府绩效评价以绩效为本，以服务质量和社会公众需求的满足为第一评价标准，蕴涵了公共责任和顾客至上的管理理念。

范柏乃认为，政府绩效评价是根据统一的评价指标和标准，按照一定的程序，通过定量定性对比分析，对评价对象（政府或政府部门）一定时期内的业绩做出客观、公正和准确的综合评判的过程。

中国行政管理学会联合课题组的研究成果指出，政府绩效评价就是运用科学的方法、标准和程序，对政府机关的业绩、成就和实际工作做出尽可能准确的评价，在此基础上对政府绩效进行改善和提高。

（4）从综合性角度进行定义

除了上述定义外，还有一些学者采用了综合的定义方式，这些定义中包括了政府绩效评价的目的、内容以及过程等多方面的内容。

加拿大审计署将政府绩效评价定义为：对政府活动进行系统的、有目的的、有组织的检查和评估，并将评价结果报告议会以促使政府活动透明性和公共服务质量的提高。政府绩效评价的内容包括政府活动的经济性、效率、效果、成本效益、对环境的影响、对公共财产的保护以及政府活动合规合法性等。

张定安指出，政府绩效评价就是对政府部门的工作效率、能力、服务质量、公共责任和公众满意度等方面进行分析与评价，对其管理过程中投入和产出所反映的绩效进行评定与划分等级，由收集资料、确定评价目标、划分评价项目、绩效测定及其评价结果应用等组成的行为体系，也是公众表达利益和参与政府管理的重要途径与方法。

综合国内外学者的观点，本书认为政府绩效评价是指相关评价主体依据政府组织的既定使命和目标，遵循一定的程序，综合运用多种评价方法和技术，对一定时期内政府的管理和服务情况进行评定与判断的过程，其最终目标是通过绩效评价来提高政府的效率和效果，促使政府绩效的持续改进。与政府绩效可划分为组织、部门和个人三个层面相对应，政府绩效评价也可以从以下三个角度来界定：

①从宏观层面来看，政府组织绩效评价主要是对各级政府组织在管理公共事务和提供产品及服务过程中的效率、效果、经济及公平性等方面进行评价。

②从中观层面来看，政府部门绩效评价是对政府各部门职能履行情况和既定目标完成情况的评价。

③从微观层面来看，公务员个人绩效评价是对公务员个人绩效及其对组织贡献的评价。

2. 政府绩效评价的类型

对于政府绩效评价，根据不同的划分原则有不同的划分方式。例如，根据评价主体的特征可以将政府绩效评价划分为内部评价和外部评价；根据评价指标的属性可以将绩效评价划分为定性评价和定量评价等。本书根据政府绩效评价的对象，将其划分为组织和部门绩效评价、公共政策评价、项目绩效评价以及公务员个人绩效评价等类型。

（1）组织和部门绩效评价

组织和部门绩效评价是指运用科学的方法、标准和程序，对各级政府组织和部门的业绩、成果和实际作为，从组织、部门层面做尽可能全面、准确的评价。政府的组织绩效评价具有复杂、多层次和难以界定的特点，因而难度相对较大,是世界各国面临的共同难题。近年来,随着政府行政体制改革的深化,政府组织层面的绩效评价也受到了越来越广泛的关注,成为公共管理理论和实践研究领域的新热点。到目前为止,在世界范围内已经涌现出许多卓有成效的绩效评价方法与技术,比较有代表性的有目标管理、标杆管理及平衡计分卡等,这些方法与技术在提高公共产品与服务质量、改善政府形象、推动政府职能转变等方面发挥了重要的作用。

(2) 公共政策评价

政府制定的公共政策是否取得预期的目标和效果,必须采用有效的评价标准和方法来进行衡量。具体而言,公共政策评价是依据一定的标准和程序,对政策的效益、效率及价值进行判断的过程,目的在于取得这方面的信息,作为决定决策变化、政策改进和制定新政策的依据。公共政策评价不仅有利于发现政策取得的成绩和存在的问题,而且还有利于根据政策的执行情况对政策进行及时修改和更正。根据各国政府实行政策评价的情况,可以将其分为单项政策评价和全面政策评价两种类型。其中实施全面政策评价的代表国家有英国、法国、日本及韩国等,这些国家通过立法、设立专门评价机构等方式对政策进行全面系统的评价。实施单项政策评价的国家则有很多,例如,实施环境政策评价的国家有美国、加拿大、西班牙、荷兰、德国、澳大利亚、新西兰等;在开展住房政策评价方面,比较有代表性的国家是新加坡,并且几乎所有实行市场经济的国家都在实施财政政策评价。此外,许多国家也实施土地政策、教育政策、产业政策及科技政策评价等。目前,公共政策评价在世界范围内已经发展成为一种趋势,政策评价对于改进政策制定系统、克服政策实施中的弊端与障碍、增强政策活力和效益等方面具有重要的作用。

(3) 项目绩效评价

项目绩效评价是指评价主体运用社会研究方法,定期系统地对公共项目的进展情况进行调查和监控的过程。根据实施项目绩效评价的阶段,项目绩效评价可以分为项目前期评价、项目中期评价、项目终期评价和项目后评价;根据项目绩效评价的评价主体,项目绩效评价可以分为外部评价、内部评价和联合评价;根据项目绩效评价的内容,项目绩效评价可以分为项目可评价性评价、项目需求评价、项目理论评价、项目过程评价、项目效果及效率评价等。在美国、加拿大、澳大利亚等国的政府绩效评价体系中项目绩效评价占据着十分重要的位置，而我国的项目绩效评价尚处于起步阶段，还需在不断的研究与实践摸索中进一步完善和发展。

（4）公务员个人绩效评价

所谓公务员个人绩效评价，是对公务员在实现其既定目标过程中的工作业绩和工作态度所进行的客观、准确的评价。公务员绩效评价有利于培养、开发和激励公务员的工作潜力，加强上级领导和下属公务员之间的有效沟通，促使公务员个人目标与政府组织目标的协调一致及绩效目标的顺利实现。20 世纪末，英国、美国等国家逐渐废除了公务员的终身制和资历工资制，注重对公务员个人的绩效评价，并将评价结果作为决定公务员薪酬、培训和职位变动的主要因素。随后，很多国家相继制定了公务员的评价办法和评价机制。我国也自 1994 年起，先后颁布了《国家公务员暂行条例》《国家公务员考核暂行规定》《中华人民共和国公务员法》《公务员考核规定（试行）》，对公务员考核的基本原则、内容和标准、程序、结果的使用及相关事宜进行了全面规定，为我国公务员个人绩效的评价提供了依据。

政府绩效评价是一个多层次、宽范畴的概念，对于不同的绩效评价内容，其评价方法、技术、程序以及结果应用等方面可能会存在一些不同，需要有针对性地加以区别对待。通常所说的政府绩效评价是指对政府组织和部门整体绩效的评价以及对政府组织内部公务员个人绩效的评价，而项目评价、政策评价往往被视为政府绩效评价的补充内容。因此，本书所涉及的政府绩效评价主要是指政府组织和部门绩效评价以及政府组织内部公务员的个人绩效评价。

（三）政府绩效监控

政府绩效管理的目的不仅仅是为了客观地评价政府绩效，其更为重要的一个作用是帮助各级政府组织、部门和公务员实现其既定的绩效目标。有效的政府绩效监控可以全面监测政府绩效目标的完成情况，及时发现并解决政府绩效目标实施过程中出现的问题与偏差，确保政府绩效目标的顺利完成。因此，政府绩效监控作为政府绩效计划和政府绩效评价的中间环节，在政府绩效管理中具有非常重要的地位和作用。与政府绩效相对应，政府绩效监控体现为对政府组织绩效、部门绩效和公务员绩效的监督与控制。从具体的政府绩效监控实践来看，组织、部门的绩效监控最终可以落实和归结为政府绩效监控主体与政府组织及部门绩效负责人之间的绩效沟通和改进。

1. 政府绩效监控的内涵和分类

过去在研究效率和效果问题时，人们主要关注输入与输出这两个端点的问题。然而，现在越来越多的学者和实践者已经认识到，在输入与输出之间存在着一个对输出结果至关重要的监控过程。正如在播种之后还需要杀虫、除草、施肥等辛勤劳动一样，在明确绩效计划之后，只有持续不断地监控绩效，才能确保政府绩效目标的顺利实现。因此，以往那种认为绩效计划制订之后就能够被正确地执行的想法是十分错误的。在整个绩效周期内，绩效监控主体必须实施持续有效的绩效监控。

政府绩效监控是指在政府绩效目标的引导下，通过对政府绩效的进展和效果进行持续的监测与控制，及时发现并纠正绩效目标实现过程中的各种偏差，以确保各级政府绩效目标顺利实现的过程。政府绩效监控涉及政府绩效的方方面面，大到整个国家的土地资源利用、基础设施建设以及各个行业的监管，小到政府组织内部公务员个人绩效的监督和指导。对于政府绩效监控的理解，如同对于管理学原理上"控制"的概念一样，不能将之简单理解为束缚和约束，而应将其视为一个沟通、辅导和纠偏的过程。具体而言，政府绩效监控可以分为对政府组织和部门的绩效监控以及对公务员个体的绩效监控。

（1）政府组织和部门的绩效监控

在政府绩效监控的组织和部门层面，政府绩效监控从监控主体上可以分为外部绩效监控和内部绩效监控。外部绩效监控主体可以分为社会公众、社会中介机构以及大众媒体等；在实际的政府绩效监控实践中，政府内部绩效监控主体主要为上级主管部门、政府机关内设的监察部门和效能办（机关效能建设领导小组）等。监察部门的主要职责是贯彻落实各级政府组织和部门有关行政监察工作的决定，监督各级政府组织、各部门执行国家政策和法律法规、国民经济和社会发展计划及上级政府组织颁发的决议与命令的情况等；而效能办的主要职责则体现为制订和实施行政效能监察工作计划，协调、督促和指导行政效能监察工作以及接受与处理对政府机关的效能投诉等工作。因此，对于政府组织或部门绩效，政府绩效监控机构的职能具体可以概括为两项主要工作：第一，通过持续不断的绩效沟通，发现和指出各级政府组织及部门在工作中存在的问题和偏差；第二，通过深入调研和积极反馈，科学处理、帮助解决各级政府组织和部门在绩效实施过程中出现的问题与障碍，以保证政令畅通、维护行政纪律、改善行政管理、提高行政效能。

（2）公务员的绩效监控

公务员的绩效监控主体主要可以体现为政府组织内部的监察部门、效能办等政府绩效监控机构以及公务员个体的直接上级领导。政府监察部门和效能办等对公务员个体实施绩效监控的重点体现在监察各级政府组织、部门党政领导干部和公务员的党风廉政情况，以及处理各级政府组织、部门党政领导干部和公务员违反法规法纪的行为等；而上级领导作为公务员个体的直接管理者，对于下属公务员具体的工作职责、工作目标和工作进度等有着更为深入的了解和把握。因此，对于公务员个体而言，最为直接和有效的政府绩效监控主体无疑是其上级领导。在政府绩效监控阶段，上级管理者主要承担两项任务：一是通过持续不断的绩效沟通对下属公务员的工作给予支持和指导，并及时调整和合理修正绩效计划；二是观察和记录公务员绩效目标实施过程中的关键事件或绩效数据，为后续的政府绩效评价提供有效的绩效信息。因此，为了开展有效的绩效监控，上级领导应采取恰当的领导风格，积极指导下属公务员的工作，与其进行定期的绩效沟通和辅导，预防和解决绩效周期内可能发生的各种问题，从而更好地实现既定的绩效目标。

2. 政府绩效监控的内容

政府绩效监控的内容一般是指绩效周期内各级政府组织、部门和公务员对既定绩效计划的实施与完成情况。具体而言，政府绩效监控的内容就是在政府绩效计划环节中所确定的评价要素、绩效目标和评价指标，而政府绩效监控过程中所得到的信息也正是政府绩效评价阶段所需的绩效信息和评价依据。因此，政府绩效监控作为政府绩效管理过程中耗时最长的一个环节，其监控内容需要与政府绩效计划和政府绩效评价保持高度一致，以达成政府绩效管理的最终目的。需要注意的是，针对不同层级的政府组织、不同类型的政府部门以及不同级别的公务员而言，政府绩效监控的具体内容并非统一固定的，而需要根据实际情况具体确定。

3. 政府绩效沟通

政府绩效沟通作为贯穿整个政府绩效管理过程的重要内容，是促进政府绩效管理目标顺利达成的有效途径。但是，在具体的政府绩效管理实践中，人们往往忽视了政府绩效沟通的重要作用。为了有效地开展政府绩效沟通，更好地运用各种沟通技巧，首先应当对政府绩效沟通的内涵和功能有一个深入的理解和把握。

沟通是指按照一定的目标，把信息、观念和情感在个人、群体和组织之间进行传递，并最终达成共识的过程。简而言之，沟通就是意义的传递和理解。在这个定义中，首先强调的是意义的传递。如果信息没有被传送到，则意味着沟通没有发生。更为重要的是，沟通还包含着意义的理解。如果传递的信息没有被接收方所理解，则意味着沟通没有成功。

绩效沟通在整个绩效管理过程中，是关系到绩效管理能否达到预期目的的关键因素。随着生产方式的演变和科技的进步，绩效沟通的意义越发突出。实际上，早在1916年亨利·法约尔（Henry Fayol）就把管理的职能定义为计划、组织、协调、指挥和控制五个方面。后来的学者们认为，这样的分类方式仍然不足以明确管理者在管理中所要执行的工作。20世纪60年代末期，亨利·明茨伯格（Henry Mintzberg）提出了著名的管理者角色理论。他指出管理者在日常管理活动中扮演着十种不同却高度相关的角色：挂名首脑、领导者、联络者、监听者、传播者、发言人、企业家、混乱驾驭者、资源分配者、谈判者等。在管理者扮演这些角色的过程中，沟通始终发挥着重要的作用。此后，弗雷德·卢森斯（Fred Luthans）和他的助手从不同的角度考察了"管理者究竟在做什么"这个问题。他们提出的问题是：在组织中提升最快的管理者与在组织中总成绩最佳的管理者从事的工作相同吗？他们对管理工作强调的重点相同吗？卢森斯和他的助手对450名管理者进行了研究，结果发现这些管理者主要从事以下四种活动：

①传统管理：决策、计划和控制；
②沟通：交流信息、处理各类书面文件等；
③人力资源管理：激励、惩戒、协调冲突、人员配备和培训；
④网络联系：社交活动、政治活动和外界交往。

研究表明，有效的管理者花费了最多的时间（44%）用于沟通。即使对于一般的管理者和成功的管理者，沟通所占用的时间在这四类工作中也处于第二名的位置。可见，绩效沟通是一项十分重要的管理活动。目前，理论界对绩效沟通的定义主要是以组织内部人员为对象来进行界定的。通常，绩效沟通是指管理者与员工在共同工作的过程中传递和接收绩效相关信息的过程。这些信息包括：绩效目标的制定、工作进展情况、工作中的潜在障碍和问题以及绩效评价结果等相关绩效信息。但是，由于政府绩效的层次性，绩效沟通的上述定义并不能直接应用到政府绩效沟通的界定当中。

政府绩效沟通贯穿于整个政府绩效管理的全过程，概括而言，政府绩效沟通是指将政府绩效信息传递给相关信息接收方（政府组织、部门、公务员、社会公众、中介机构和媒体等），使得政府绩效信息能够得以传达、理解和回应的过程；在这一互动的沟通过程中，政府绩效目标能够被更好地执行和实现，政府绩效水平能够得以持续提高和改善。

具体来说，根据政府绩效沟通的对象不同，可以将政府绩效沟通分为内部沟通和外部沟通。政府绩效内部沟通是指在政府绩效管理过程中，政府组织内部即政府组织上下级之间、政府部门之间以及公务员之间就相关绩效信息进行的沟通。政府绩效外部沟通是指在绩效管理过程中，政府作为一个组织整体与社会各界之间就相关政府绩效信息进行的沟通互动活动。

根据政府绩效沟通的方向来划分，政府绩效沟通可以分为横向沟通和纵向沟通。横向沟通主要是指政府组织之间、部门之间、公务员之间为了达成既定的政府绩效目标所进行的沟通协调的过程，同时还包括政府组织与社会公众、社会中介机构、社会媒体之间关于政府绩效信息的传递和理解过程；纵向沟通主要是指政府组织内部上级与下级之间就绩效相关信息进行沟通的过程。具体如图4-2所示。

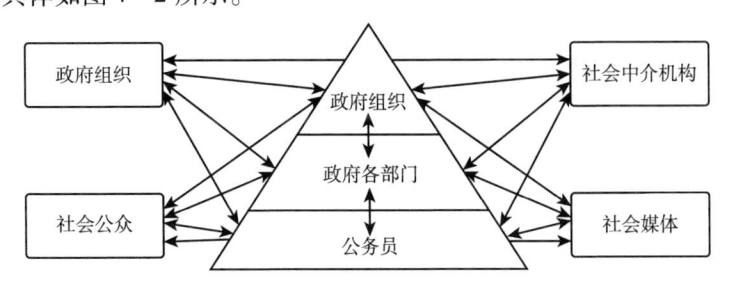

图4-2 政府绩效沟通示意图

（四）政府绩效反馈

政府绩效反馈是绩效管理的最后一个环节，其基本任务就是负责组织实施绩效管理的机构或人员将绩效评价的结果反馈给被评价的政府组织、部门和公务员，评价对象接到绩效反馈后，根据实际绩效结果对绩效的达成情况进行分析，查找其中存在的不足及其原因，并寻求改进绩效的途径。政府绩效反馈为评价主体与评价对象之间搭建了一个必要的沟通渠道，是绩效沟通的主要形式，也是一种激励的重要手段。由于绩效反馈在绩效评价结束后实施，而且是对评价对象整个绩效周期内的工作完成情况进行全面回顾，因此有效的绩效反馈对绩效管理起着至关重要的作用。

1. 政府绩效反馈的方法

政府绩效反馈方法的类型和数量较多，在此主要介绍对错误行为的反馈方法、对正确行为的反馈方法、自我反馈机制以及360度反馈计划四种。

（1）对错误行为的反馈方法

管理者针对下属的错误行为进行反馈的目的，是让下属了解自身存在的问题，以便有效引导其纠正错误。对错误行为的反馈就是人们通常所说的批评。在大多数人的印象中，批评往往是消极的，但实际上批评应该是积极的和建设性的。在下属表示接受某种批评之后，管理者还应该通过一些认同的表示，加强反馈的效果。可见，这种积极的和建设性的反馈方式明显优于负面反馈。现在越来越多的管理者已经认识到中立反馈的重要性，许多学者也试图找到一些方法使越来越多的管理者学会这种方法。我们相信，只要管理者在针对错误行为进行绩效反馈时注意反馈的方式，就能够避免无效的负面反馈，将中立反馈变成积极的建设性反馈，从而达到绩效管理的目的。

（2）对正确行为的反馈方法

通常人们更加倾向于关注对错误行为的训导，而对正确行为的反馈往往被管理人员忽视。事实上，对正确行为的反馈与对错误行为的反馈同等重要，两者的最终目的都是提高下属的绩效。管理者忽视对于正确行为的反馈的原因很多，如他们可能会声称找不到合适的方式进行这种反馈。实际上，最好的肯定方式就是对下属行为的直接认同和赞扬，像"这件事你做得棒极了！"这类简单的方式往往能够取得很好的效果。对"什么是正确的行为"的理解不准确也常常使管理者疏于对正确行为的反馈。例如，还有相当一部分管理者只知道在下属很好地完成了一项工作之后给予及时的肯定，但对于下属犯错误的数量或频率减少的情况则视而不见，因为这些管理者认为对改正错误的行为进行肯定就相当于宽恕已经犯下的错误，或者他们可能找不到合适的表达方式来表扬那些改正错误的下属。事实上，称赞下属减少犯错误的行为并不等于称赞这个错误本身。用正面的肯定来认同下属的进步，如"成功率的提高"比"失败率的降低"更具有激励效果。同时要明确地指出受称赞的行为。当下属的行为有所进步时，应给予及时的反馈。

（3）自我反馈机制

自我反馈是一种特殊的绩效反馈方式。通常绩效反馈是通过管理者与下属之间的沟通进行的，而自我反馈是指在建立一套严格、明确的绩效标准的基础上，使下属自觉地将自己的行为与标准相对照的机制。这种机制能够帮助下属对自己的绩效表现有一个正确的认识。自我反馈是管理者进行绩效反馈的必要补充，在实际工作中自我反馈机制发挥着十分重要的作用。自我反馈机制的首要前提就是制定一套反馈时需使用的绩效标准，然后建立相应的机制或办法，使下属能够自觉地根据这一标准对自己的工作情况进行反省与检视。这种自我反馈的方法在高重复性或例行的常规工作上比较容易实施。同时，对于创新性工作而言，这种机制也十分重要，因为管理者不可能每时每刻都关注到下属的工作行为和工作进展。对于那些制定绩效标准相对困难的工作，可以通过设置较为宽泛或灵活的绩效标准来解决这个问题。

（4）360度反馈计划

360度反馈计划，就是指帮助一个组织成员（主要是管理人员）从与自己发生工作关系的所有主体（管理者、同事、组织内外部的顾客及其他人）那里获得关于本人绩效信息反馈的过程。相比传统的单一式绩效反馈，360度反馈计划具有以下几方面优点。

第一，360度反馈计划强调组织关心人们付出的行动甚于所获取的结果。360度反馈计划能帮助人们通过各种"软性"的尺度对绩效做出全方位的评价。采用这种形式的反馈，一方面可以避免对"硬性"（量化的）绩效目标的过分依赖；另一方面也避免了只重视评价双方意见的危险做法。

第二，如果360度反馈出自熟悉和了解评价对象工作的评价主体，则能够向评价对象提供更为全面和有价值的绩效信息，从而为评价对象的绩效改进起到积极的促进作用。这种绩效反馈方式与只有上级和下属两人介入的反馈方法相比，在全方位、多视角地发现下属的优点和不足方面优势明显。

第三，360度反馈计划有利于提高下属对绩效反馈信息的认同程度。在传统的反馈方法中，只有上级管理者的反馈，下属有可能对反馈的绩效信息持怀疑态度，认为它可能带有个人的主观偏见。但是，在360度反馈计划中，如果评价对象从上级、同事、下级和服务对象等多个渠道都得到了类似的绩效反馈信息，那么评价对象对该绩效信息的认可程度就会较高，一般不会对其产生怀疑，这对于评价对象深入反思和综合考虑绩效改进的方法与途径十分有利。

当然，这种反馈方式还存在一些缺点。如果过分地依赖360度反馈计划，将会削弱绩效目标的意义，使人们会更加习惯于"不是你做了什么，而是你做的方式"的说法。实际上，360度反馈计划只有与其他反馈方法一起使用时，才能最大限度地发挥作用。另外，360度反馈计划涉及的信息比单渠道反馈要多得多，这个优点同时也意味着收集和处理信息的成本也相对较高。360度反馈计划最重要的价值在于开发，而不是评价。任何方法的成败都是由人而不是由技术来决定的，从这种方法得到的并不是各方所填写的那些表格，而是通过这些信息所发现的评价对象的长处与不足，以帮助评价对象不断提高和改进绩效。因此，大多数专家认为采用360度反馈计划的结论来决定职务升降或薪酬发放是一种冒险的做法，谨慎的做法是将它作为一种为评价对象提供全面的绩效信息的有效方式，而不是据此做出最后管理决策的参考和依据。

2. 政府绩效反馈面谈

绩效反馈主要有书面报告和反馈面谈两种方式。作为绩效评价之后进行的一种正式的绩效沟通，绩效反馈面谈在政府部门并没有得到足够的重视，绩效评价主体往往将填写评价表格、计算评价结果视为绩效评价乃至绩效管理的终点。事实上，如果缺少了将评价结果和管理部门的期望传达给评价对象的环节，就无法很好地去实现政府绩效评价和政府绩效管理的最终目的。如何将政府绩效评价结果化为绩效改进的动力，是政府绩效管理中非常重要的内容，而绩效反馈面谈则是实现这一转化的关键。

（1）政府绩效反馈面谈的前期准备

为了充分实现政府绩效反馈面谈的目的，面谈双方都应该做好充分的准备，需要事先安排的事项主要包括以下几方面。

首先，选择合适的面谈时间。政府绩效反馈面谈时间的选择对于最终的绩效反馈效果有很大影响，应该根据工作安排确定一个面谈双方都有空闲的时间。尽量不要将绩效反馈面谈安排在接近上下班的时间。除非能够得到评价对象的充分认同，否则不要试图利用非工作时间进行绩效面谈。另外，确定的时间并不只是一个时间点，而应当是安排一个合适的时间段，其长短要适宜，时间过长会引起疲倦、注意力不集中，从而增加信息交流的误差，难以把握谈话要点；时间过短则会由于信息没有被充分完全地传递而达不到沟通的目的，面谈势必难以深入，刚刚进入状态就草草收场会使得面谈流于形式。

其次，选择合适的面谈地点和环境。地点和环境是对反馈面谈效果起作用的另一个影响因素。一般来说，在办公环境下，主要的面谈地点有管理者的办公室、会议室、接待室，其中小型会议室或接待室是比较理想的选择。当然，现实中往往由于条件所限，管理者的办公室成为最常见的选择。但是在办公室进行绩效反馈面谈，要务必确保面谈不被干扰或者中途打断，管理者最好能够拒绝接听任何电话，停止接待来访的客人。面谈的场所最好是封闭的。

（2）政府绩效反馈面谈过程的设计

事先设计一个完整而合理的绩效面谈过程是成功实现绩效反馈面谈的保证。在进行面谈前，政府绩效管理部门可能会提供一个面谈用的提纲，但是具体进行面谈的管理人员要在面谈提纲的基础上对面谈的内容进行详细的计划。政府绩效反馈面谈过程的设计可以从以下几方面入手。

首先，根据具体情况进行开场白。政府绩效反馈面谈中，管理人员可以从一个轻松的话题入手，帮助面谈对象放松心情，以便其在接下来的面谈中更好地阐明自己的看法。当然，如果面谈对象能够很好地了解面谈的目的，并已经为面谈做好了充分的准备，那么开门见山也许是最好的选择。

其次，明确面谈目的与预期效果。在进行面谈之前，管理人员首先要清楚通过这次面谈要达到什么样的效果，期望的效果可以是就如何改进绩效等内容达成共识，并在下一个绩效周期成功实现改进的计划；也可以是通过面谈表达对面谈对象的信任并期望其保持目前好的绩效水平；还可以是使面谈对象接受更高的绩效目标或标准，促进其绩效水平的不断提升；等等。针对不同的面谈目的，应采取不同的面谈方式，这样才能收到良好的面谈效果。

最后，确定面谈顺序。在明确了面谈的主要目的之后，就要确定面谈的顺序，也就是先谈什么、再谈什么的问题。第一，要列出评价对象的所有关键工作事项；第二，分别根据重要性、有效性及初步评价结果对这些工作事项进行排列；第三，综合以上因素确定面谈顺序。一般而言，需要考虑到评价对象的心理承受能力，先谈表现好的工作事项，之后再谈有待改进的地方。还可以按照工作事项的重要性，先谈重要的，后谈次要的，最后谈不重要的。这样逐项进行沟通，双方意见一致就进入下一个项目，如果双方的意见不一致，就要经过讨论争取达成一致，如果实在无法达成一致，可以暂时搁置。

当然这种逐项进行的方式并不是唯一的选择，如有的管理人员会先让面谈对象叙述自己的工作表现并做出评价，管理者再表达自己的意见。无论采取什么方式，管理者都应该耐心听取面谈对象的意见，看他们是否有不同的看法。建设性沟通技巧对于帮助管理者更好地实现绩效反馈面谈的目的具有促进作用。

（3）分析和诊断绩效问题

绩效的多维性、多因性和动态性等特征使得影响最终绩效结果的因素有很多，因此应当从多方面查找导致最终绩效结果的真正原因。对于公务员个人绩效而言，管理者可从以下几个方面进行分析。

知识：是否具备完成任务的知识和经验？

技能：是否掌握了应用知识和经验的技能？

态度：对工作的态度是否端正？

激励机制：激励政策是否影响了公务员的积极性？

资源：是否是由于缺乏资源导致最终的不良绩效？

流程：组织的流程是否影响高绩效的实现？

组织氛围：组织的人际关系、气氛等是否不利于完成绩效目标？

外部障碍：是否存在影响绩效的外部不可控因素？

……

管理人员只有清楚地分析了这些影响因素后，才能对绩效结果有一个客观的认识和诊断，找出导致绩效不佳的真正原因，并在此基础上与面谈对象达成共识，制定解决问题的最终方案。

（4）确定解决问题的方法

一旦弄清楚导致绩效差距的原因，接下来就要寻求解决问题的办法以纠正偏差并改进绩效。针对不同的问题应有相应的解决方案。以公务员个人绩效为例，如果是由于该公务员缺乏知识与技能导致的不良绩效，可以通过培训等方式使公务员掌握工作所需的知识与技能。对于像目标不合理、资源匮乏所导致的绩效问题就需要尽量合理地设计目标与分配资源，或者进行必要的职位调整。态度问题是非常重要的而且是必须要解决的关键问题，必须要端正公务员的工作态度，建立一套有效的激励约束机制，充分调动组织中公务员的工作积极性，否则任何工作都无法顺利进行。对于外部环境中的不可控因素，管理人员只能在职权范围内尽量排除或减少其负面影响，以最大限度地限制外部障碍。

三、政府绩效管理的五项关键决策

为了落实政府组织的使命、核心价值观、愿景和战略，最终达成政府绩效管理的目的，各级政府组织和部门在开展绩效管理四个环节的工作时，必须把握好五项关键决策。

（一）政府绩效评价内容

"评价内容"，即"评价什么"，是指如何确定绩效评价的指标、权重及目标值。为了确保政府战略目标的实现，需要在政府绩效管理过程中，将各级政府组织的战略目标转化为可以衡量的绩效评价指标，从而将政府战略目标的实现具体落实到各个政府部门和每个公务员身上。首先，通过明晰各级政府组织的使命、核心价值观、愿景、战略以及明确各级政府组织和部门的阶段性工作任务来设计各级政府组织整体绩效的评价指标；其次，依据各级政府部门的职责和通过承接或分解政府组织的战略目标来制定各级政府部门的绩效评价指标；最后，公务员个人绩效的评价指标则可以根据公务员的职位职责和通过承接或分解政府部门的绩效目标来确定，最终形成的绩效评价指标体系主要由工作业绩类指标以及少量的态度类指标组成。因此，政府绩效评价指标体系的战略导向和行为引导作用在很大程度上体现在政府绩效评价指标的选择与设计上。

1. 政府绩效目标制定

在制定政府绩效目标时应遵循以下五条原则，通常我们将它们简称为SMART原则。

（1）绩效目标应该是明确具体的（specific）

所谓明确具体指的是绩效目标应该尽可能明细化和具体化。因为各级政府组织、部门和公务员的情况各不相同，政府绩效目标应该明确、具体地体现出相应的绩效要求。只有将这种要求表达得尽可能准确和可操作，才能够引导各级政府组织和公务员更好地去实现绩效目标。例如，"尽可能使群众满意"这样的目标就不如"群众满意度达到80%"这样的目标明确具体，如果用前面这个目标来评价政府，不仅会使各级政府组织和部门无所适从，而且在政府绩效评价时也缺乏有效的依据，而后者则非常清楚地界定了绩效目标的目标值，为政府绩效评价提供了可以参考的标准。

（2）绩效目标应该是可衡量的（measurable）

设定政府绩效目标是为了能够根据政府绩效计划来对各级政府组织、部门及其成员起到激励和约束作用。因此，政府绩效目标必须可衡量，才能够进行有效监控、评价和反馈。所谓可衡量，就是可以将各级政府组织、部门和公务员的实际绩效表现与绩效目标相比较，即绩效目标应该提供一种可供比较的标准和目标值。需要指出的是，可衡量并不意味着一定要绝对的定量指标。对于政府组织和部门而言，定性指标也经常出现在政府绩效评价体系当中。

（3）绩效目标应该是有行为导向的（action-oriented）

绩效目标应该能够引导各级政府组织、部门及公务员的行为，因此政府绩效目标应具有行为导向的特征。这实际上是要求绩效目标不应该仅仅是一个能够衡量的最终结果，还应该包含对各级政府组织、部门和公务员在实现绩效目标过程中行为的约束和引导。举例来说，在对政府组织经济绩效的衡量上，如果仅衡量GDP指标，那么就有可能导致政府组织为了GDP的快速增长而盲目投资和建设，甚至以牺牲生态环境和可持续发展为代价，而如果再加上与资源消耗、环境质量相关的绩效评价指标，则能够有效避免上述现象的发生，促进经济又好又快发展。

（4）绩效目标应该是切实可行的（realistic）

在设置政府绩效目标时，还需要考虑目标的可行性，即制定的政府绩效目标既不能过高也不能过低，应该刚好反映组织的绩效期望，又能够使各级政府组织、部门和公务员通过努力而达成。政府绩效目标的切实可行包含了两层含义：一是政府绩效目标的设置不能过高。当知道无论如何努力，绩效目标都无法实现时，人们通常会放弃努力。二是政府绩效目标的设置也不能过低。当绩效目标水平太低，各级政府组织、部门和公务员无须努力便可以实现目标时，便失去了政府绩效目标应具备的约束性和激励性。因此，政府绩效目标的设置要兼具可行性和挑战性，需要各级政府组织、部门和公务员为之付出一定的努力才能实现，这样才能真正、有效地发挥政府绩效目标的作用。

（5）绩效目标应该是受时间和资源限制的（time and resource constrained）

政府绩效目标应带有时限要求和资源限制，如"在A时间内，投入不超过10000元使S指标增长30%"，而不是"在A时间内，在合理投入的情况下使S指标增长30%"。这种时间和资源限制实际上是对目标实现方式的一种引导。不论是时间或资源的限制，都有一个程度的问题。在目标一定的情况下，这一程度应该根据绩效要求和工作能力等方面的情况确定。另外，政府往往会根据需要制定不同阶段的分目标，不论是整个绩效计划中的总目标还是分阶段的分目标，每一个目标都应受到时间和资源的限制。

SMART原则对政府绩效目标的设计具有切实的指导作用，但是实施起来却并不容易，特别是在政府部门绩效管理经验不足以及政府绩效相对较为模糊的情况下，各级政府组织、部门和公务员在制定绩效目标的过程中，会遇到诸多挑战。为了确保能够更好地完成对政府绩效目标的设计，还需注意以下几点。

第一，政府绩效目标的设计应该以客观事实为基础。在制定政府绩效目标时，切忌"拍脑袋"作决策，脱离客观事实的绩效目标往往是不合理的。因此，政府组织和部门在设定绩效目标时，必须尊重现实，既不能由于急功近利将目标设得过高，也不能为了容易达成而将目标设得过低，应该综合考虑总体发展战略、具体的现实情况、环境和资源的限制以及人员的能力与水平等因素，结合以往的绩效目标、发展预期以及标杆单位的情况等，合理确定绩效目标。

第二，让评价对象参与到政府绩效目标的设计过程中。前面已经强调，政府绩效计划是一个双向沟通的过程，政府绩效目标需要经过评价双方的沟通和协商才能最终确定。但是在实际的政府绩效管理过程中，绩效目标往往是上级指令和摊派的结果，这就不可避免地出现政府绩效目标不够科学和合理的情况。让评价对象参与政府绩效目标的制定过程中，能够在一定程度上规避这一问题。当然，在政府绩效目标设定的博弈过程中，必须充分考虑评价对象为减轻压力而一味讨价还价的情况，主管人员不能盲从评价对象的要求和理由，而应该在充分调查和听取意见的基础上合理制定绩效目标。

第三，在实践中不断完善绩效目标。建立科学的政府绩效目标体系并不是一时之功，而是一个在实践中不断发展和完善的长期过程。因此，各级政府组织和部门切不可抱有一劳永逸的思想，也不能为了追求"完美的设计"而在应用时缩手缩脚。尽管有时政府绩效目标的设计难免有些不尽如人意的地方，但是如果迟迟不推行实施，不仅会影响到工作人员的积极性，而且无法及时发挥出政府绩效管理应有的效果。可行的做法是在实践中不断进行检验和调整，并随着时间的推移不断完善和改进政府绩效目标与指标体系。

2. 政府绩效评价指标体系设计

从国内外政府绩效评价的研究与实践出发，政府绩效评价指标体系设计的基本思路主要包括以下几种类型。

（1）以政府内部管理为视角设计政府绩效评价指标

美国希拉丘斯大学马克斯韦尔学院的帕特丽夏·英格拉姆教授等学者，推崇从管理能力的视角设计政府绩效评价指标体系，这一观点主要反映在美国联邦政府绩效项目（government performance project，GPP）中。在该项目中，研究者提出了"管理黑箱理论"，认为人们对于公共部门内部输入与输出之间相互转化的过程知之甚少，政府绩效就像是经过"暗箱"里的一系列操作而产生的。在 GPP I 中他们将绩效评价指标体系分为财政管理、信息技术管理、人力资源管理、资本管理和面向结果的管理，对每个体系相应设计了一系列评价指标，并根据被评价政府部门的反馈意见加以完善。在 GPP II 中，研究者们对前一阶段的指标体系进行了修正和调整，将 GPP I 中所关注的绩效项目由原来的 5 个减少到 4 个，并加入了信息和基础设施的绩效评价内容。

（2）以绩效审计为视角设计政府绩效评价指标

在现代政府中，政府绩效审计为各国政府提高公共管理的效果、明确公共管理责任、加强公众对政府的监督、提高政府行为透明度等提供了一个有效的手段和途径。经过半个多世纪的发展，政府绩效审计已形成了包括经济性、效率性和效果性三个方面的评价要素体系。经济性、效率性和效果性三个要素是相互区别而又相互联系的，经济性审计主要局限于资源方面，即"投入"方面，而效率性审计主要涉及对资源使用情况的审查，即"投入"与"产出"的关系。如果以较少的投入取得一定数量的产出，或以一定数量的投入获得更多的产出，都可以说效率是高的。而效果性审计则是对经济活动后产出情况的审查。目前，随着社会的不断发展和政府职能的进一步转变，一些学者还提出了政府绩效审计应该增加两个新的要素——公平性和环保性。

（3）以项目逻辑为视角设计政府绩效评价指标

根据政府绩效产出的逻辑关系，政府绩效的产生过程可简单划分为投入、过程、产出和结果四个环节，这四个环节构成了政府组织绩效产出的价值链。投入类指标通常是对支持所有政府工作的资源的衡量，如工作人员数量、工作场所、信息化程度等。过程类指标来源于开展政府各项工作的基本过程，包括具体的工作量、工作时间投入、工作实施的具体状况等。需要特别区分的是产出类和结果类两种指标，二者在政府绩效评价的过程中常常被混淆或被忽略，有效区别二者之间的逻辑关系，对全面有效地衡量政府绩效具有非常重要的意义。具体而言，产出表示的是一个项目操作过程的表现及阶段性成功，而结果是项目最终的成果或者效果。根据项目逻辑，产出几乎没有内在的价值，因为它并不直接构成收益，但产出是必要的，因为它会影响未来的收益或者引发改变而达到理想的期望值。产出类指标应该被看作是成功的必要条件而非充分条件，产出是一个项目工作的直接产品和服务，如果没有高质量的数量适宜的产出，一个项目工作就不能产生预期的结果。通常来说，产出的产生在很大程度上受项目的管理者所控制，而结果则更多受项目外所不能控制的因素影响。因此，产出的产生并不能保证会得出预想的结果。产出类指标和结果类指标的区别示例如表4-1所示。为了监控项目工作的绩效，对产出和结果进行评价是非常必要的。

表4-1　　　　　　　　产出类指标与结果类指标的区别

项目工作	产出类指标	结果类指标
犯罪控制项目工作	对求助电话的应答 犯罪调查成效 进行拘捕 破案	减少犯罪行为 减少犯罪导致的伤亡 减少犯罪导致的财产破坏和损失
公路建设项目工作	项目设计 建成公路的里程 重建公路的里程	公路容量增加 提高车流量 减少旅程耗时
艾滋病预防项目工作	应答热线电话 测试艾滋病抗体研讨会 治疗艾滋病患者 接待患者的咨询并指导	增加与艾滋病相关的知识和治疗方法 减少危险的行为 减少HIV携带者 ……

资料来源：西奥多·H. 波伊斯特. 公共与非营利组织绩效考评：方法与应用 [M]. 北京：中国人民大学出版社，2005：39.

（4）以战略管理导向为视角设计政府绩效评价指标

20世纪80年代以来，随着政府组织战略思维的逐渐兴起及其对科学化绩效管理的迫切需求，战略性绩效管理进入了政府组织的视野，并在管理实践和理论研究方面取得了迅速的发展，逐渐成为帮助政府组织落实组织战略、强化绩效管理的有效途径。

美国行政学会（American Society for Public Administration，ASPA）的"绩效和责任中心"（Center for Accountability and Performance，CAP）通过五年的研究探索，于2000年开发出了一个实施绩效管理的战略框架，如图4-3所示。这一模型的特点主要包括以下几个方面：一是系统性强，层次清晰，有较强的可操作性。由环境分析、明晰使命和愿景、设置目标体系、制定整合各种资源的行动方案、评价和测量结果、实施跟踪和监控这一逐级递进的过程所组成。二是这一模型的目的在于建立"以结果为导向"的公共服务提供体系。三是该模型强调绩效测量的目的在于落实责任和持续改进。四是通过这一模型可以整合并且提高组织各层面以及各领域的绩效水平，并使其保持相互之间的协调一致。每个部门和人员都可以通过这一框架提供的逻辑思路，清楚地了解自己未来工作的路线图：我们现在身处什么位置？我们将要到哪里？我们如何才能到达那里？为了到达那里，我们如何测定我们的进程以及判别我们最终是否达到目标？在所有的管理模型中，对核心概念的界定是非常重要的一步。在"责任和绩效中心"的战略管理模型中，这些重要概念包括：使命、愿景、目的、目标、产出和结果等。

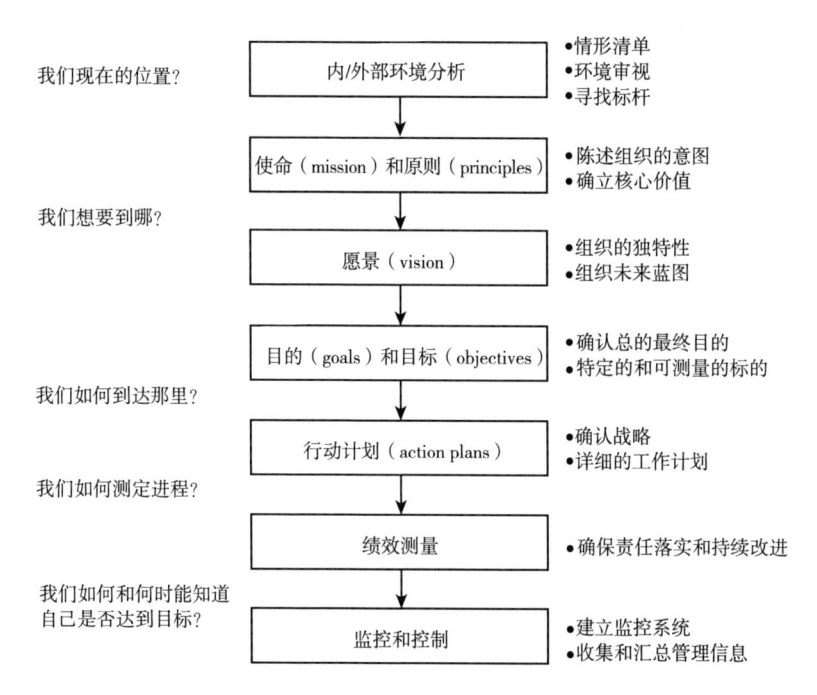

图4-3　融入目的、目标和绩效测量的战略管理模型

资料来源：CAP. Performance Maesurement. Concepts and Techniques. Washington D. C.：ASPA. 2000.

（二）政府绩效评价主体

政府绩效评价主体是政府绩效评价的核心要素，是影响政府绩效评价顺利实施的关键。政府绩效评价主体选择的合理与否，在很大程度上影响着政府绩效评价的结果和效果。由于政府组织的绩效具有复杂性和宽泛性的特点，任何一个单独的评价主体都无法对政府绩效进行全面准确的判断，政府绩效评价主体多元化成为保证政府绩效评价的准确性、客观性和公平性的迫切要求。

1. 政府绩效评价主体的内涵和类型

政府绩效评价主体即政府绩效的评价者，是对政府绩效进行价值判断的组织、部门和个体。与政府绩效的层次相对应，政府绩效评价主体在纵向上应分为组织、部门绩效评价主体以及公务员绩效评价主体。从评价主体与评价对象的相对位置又可以将政府绩效评价主体分为内部评价主体和外部评价主体。政府绩效评价主体类型及结构框架如图4-4所示。

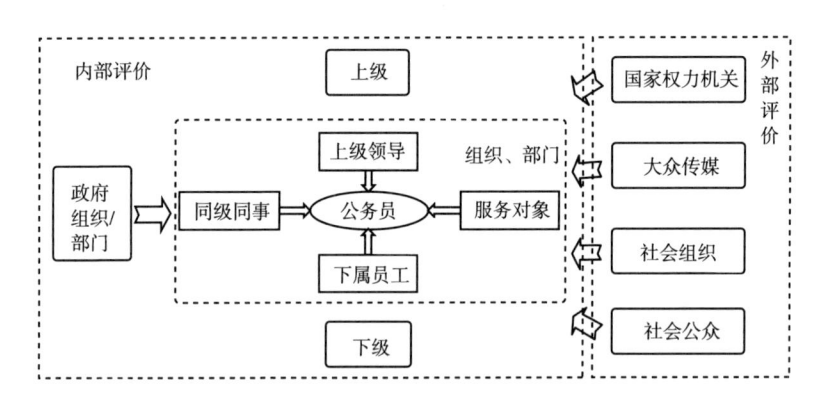

图4-4 政府绩效评价主体类型及结构关系

对于公务员个体绩效而言，内部绩效评价主体类型分为上级领导、下属员工、同级同事、服务对象以及自身，外部绩效评价主体分为国家权力机关、大众传媒、社会组织以及社会公众；对于政府组织或部门绩效而言，内部绩效评价主体类型分为上级政府组织或主管部门、同级相关政府组织或部门、下级政府组织或部门以及自我评价；外部绩效评价主体分为国家权力机关、大众传媒、社会组织以及社会公众。下面将对主要政府绩效评价主体的类型及内涵进行介绍和阐述。

（1）内部政府绩效评价主体

内部政府绩效评价主体是指从评价对象的组织管理体系内部产生的政府绩效评价主体。同时，它们对评价对象的政府绩效所进行的评价也被称为内部政府绩效评价。在我国政府绩效评价的实践中，根据政府绩效评价主体的相对位置及作用，可以将内部政府绩效评价主体分为如下四种。

第一种：纵向政府绩效评价主体。纵向政府绩效评价是指政府组织、部门和公务员根据各自上下级隶属关系开展的政府绩效评价过程。纵向政府绩效评价分为上级评价和下级评价，对应的政府绩效评价主体有两类：一类是上级政府组织、主管部门或上级主管领导；另一类是下级政府组织、隶属职能部门或下属公务员。由于纵向政府绩效评价主体在日常的工作活动中接触沟通的机会较多，对于彼此的工作职责、职能和绩效目标都相对熟悉，更容易了解双方政府绩效评价的目的、内容和目标完成情况。这构成纵向政府绩效评价主体在政府绩效评价中的独特优势，也成为它们广泛参与政府绩效评价的主要原因。

以广泛采用的上级政府绩效评价为例，上级政府组织、主管部门或领导作为对下级政府组织、部门或公务员的评价主体具有明显的优势：一方面，上级政府组织、主管部门和领导熟悉下级的工作职能和运作方式，了解下属的工作态度和工作业绩，有利于政府绩效评价的准确性和有效性；另一方面，政府绩效评价作为政府绩效管理的重要环节，为上级政府组织、主管部门或领导提供了一种引导、激励和监督下级行为和绩效的重要手段，有利于帮助他们促进和推动工作计划的有效实施和绩效目标的顺利实现。但是上级政府绩效评价的局限性也日益凸显，主要体现在以下两个方面：第一，上级对下级进行政府绩效评价时，带有明显的规范、控制、监督、检查等行政管理职能的倾向，这样会导致下级只唯上不唯下、上级满意而群众不满意的不利倾向；第二，当政府绩效评价结果与组织、部门和个人利益挂钩时，上级组织、部门或领导便可能出于利己的倾向，采用有利于其组织、部门和个人的绩效评价指标，使政府绩效评价流于形式。

第二种：横向政府绩效评价主体。横向政府绩效评价是指相关政府组织、部门或公务员个体对与其相对应的同一层级的政府组织、部门或公务员个体的绩效情况进行评价的过程。此类政府绩效评价通常强调评价主体与评价对象在相关业务领域内的绩效表现，包括办事效率、办事态度、协作满意度及凝聚力等。横向政府绩效评价一般不会单独进行，而是经常作为纵向政府绩效评价的补充，从侧面了解政府组织、部门或公务员的绩效情况。横向政府绩效评价的主要优点在于评价主体熟悉评价对象的工作，通过对评价对象之间的比较、评价对象与评价主体之间的比较，在一定程度上保证政府绩效评价的客观性。但其缺点在于直接相关的同级评价主体和评价对象在绩效评价结果上会出现"友情分"的情况，评价主体不是对评价对象绩效评价指标完成情况的评价，而是对评价主体和评价对象之间关系好坏和紧密程度的判断。

第三种：自身。自我评价是指政府组织、部门或公务员个体针对自身绩效而开展的评价过程。美国《政府绩效与结果法案》规定，美国所有的联邦机构都要制定一个至少未来5年工作目标的战略规划，并将战略规划分解成年度执行计划，同时每年都要对年度计划执行情况进行评价，形成年度计划执行情况报告。各机构的规划制定情况及工作绩效的评价结果将与来年的财政预算相联系。而对于公务员个体而言，自我评价一般通过述职报告的形式完成。自我评价的优势体现在以下几个方面：首先，自我评价的评价主体更为直接和详细地了解评价内容、评价指标和评价标准，有利于节约评价成本和提高评价效率；其次，自我评价可以促使政府组织、部门和公务员在评价的过程中发现绩效差距，激励其自我完善和自我发展的内在动机；再次，自我评价可以提升政府组织、部门和公务员参与政府绩效管理过程的积极性与主动性，促进政府绩效管理和绩效评价工作的顺利开展。但是，自我评价的局限性体现在评价主体既是运动员又是裁判员，在评价结果上容易倾向于突出成绩而回避不足，不利于政府绩效评价的客观性和公正性。

第四种：专职评价机构。专职机构评价是指由政府组织内部专门的政府绩效评价机构开展的绩效评价过程。专职评价主体具有专职的机构和人员，在进行政府绩效评价时具有一定的优势：第一，了解和熟悉政府绩效评价过程中的重点和难点；第二，熟练掌握政府绩效评价的方法和工具；第三，专职评价主体的立场相对客观和中立，能够在一定程度上保障政府绩效评价的公正性和有效性。但其局限性在于专职机构评价成本相对较高，需要较多的人力物力来组织、实施和配合政府绩效评价工作。在我国，政府绩效的专职评价分别由政府组织内部的审计部门、人力资源部门、监察部门和效能办来完成。其中，审计部门是对政府及其各职能部门、直属机构的行政行为、行政活动等的效率性、效果性和经济性具有独立审计权的政府绩效评价主体。

在美国、英国、澳大利亚等国家，政府绩效审计是政府绩效评价的主要构成部分；而我国现阶段的政府审计尤其是中央一级的审计也开始由单纯的财务审计向绩效审计发展。

(2) 外部政府绩效评价主体

外部政府绩效评价主体是指从政府体系外部对政府绩效进行评价的主体。外部政府绩效评价主体的情况比较复杂，大体可以划分为国家权力机关评价主体、社会公众评价主体、社会组织评价主体和大众传媒评价主体四类。

第一类：国家权力机关评价主体。我国国家权力机关是指各级人民代表大会及其常务委员会。国家权力机关评价是指作为国家和公民权利代表的国家权力机关为维护国家宪法、法律的尊严和统一，维护人民的根本利益和代表人民的意志，运用国家权力依照法定形式和程序对国家行政、审判、检察机关的工作所采取的监督、督促、纠正及处置的过程。政府是国家权力机关的执行机关，它由国家权力机关产生并向国家权力机关负责。因此，在我国，各级人民代表大会及其常务委员会是政府绩效评价的权威主体。全国和地方各级人民代表大会审查政府工作报告的工作，既是权力机关履行自身职责和权力的过程，也是对政府在过去一年中的工作绩效进行评价的过程。在美国，国会主要通过其所辖的政府问责办公室（Government Accountability Office，GAO）来实现自身的评价主体资格。政府问责办公室的工作集中表现为两个方面：一是调查、评价联邦政府政策制定、项目执行以及预算使用的效率和效果；二是汇总和发布政府绩效评价结果，并提供建设性的意见和改进措施。国家权力机关在政府绩效评价中发挥着非常重要的作用。首先，国家权力机关通过行使立法权，制定有关政府绩效评价的法律法规，确保政府绩效评价有法可依。其次，国家权力机关对政府行使监督权，通过听取工作报告和汇报、质询和询问、视察和调查等方式了解政府绩效的相关信息，公布针对政府绩效评价结果的改进意见和处理方法，以指导和监督政府。最后，通过对政府财政预算、决算进行审议监督，建立和推行以绩效为本的预算制度，提高政府工作的透明度和公共服务质量。

第二类：社会公众评价主体。社会公众评价主要是公民以个人或团体的名义对政府绩效进行直接评价。社会公众作为社会活动的主要参与者，在政府管理和社会自治方面起着重要的作用。政府绩效管理的好坏与政策执行情况的优劣，都与社会公众的合法权益有着密切的联系。因此，作为关键性的政府绩效评价主体，社会公众影响甚至决定着政府绩效评价的内容、标准及方式等。美国国家公共生产力中心主任马克·霍哲（Marc Holzer）教授非常重视社会公众作为政府绩效评价主体的作用，他认为："只有社会公众积极主动地参与到政府绩效评价活动中，即参与到让政府对其开支、行动和承诺负责的评价过程中，政府制定的多重目标才能够得以有效实现。"许多西方国家都通过法律、法规和相关的规范性文件的形式将社会公众政府绩效评价的主体资格予以界定。例如，英国通过《公民宪章》明确将社会公众纳入政府绩效评价的主体范畴之中。通常，社会公众主要通过两种途径来参与政府绩效的评价过程：首先，政府绩效及其评价指标的设计需要以"社会公众导向"为原则；其次，政府通过吸引社会公众参与满意度调查问卷以反映公众对政府服务的满意度及政府绩效水平的高低。作为政府行政相对人和服务对象的社会公众参与到政府绩效评价的过程中，可以体现政府绩效管理的核心准则，反映政府以公众满意为服务导向，强化社会公众的主人翁意识、平等意识和大局观念，确保社会公众民主政治权利和经济合法权益得到充分尊重与保障，促进政府绩效评价的价值取向由"政府本位"向"民众本位"转变。但是，社会公众评价的主要缺陷在于社会公众缺乏专业的评价技术，信息获取渠道有限。因此，在选择公众作为政府绩效评价主体时要注重选择的范围、数量及构成比例等问题。

第三类：社会组织评价主体。社会组织评价主体是指国家或政府之外的所有与政府绩效评价相关的民间组织，其组成要素是各种非国家或非政府所属的公民组织，包括各种行业性评价机构、部门性评价机构、各类专家委员会、高校研究评价机构以及由专家、学者和公民代表等共同组成的综合性委员会等。社会组织由于其公共性、公益性、非市场性、非公共权力性的基本特征，在从事政府绩效评价方面具有不可取代的独特优势。在欧美等国家，政府绩效评价一个很重要的经验就是社会组织积极、广泛的参与。例如，美国著名的民间政府绩效评价与研究机构——锡拉丘兹大学坎贝尔研究所，自1998年以来每年都对各州或市的政府绩效进行评价并发布评价报告，其报告的客观公正性引起了美国政府和社会公众的广泛关注和好评。从社会发展趋势看，代表不同利益群体的社会组织参与政府绩效评价是一个开放、分权和多中心治理社会的重要表现与内在要求。这些社会组织通过发挥自身的作用，来表达不同利益群体或公众的心声和诉求，监督和揭示政府管理过程中出现的问题与不足，提供合理化、专业化的改进意见和建议，为政府绩效水平的提高起到积极的促进作用。

第四类：大众传媒评价主体。大众传媒是指拥有读者、观众或听众的信息传播载体，即报纸、期刊、新闻、广播、电视和网站等。大众传媒的主要任务是发布信息，最大限度地满足公众和社会信息获取的需要；其主要目的在于传递国家和社会的有关信息，表达媒体自身及社会、公众的观点，期望引起公众对某一现象、某一事件的了解、关注和评论。大众传媒是政府与公众之间的桥梁和纽带，一方面它把有关政府绩效的信息传递给社会公众，另一方面它又通过民意调查等形式把公众的意见和建议反馈给政府。大众传媒引发的强大的社会舆论力量对政府行为形成了有力的监督和约束，促使其成为社会公众对政府行为进行监督和评价的主要形式之一，并在政府绩效评价中发挥着不可替代的作用。特别是随着信息时代的到来，大众传媒对于政府行为、政策制定、项目执行的监督和评价力度越来越大，其所提供的信息不仅影响或引导着政府部门的注意力，而且在某种程度上决定着政府决策的轻重缓急。

2. 多元化政府绩效评价主体的构建

在政府绩效评价中，任何一个业已确定的评价主体都有其自身独特的评价角度，有着不可替代的比较优势及自身难以克服的局限，因此构建多元化政府绩效评价主体是保证政府绩效评价效度和信度的一个重要原则。

（1）积极制定相关法律确保政府绩效评价主体多元化

积极制定相关法律、法规确立政府绩效评价主体的多元化地位，形成科学合理的政府绩效评价主体多元结构，是构建多元化政府绩效评价主体的保障。大部分西方国家都通过法律、法规和相关规范性文件的形式将多元政府绩效评价主体及其评价范围、评价内容、评价方式和评价方法等进行了明确的界定。例如，美国通过《政府绩效与结果法案》规定了联邦政府管理与预算办公室专门审批各部的年度绩效计划；英国、澳大利亚、新西兰等国家也都通过议会或国会制定了政府绩效评价的法律和法规以保障政府绩效评价主体的地位,并通过议会下设专门的委员会来负责具体的政府绩效评价工作。我国的黑龙江省哈尔滨市于 2009 年率先出台了政府绩效管理地方规章《哈尔滨市政府绩效管理条例》,首次从法规的角度明确了自评、上级评和群众评"三位一体"的政府绩效评价主体地位,从法律上树立了多元政府绩效评价主体的权威性。因此,为了确保政府绩效评价主体的权利、规范政府绩效评价主体的利益表达及保护弱势群体的利益诉求,我国各级人民代表大会及相关政府部门应逐步建立和出台政府绩效评价的相关法律、法规,为政府绩效评价主体多元化参与提供坚实的法律和制度保障。

(2) 合理配置政府绩效评价主体

政府组织、部门和公务员有其独特的职能、职责和相应的利益相关者,不同政府组织、部门和公务员的绩效评价主体应有所选择和侧重。同时,不同的政府绩效评价主体由于所处的层面和角度不同,在政府绩效评价中发挥的作用也不同。即使是对同一评价对象进行评价,不同政府绩效评价主体的组合也会得出不同的绩效评价结果。因此,针对不同层级、不同职能的政府绩效评价对象,盲目、单一地采取"万人评议""一锅端"的绩效评价主体的方式是不可取的。在政府绩效评价过程中不仅需要引入多元政府绩效评价主体,而且各个评价主体之间还要进行有效的组合和搭配。通常,政府绩效评价主体的选择在很大程度上取决于评价对象、评价目的和评价内容。在政府绩效评价主体的配置上,需要从评价对象的职能、职责、服务对象、绩效目标等角度出发,在多元政府绩效评价主体的基础上,全面系统地筛选相应的政府绩效评价主体,选取对评价对象的工作职责、绩效目标、目标完成情况等比较熟悉和了解的评价主体,确保每一个政府绩效评价对象都能被其理想的评价主体进行科学合理的绩效评价。

(3) 科学设置政府绩效评价主体的比例

政府绩效评价主体的构成是一个多元结构,但这并不意味着各个相关评价主体可以等量齐观,它们之间是一种相互竞争、相互配合和相互整合的关系。在政府绩效评价主体已经确定的情况下,针对同一政府绩效评价对象,各个政府绩效评价主体之间的比例关系甚至会对政府绩效评价结果产生决定性的影响,这也成为政府绩效评价主体结构搭配是否科学的重要依据。通常,政府绩效评价主体的比例关系主要是通过各评价主体承担的指标在整个政府绩效评价指标体系中的构成和权重分配比率来体现的。从国内外的政府绩效评价实践来看，不同评价主体在政府绩效评价体系中的权重比例并没有固定的标准和模式，需要根据具体的评价目的、评价内容、评价对象来具体设置。长期以来，我国政府绩效评价都是政府主导、主体单一。但从长远来看，以公民、专家、专业社会组织为主的外部评价主体在政府绩效评价中的权重比例将逐渐加大，这是政府绩效评价发展的必然趋势。

(三) 政府绩效评价周期

政府绩效评价是对政府在评价周期内的绩效状况进行的评价，由于是周期性开展的工作，这就涉及设定绩效评价周期的问题。绩效评价周期的设定是否合理对绩效管理的科学性有着显著的影响，绩效评价周期既不能过长，也不能过短，如果周期太长，评价结果会带来严重的"近期误差"，而且也不利于政府绩效的迅速改善；而如果周期过短，一方面会导致工作量加大、成本提高，另一方面会由于许多工作的绩效无法在短时间内体现，使得绩效评价结果不够准确。为了合理设定评价周期，就必须对绩效评价周期及其相关概念以及影响绩效评价周期的主要因素进行全面了解。

1. 绩效评价周期的概念辨析

(1) 评价周期与管理周期

在实际操作过程中，绩效评价周期与绩效管理周期是经常容易被混淆的两个概念，如果不能有效区分，则会影响政府绩效评价的合理性。绩效评价周期是用于界定"多长时间评价一次"的问题，针对不同的指标和管理特点，会有不同的评价周期，比如有些指标可能需要每月评价一次，而有些指标则需要每年评价一次，因此绩效评价周期不能一概而论，应该根据具体的实际情况合理设置。而绩效管理周期则是指从绩效计划、绩效监控、绩效评价一直到绩效结果的应用与反馈这一系列过程的时间汇总，是一个相对比较稳定的概念，大多数组织通常以一年作为绩效管理周期的时限。

(2) 数据收集频率与评价周期

容易与评价周期相混淆的概念还有数据收集频率，它是指多长时间收集一次数据，数据收集的最终目的是用于绩效评价。同评价周期一样，不同指标的数据收集频率也不尽相同，有的指标数据需要每天收集，有的数据则一年收集一次即可。但是数据收集频率并不等同于评价周期，通常一次或多次收集的数据会用作一次评价周期的计量，因此数据收集频率往往是短于或等于评价周期。区分这两个概念的意义在于，在实施绩效评价时，切不可到评价环节再去收集数据，而是根据不同的指标特点等，实时对相关数据进行收集，这样才能确保绩效评价结果的准确和有效。

2. 评价周期的合理设置

在设置绩效评价周期时，要综合各项因素进行考虑。一般来说，评价周期与评价指标、绩效管理实施的时间及绩效管理成本等因素有关。

（1）评价指标与评价周期

对于不同的评价指标，要选择不同的评价周期。对于政府运作流程前端的指标，其评价周期要相对较短，这是由于政府运作流程前端环节的绩效状况直接影响到政府活动的最终结果，需要进行不断的监控和评价；而结果性指标则要在较长一段时间内才能反映出来，其评价周期可以相对较长。另外，有些评价指标在短期内是评价不了的，如政府出台的一些政策等，则应当根据情况适当延长绩效评价周期，即按照政策完全产生效果的时间等来确定绩效评价周期。

（2）绩效管理实施的时间与评价周期

绩效管理的实施要经历由初始的摸索期到后来的成熟期几个阶段，政府绩效管理系统的完善不是一蹴而就的，需要经过几个绩效周期的经验积累。因此，在刚实施和运行新的政府绩效管理系统时，绩效评价周期不能过长。如果这时绩效评价周期过长，绩效管理系统中的问题需要较长时间才能暴露出来，从而不利于绩效管理系统的有效性和稳定性。以绩效评价指标的选择为例，由于缺乏相应的经验积累，选择的绩效评价指标可能并不能很好地反映评价对象的真实情况和绩效水平，这就需要缩短绩效评价周期，通过对员工绩效进行短期评价，来检验绩效评价指标的信度和效度，及时对绩效评价指标体系进行修正和完善，并在下一绩效评价周期中对新修订的绩效评价指标体系进行新一轮的检验和调整。

（3）绩效管理成本与评价周期

在确定绩效评价周期时还需考虑到管理成本的问题，绩效评价周期短往往往意味着绩效管理成本相应较高。因为，绩效评价通常需要涉及人员、机构、时间以及资源等多个方面的配合，特别是在政府绩效管理经验不够成熟的情况下，如果没有合理的规划和充足的保障，不仅会造成资源上的浪费，而且会造成绩效管理过程的混乱，最终影响管理效果的顺利实现。因此，政府组织和部门可以考虑在绩效管理系统相对成熟、相应的管理条件和保障体系比较完善的情况下，再逐渐有针对性地缩短绩效评价周期，实现绩效管理的精细化，提升绩效管理的有效性。

评价周期所要回答的问题是"多长时间评价一次"。评价周期的设置应尽量合理，既不宜过长，也不能过短。如果评价周期太长，评价结果就会出现严重的"近期误差"，即人们对最近发生的事情记忆深刻，而对以往发生的事情印象淡薄，评价主体会根据评价对象近期的表现来判断其整个绩效周期的表现，这样会导致绩效评价信息的失真，并且不利于公务员个人绩效的改善；如果评价周期太短，一方面许多工作的绩效情况可能还没有体现出来，另一方面过度频繁的绩效评价也会造成评价主体的工作量过大。通常情况下，若根据职位的类别来确定评价周期，则专业技术类的评价周期相对较长，而服务类职位的评价周期稍短；若根据职位的等级来确定评价周期，则高级管理职位的评价周期较长，而低级一般职位的评价周期较短；同时，相较于工作业绩类指标，态度类指标的评价周期相对较短。在实际的管理实践中，评价周期与评价指标、政府组织和部门的职能特点、具体的职位等级和类别以及绩效实施的时间等诸多因素有关，采用年度、季度、月度甚至工作日作为评价周期的情况都有，因此，选择绩效评价周期时不宜一概而论、"一刀切"，而应根据管理的实际情况和工作的需要，综合考虑各种相关影响因素，合理选择适当的绩效评价周期。

（四）政府绩效评价方法

政府绩效评价方法是指政府绩效评价主体在评价具体绩效评价指标时所使用的评价方法。政府绩效评价方法的选择是政府绩效评价的重点和难点，也是政府绩效管理过程中一个技术性很强的问题。正确地选择政府绩效评价方法，对于能否得到公正、客观的政府绩效评价结果具有重要的意义。各种不同的评价方法都是管理实践积累的宝贵财富。通常，评价方法可以划分为两大类：相对比较和绝对比较。每类又细分为若干具体的评价方法，其中相对比较包括排序法、配对比较法等；绝对比较包括等级鉴定法、行为锚定量表法和混合标准量表法等。每种方法都各具特点，并无绝对优劣之分，各级政府组织和部门应根据具体情况进行选择，总的原则是根据所要评价的指标特点选择合适的评价方法。例如，评价公务员的"工作主动性"指标，就可以采用行为锚定量表法。当然，具体采用何种评价方法，还需要考虑设计和实施成本问题。有的评价方法设计成本虽高，但在避免评价误差方面非常有效；有的评价方法设计成本虽低，但在实际操作中却容易出现评价误差。因此，应权衡各种评价方法的优缺点，加以综合使用，以适应不同发展阶段对政府绩效评价的不同需要。

政府绩效评价方法的分类与政府绩效评价标准的分类密切相关。一般来说，政府绩效评价中运用的评价标准可以分为两类：一类是"相对标准"，另一类是"绝对标准"。与此相对应，政府绩效评价也可以分为相对评价和绝对评价。相对评价又称比较法，是在政府组织和部门各类评比工作中最为常见的评价方法，这种方法不需要事先制定统一的评价标准，而是通过在政府组织或部门内对评价对象进行相互比较而做出的评价。相对评价的主要方法有排序法、配对比较法和强制分配法等。绝对评价是按统一的标准尺度衡量类似的政府组织、部门或担任相同职务的公务员的评价，即按客观统一的标准对评价对象进行评价。根据绝对评价标准的不同性质，绝对评价又可以进一步分为两类：将评价对象绩效情况与客观标准相比较的量表法和将评价对象的工作情况与客观目标相比较的目标管理法。具体而言，绝对评价的主要方法有量表法和目标管理法，具体有等级鉴定法、行为锚定量表法、混合标准量表法和综合尺度量表法等。

1. 相对评价——比较法

比较法（comparison method）就是对评价对象进行相互比较，以决定其工作绩效的相对水平。在实际的政府绩效评价工作中，很多政府绩效评价目标和指标都难以明确绝对的评价标准，通常政府绩效评价主体会倾向于对评价对象进行相互比较和分析，以确定一个相对的评价标准，据此来对评价对象进行绩效评价。由于比较法是相对简单的评价方法，评价结果一目了然，实施成本较低，因此在政府绩效评价中得到了广泛的运用。但是采用相对评价法得出的评价结果无法在不同评价群体之间进行横向比较,最终评价结果的合理性和客观性也可能会受到评价对象的质疑。因此,在实践中相对评价往往与绝对评价结合使用。常见的比较法主要有以下三种:排序法、配对比较法和强制分配法。

（1）排序法

排序法（ranking method）就是根据评价对象的绩效水平按照一定的顺序进行排列,最终得出每一评价对象相对等级和名次的评价方法。排序法是使用得比较早的一种方法,这种方法有几个优点。首先,排序法易于设计和使用,且实施成本较低。评价时只需简单的评价表格,操作和使用方法也易于理解和掌握,不需要投入过多的设计和培训费用。其次,排序法能够有效地避免宽大化倾向、中心化倾向以及严格化倾向。但是,排序法也有一些缺点:第一,排序法的评价依据不是客观的标准,因此无法通过绩效评价这一过程对评价对象的行为进行明确的引导。第二,排序法在评价过程中的主观性和随意性较强。当若干评价对象的绩效水平相近时,则难以进行客观公正的排列,容易发生晕轮效应。因此,在政府绩效评价实践中,不能单纯凭借排序法得出的评价结果作为各种人事及管理决策的依据。具体而言,排序法主要分为直接排序法和交替排序法两种类型。

排序法是最简单的排序法。评价主体经过通盘考虑后,以自己对评价对象工作绩效的整体印象为依据,将所有被评价对象从绩效最高者到绩效最低者进行排序。表4-2是直接排序法的一个简单例子。

表4-2　　　　　　　　　　直接排序法示例

顺序	等级	评价对象
1	最好	A
2	较好	B
3	一般	C
4	较差	D
5	最差	E

交替排序法与直接排序法类似,也是根据评价标准将评价对象从绩效最

好的到绩效最差的进行排序,但是具体的操作方法与直接排序法略有不同。交替排序法需要评价主体先将所有评价对象的名单列出,去除不熟悉的评价对象,然后从余下的评价对象中选出绩效最好和绩效最差的评价对象,继而再在剩下的评价对象中选出绩效最好和绩效最差的评价对象,依次类推,直至将全部评价对象的顺序排定。表4-3是使用交替排序法进行评价时所使用的评价表格。

表4-3　　　　　　　　　交替排序法示例

顺序	等级	评价对象
1	最好	C
2	较好	B
3	一般	E
3	差	D
2	较差	A
1	最差	F

(2) 配对比较法

配对比较法(paired comparison method)也称平行比较法、成对比较法,是由排序法衍生出来的一种评价方法。配对比较法的操作程序是:评价主体按照所有的评价要素将每一个评价对象与其他评价对象一一进行比较,最后将各评价对象的得分相加,根据最终的得分排出评价对象的名次。举例来说,假定要对五个评价对象进行绩效评价,在运用配对比较法时,首先需设计出如表4-4所示的表格,其中标明了需要评价的对象。需要注意的是,当评价内容不是针对整体工作绩效而是特定的评价要素时,还要注明所要评价的要素。表中"0"表示两者绩效水平一致,"+"表示横向上的评价对象比纵向上的评价对象绩效水平高,"-"的含义则与"+"的含义相反。将每一个评价对象得到的"+"相加,得到的"+"越多,绩效得分就越高。从下面的例子可以看出 B 共得到了四个"+",绩效得分最高。A 和 C 的情况相同,共得到2个"+",处于中等水平。而 D 和 E 都是只得到一个"+",处于较差的等级上。

表 4-4　　　　　　　　　　　　配对比较法示例

评价对象	A	B	C	D	E
A	0	+	+	-	-
B	-	0	-	-	-
C	-	+	0	+	-
D	+	+	-	0	+
E	+	+	+	-	0
对比结果	2 +	4 +	2 +	1 +	1 +
	中	最好	中	差	差

（3）强制分配法

强制分配法（forced distribution method）就是组织预先确定评价等级以及各等级在总数中所占的百分比，然后按照评价对象绩效的优劣程度将其列入其中某一等级的绩效评价方法。最简单的强制分配法就是由评价主体通过主观判断将评价对象归入特定的评价等级，表 4-5 就是一个简单的例子。但是在实际应用中，强制分配法往往不单独使用，而是与其他绩效评价方法结合使用。通常评价主体先运用某种绩效评价方法对评价对象进行评价，然后将评价结果进行综合计算，最终按照强制分配法确定的比例将评价对象分配到相应的绩效等级上。强制分配法具有等级清晰、操作简便的优点，但不适用于评价对象过少的情况。

表 4-5　　　　　　　　　　　　强制分配法示例

等级	最好	较好	中等	较差	最差
比例（%）	10	20	40	20	10
评价对象	H	E	D	J	A
		C	B	G	
			F		
			I		

2. 绝对评价——量表法

量表法（scaling method）就是将一定的分数或比重分配到各个绩效评价指标上，由评价主体根据评价标准对评价对象在各个评价指标上的绩效表现进行判断和打分，最后汇总计算出绩效评价结果。作为一种绝对评价方法，量表法的评价标准相对客观，评价结果相对公正，可以在不同评价对象之间进行横向的比较。但由于量表法中绩效评价指标等级和权重的设计专业性较强，通常需要耗费大量的时间并需要专家的指导和帮助；同时，量表法对评价指标内涵解释的一致性程度要求较高，如果对评价指标内涵的解释不够清晰明确，则容易导致不同评价主体的认知偏差。根据绩效评价指标评价尺度的不同，量表法主要可以分为等级鉴定法、行为锚定量表法、混合标准量表法和综合尺度量表法等（见表4-6）。

表4-6 量表法归类

所使用评价尺度的类型		绩效评价方法名称（量表法）
非定义式的评价尺度		等级鉴定法
定义式的评价尺度	行为导向型量表法	行为锚定量表法 混合标准量表法
	结果导向型量表法	（无单纯运用此量表的方法）
	综合运用以上两者	综合尺度量表法

等级鉴定法是使用非定义式评价尺度的一种绩效评价方法，它通过采用一些具有等级含义的短语来表示评价尺度。等级鉴定法使用方便、开发成本较低，并且能够方便地在同级政府组织、部门或公务员之间进行横向的比较，因此是许多政府组织或部门中最常用的绩效评价方法。但是，由于等级鉴定法的评价尺度与组织的战略目标缺乏联系，评价结果不能为绩效反馈提供足够的信息和促进评价对象的绩效改进。因此，这种方法往往需要与其他绩效评价方法结合使用。表4-7是一个典型的等级鉴定法应用示例。

表4-7 等级鉴定法示例

评价对象：　　　　部门：　　　　评价主体：　　　　评价日期：

评价指标	权重(%)	优秀(5)	良好(4)	满意(3)	尚可(2)	不满意(1)	得分
工作数量	10						
评语							
工作质量	15						
评语							

续表

评价指标	权重(%)	优秀(5)	良好(4)	满意(3)	尚可(2)	不满意(1)	得分
专业知识水平	15						
评语							
合作精神	20						
评语							
可靠性	15						
评语							
创造性	15						
评语							
工作纪律	10						
评语							
总得分							

行为锚定量表法（behaviorally anchored rating scale method，BARS）是由美国学者帕特里夏·凯恩·史密斯（Patricia Cain Smith）和洛恩·肯德尔（Lorne Kendall）于1963年在美国全国护士联合会的资助下研究提出的。行为锚定量表法由传统的绩效评价方法演变而来，是行为导向型量表法中最典型的代表。通过行为锚定量表可以发现，在同一个绩效维度中存在着一系列的行为，每种行为分别表示这一维度中的一种特定绩效水平，将绩效水平按等级进行量化，可以使绩效评价的结果更加公平和有效。与一般量表法相比，行为锚定量表法最大的特点就在于它用行为锚定的方式来规定评价指标的尺度。因此，行为锚定量表法具有评价指标独立性较高，不容易混淆；评价尺度更加精确；评价结果具有良好的反馈功能，利于评价结果的应用等优点。同时，行为锚定量表法也存在设计烦琐、实施时间长、适用范围有限等不足。图4-5是行为锚定量表的应用示例。

混合标准量表法（mixed standard scales）是美国学者布兰兹（Blanz）于1965年提出的。混合标准量表法最主要的特征在于，所有评价指标的各级标度被混在一起随机排列，而不是按照评价指标的一定顺序来进行排列，因而评价主体需要对每一个行为锚定物做出"高于"、"等于"或"低于"的评价。具体的做法是：在确定绩效评价指标之后，分别对每一个维度内代表

```
┌─────────────────────────────────────┐
│ 7.总是提前开始工作,带齐工作所需要的所有必要 │
│ 装备才去工作,穿戴整齐。在点名之前抽出一段时 │
│ 间检查上一班巡逻人员的活动以及各种新公文,在 │
│ 点名过程中,将上一班巡逻人员的活动记录下     │
└─────────────────────────────────────┘
                                              ┌─────────────────────────────────────┐
                                              │ 6.总是提前开始工作,带齐工作所需要     │
                                              │ 的所有必要装备才去工作,穿戴整齐。在   │
                                              │ 去参加点名之前检查一下前一班巡逻人员  │
      ┌───────────────────────────┐          │ 的活动情况                          │
      │ 5.提前开始工作,带齐工作所需的 │          └─────────────────────────────────────┘
      │ 所有必要装备,穿戴整齐         │
      └───────────────────────────┘
                                              ┌─────────────────────────────────────┐
                                              │ 4.按时参加点名,带齐工作所需要的      │
                                              │ 所有必要装备,穿戴整齐                │
                                              └─────────────────────────────────────┘
      ┌───────────────────────────┐
      │ 3.点名时还未完全穿戴整齐,没有  │
      │ 带齐工作所需的所有装备        │
      └───────────────────────────┘
                                              ┌─────────────────────────────────────┐
                                              │ 2.点名时迟到,不检查装备或车辆是否    │
                                              │ 存在损坏或需要修理的地方,不能在点完  │
                                              │ 名之后立即赶去工作,而是不得不回到存  │
      ┌───────────────────────────┐          │ 物间、车上或者回去取齐必要的工作装备  │
      │ 1.在点名时间已经过去之后才赶到,不检查装备 │  └─────────────────────────────────────┘
      │ 或车辆,也没有带齐工作所需的装备 │
      └───────────────────────────┘
```

图 4 – 5　行为锚定量表法示例:巡逻警官巡逻前的准备

好、中、差绩效的标度用行为和结果描述相结合的方式加以阐明,最后,在实际绩效评价表格中将所有指标的三个标度混合在一起供评价主体选择。与行为锚定量表法相比,混合标准量表法具有两个最突出的优点。首先,混合标准量表法打乱了各评价指标的各级标度的排列顺序。这能够避免评价主体受等级规定的影响,从而客观地根据标度的描述进行评价。其次,混合标准量表法采用了特殊的"评分"方式。在合理编制标度的前提下,可以通过寻找评价结果中是否有自相矛盾的情况来判断评价者是否认真地进行了评价。表 4 – 8 为混合标准量表法示例。

表 4 – 8　　　　　　　　　混合标准量表法示例

被评价的三个维度	绩效等级说明
主动性、智力、与他人的关系	高、中、低
说明:请在每一项陈述后面标明评价对象的绩效是高于陈述水平的(填"+")、相当于陈述水平的(填"0"),还是低于陈述水平的(填"-")	
主动性　　　　　高	1. 该公务员确实是个工作主动的人。个人一贯都是积极主动地做事,因此从来不需要上级来督促　　　　+
智力　　　　　　中	2. 尽管该公务员可能不是一个天才,但是他/她确实比我认识的许多人都更聪明　　　　+

续表

与他人的关系	低	3. 该公务员有与别人发生不必要冲突的倾向	0
主动性	中	4. 虽然通常来说工作还是积极主动的，但是有时候也需要由上级来督促其完成工作	+
智力	低	5. 尽管该公务员在理解问题的速度方面比某些人要慢一点，在学习新东西方面也比别人要花更长的时间，但是他/她还是具有一般的智力水平	+
与他人的关系	高	6. 该公务员与每一个人的关系都不错，即便是与别人意见相左的时候，他/她也能够与其他人友好相处	-
主动性	低	7. 该公务员有坐等指挥的倾向	+
智力	高	8. 该公务员非常聪明，他/她学东西的速度非常快	0
与他人的关系	中	9. 该公务员与大多数人相处都比较好，只是在少数情况下偶尔会与他人在工作上产生冲突，这些冲突很可能是要受到监督的	-

综合尺度量表法是将结果导向量表法与行为导向量表法相结合的一种绩效评价方法。在该方法中，评价指标的标度描述采用了行为与结果相结合的方式。这种方式既能够有效地引导评价对象的行为，又能够对绩效评价结果进行有效的反馈。运用综合尺度量标法最大的困难在于如何设计与评价对象工作职责相关的指标尺度，因此，使用这种评价方法需要较高的设计成本。表4-9是用于评价公务员个体工作态度指标的例子。

表4-9   综合尺度量表法示例一

评价要素名称：协作性　　　　　职位等级：中层管理者　　　　　职位类别：职能管理
评价要素定义：在工作中能否充分认识本部门在工作流程中所扮演的角色，考虑他人的处境，主动承担责任，协助上级、同事做好工作。

等级	定义	评分
S	正确认识本部门的工作职责和功能定位，具有较强的合作意识，能自发主动地配合其他部门的工作，积极地推动组织整体工作的顺利进行	20
A	愿意与其他部门进行合作，在其他部门需要的时候，能够尽量配合工作，从而保证组织整体工作的正常进行	16

续表

等级	定义	评分
B	大体上能够按规定配合其他部门的工作，基本上能够保证组织整体工作的正常进行	12
C	有时候有不配合其他部门工作的现象，存在部门本位主义倾向，从而导致组织整体工作有时会遇到困难	8
D	根本不与其他部门进行沟通和协调，具有明显的部门本位主义倾向，在工作中经常与其他部门发生冲突，导致组织整体工作陷入僵局	4

3. 各种政府绩效评价方法的比较和选择

不同的绩效评价方法具有不同的特点，因而适用于不同的评价指标以及不同的评价对象。表4-10对几种常见的政府绩效评价方法进行了简单的比较。

表4-10　几种常见政府绩效评价方法的比较

政府绩效评价方法	比较的维度			
	成本最小化	提供反馈指导	评价结果应用	有效性
排序法	好	差	差/一般	一般
等级鉴定法	一般	不确定	差	不确定
强制分配法	好	差	差/一般	一般
行为锚定量表法	一般	好	好	好

从表4-10中可以看到，不同的政府绩效评价方法各有特点，在评价的有效性、结果的适用性以及使用成本上优劣不一。因此，只有选择合适的政府绩效评价方法才能在管理的成本和效用上做到有机的结合。一般而言，政府绩效评价指标是选择政府绩效评价方法的主要依据，即需要根据不同类型指标的特性选择相应的政府绩效评价方法，从而形成一个基于指标的政府绩效评价方法组合。具体来说，在选择政府绩效评价方法时需要考虑每个指标的特性、所需数据的可获得性、可选绩效评价方法的使用成本等因素。

（1）绩效评价指标的特性

根据绩效评价指标的分类可知，不同类型的绩效评价指标在结果导向/

行为导向、主观/客观、前置/滞后等方面具有各自的特性。例如，软指标一般需要通过行为锚定和主观判断相结合的方式来进行评价，而硬指标则只需通过客观数据的统计分析即可作出评价。因此，管理者应该以每个绩效评价指标的特性为基本依据来确定政府绩效评价方法的类型，进而选取具体的政府绩效评价方法。

（2）绩效数据的可获得性

基于政府绩效评价指标来选择合适的绩效评价方法，不仅要考虑该政府绩效评价指标的特性，而且还要分析获取该政府绩效评价指标所需数据的可行性和便利性。不同的政府绩效评价指标对于绩效数据的类型、来源、规模、采集和分析过程等有着不同的具体要求。因此，管理者需要根据政府绩效评价指标在绩效数据上的差异化需求来选择相应的绩效评价方法。例如，用于衡量普通公务员的两个主观判断性指标"协作性"和"组织文化认知度"，前者需要通过综合尺度量表来分析该公务员在工作协作上的表现，而后者则需要通过认知度调查来收集该公务员对于组织文化的认知程度以及相应的行为表现。

（3）政府绩效评价方法的使用成本

不同的政府绩效评价方法对于成本的需求具有较大的差异。相对来说，量表法对专业人员和资金投入的需求要高于比较法和目标管理法。因此，对于同一个政府绩效评价指标，管理者应根据组织的具体实际情况，在保证绩效评价结果客观有效的基础上，选择恰当的政府绩效评价方法。

（五）政府绩效评价结果应用

政府绩效评价结果能否被有效利用，关系到整个政府绩效管理系统的成败。在政府管理实践中，政府绩效评价结果主要用于两个方面：一是通过分析绩效评价结果，诊断下属公务员存在的绩效差距，找出产生绩效差距的原因，制订相应的绩效改进计划，以提高公务员的工作绩效。二是将绩效评价结果作为人力资源管理各项决策的依据，如培训开发、职位晋升和薪酬福利等。绩效评价结果具体应用于哪些方面是与评价指标的性质相联系的，如态度类指标的评价结果可应用于职位晋升、培训开发和薪酬福利等决策，而工作业绩类指标则可直接应用于薪酬福利等决策。如果政府绩效评价结果没有得到相应的应用，就会产生政府绩效管理"空转"现象，评与不评一个样、评好评差一个样，政府绩效管理就会失去应有的作用。

1. 促进绩效改进

政府绩效改进是指采取一系列行动以提高政府绩效的过程。具体步骤是，首先分析政府绩效的评价结果，找出政府绩效不佳的原因，然后再针对存在的问题制订合理的绩效改进计划。政府绩效改进计划是根据政府绩效评价结果，着眼于改进绩效而制定的一系列具体行动方案，是绩效计划的有力补充，体现了绩效管理注重组织发展的核心思想。

（1）政府绩效改进计划的内容

政府绩效改进计划是经过充分讨论后，在管理人员的指导下，由评价对象自己制订的，包括改进项目、原因、目前水平和期望水平、改进方式和期限等内容。在制订政府绩效改进计划时要注意确保实际性、时效性和明确性。政府绩效改进计划通常包括以下几方面内容。

第一，有待发展的项目。通常是指在工作的能力、方法、途径等方面有待提高的方面。这些有待发展的项目可能是现有水平不足的项目，也可能是现有水平尚可但存在更高要求的项目。需要改善和提高的项目可能有很多，但不可能在短短的半年或一年时间内得到全面改善和提高，所以在政府绩效改进计划中应选择那些迫切需要改进且易于改进的项目。

第二，发展这些项目的原因。选择某些有待发展的项目列入政府绩效改进计划中一定是有原因的。这种原因通常是实际绩效水平比较低，而完成工作任务或未来发展又需要达到较高水平的绩效。

第三，目前的水平和期望达到的水平。绩效的改进计划应该有明确清晰的目标，因此在制订政府绩效改进计划时应当指出有待发展的项目的目前绩效水平，以及期望达到的绩效水平。

第四，发展这些项目的方式。将某种有待发展的项目从目前水平提高到期望水平可能有多种方式，如自我学习、理论培训、研讨会等。对一个项目进行发展可以采用一种方式，也可同时运用多种方式。

第五，设定达到目标的期限。任何目标的确定都必须有时限的要求，否则这一目标就没有实际意义。同样在政府绩效改进计划中，要确定经过多长时间才能将有待发展项目的绩效从目前水平提升到期望水平。

(2) 政府绩效改进计划的制订步骤

在对政府绩效存在的问题进行诊断和分析之后，就进入制订绩效改进计划阶段，参照企业应用绩效改进计划的情况，政府绩效改进计划的制订通常有以下几个步骤。

第一，选择绩效改进要点。通过绩效评价结果分析环节，发现政府绩效需要改进的地方可能有很多，但最好能选取一些重要且易做的工作率先开始进行。如果同时进行，很可能由于压力和难度过大而导致失败。这种情况下就存在挑选绩效改进点的问题。就这一问题，国内外有许多研究，如塞莫·勒维就提出了一种两维的选择方法（见表4-11）。实际上，选择绩效改进点就是综合考虑每个拟选定项目所需的时间、资源和成本等因素，通常选择用时较短、资源花费少及成本低的项目。

表4-11　　　　　　　　选择绩效改进要点的方法

绩效	不易改变	容易改变
急需改进	将其列入长期改进计划，或者与绩效薪酬一同进行	最先做
不急需改进	暂时不列入改进计划	第二选择（有助于其他困难的绩效改进）

第二，考虑解决问题的途径。经过对政府绩效的诊断和分析环节，选取了适当的绩效改进点，并对影响绩效的因素有了比较清晰的认识后，就要考虑解决问题的途径。政府需要选择一个合适的路径去解决政府绩效存在的问题，这需要进行系统的分析。因为政府组织跟企业组织不同，它的每一项政策都将影响到相应利益相关群体，因此需要综合和全面考虑其相关政策的后续影响。

第三，制订绩效改进计划。绩效改进计划是关于改善现有绩效进展的计划。制订绩效改进计划实际上就是具体规划应该改进什么、应该做什么、由谁来做、何时做以及如何做的过程。对存在的问题提出有针对性的改进措施，措施应当尽量具体，除了确定每个改进项目的内容和实现手段外，还需要确定每个改进项目的具体责任部门和所需时间，有时还可以说明需要的支持和资源。对特殊的问题还应提出分阶段的改进意见，使政府组织、职能部门和公务员实现逐步改进绩效的目的。

2. 辅助管理决策

政府绩效评价结果的另一个重要作用就是与其他管理措施建立匹配关系，根据绩效目标的达成情况，为管理者提供决策依据。其中，与绩效管理联系最密切的主要有战略管理、预算管理以及人力资源管理等。

（1）为战略管理提供依据

传统的公共行政主要是内部取向，关注行政过程和日常管理。20世纪80年代以后，公共管理的实践及环境发生了新变化，信息化和经济全球化导致政府部门外部环境的不确定性日益加大，公众的监督和舆论的批评使政府组织面临的压力不断增强。同时，随着各种政府改革运动的兴起，政府的职能、角色、地位、组织结构及其与社会的关系都发生了深刻的变化。任何政府组织都不能再像过去那样对自身的生存、发展和未来高枕无忧，组织必须认真考虑外部环境中的机遇和威胁、组织内部的优势与劣势，为组织的长远目标和未来发展做好充分的准备。因此，寻找和确定组织的发展目标及实现路径，增强组织灵活性、能动性和适应性，提高组织核心竞争力，就成为新的管理环境下政府部门所必须面对的任务和内容。在这种背景下，在企业中盛行的战略管理思想由于很好地适应了新时期政府部门的现实与发展要求，从而逐渐成为政府部门新的关注点。绩效管理作为战略管理过程中十分重要的组成部分，在建立、执行及评价战略的过程中发挥着重要作用。在对政府绩效评价结果进行分析和总结之后，就可以清楚地发现政府绩效存在的问题，并为政府的下一阶段的工作计划提供依据，帮助政府组织和部门把主要的资源集中到需要改进的工作上，从而为社会提供更加全面、质量更高的公共产品和服务。

（2）为预算管理提供依据

传统的预算管理属于"投入、产出、结果"的投入导向型预算管理模式，它将预算支出分为若干个专项经费，如人员经费、办公经费、建设和购置费等，实行专款专用。在传统预算模式下，政府只需对公共资源的使用负责，对预算执行过程的监控也着眼于投入方面，而对于预算投入所取得的结果，并不会得到特别关注。因此，传统预算强调的是服从而不是效益，在公共资源普遍稀缺的情况下，无法体现预算资金的使用效益。同时，这种投入导向型预算也可能导致各级政府在投入管理方面的过度集权，使部门对于预算资金的运作和管理缺乏适当的自主性与灵活性。绩效预算是一种既重视投入，更重视产出的效益预算，将政府部门获得的预算资金与其工作成果紧密联系起来，并将绩效的评价结果作为预算部门增加或削减预算的核心依据。绩效预算的安排，不再是取决于各部门伸手要多少，而是取决于各部门的绩效水平，即绩效越好的单位，就越容易获得更多的预算，从而增强了政府部门使用预算资金的责任感，改变了以往不关注资金使用效益的错误做法，促使各部门合理、有效、节约地使用财政资金，有效制止浪费，实现财政资金效益最大化。

（3）为人力资源管理提供依据

与人力资源管理决策相挂钩也是绩效结果应用的最为普遍的方式之一。具体而言，主要体现在以下三个方面：首先，作为晋升的依据。政府绩效作为衡量政府领导干部绩效的重要组成部分，能够有效体现出领导干部的执政能力和管理水平，因此政府绩效往往作为衡量领导干部能力的重要标准，被用于领导干部选拔与晋升的评价体系中。其次，作为奖惩的依据。根据政府绩效评价结果，可以判断相关责任主体的功过得失，并以此作为实施奖惩的主要依据。对于绩效优秀的部门和个人，应予以一定的表彰和奖励，从而形成积极的激励作用和榜样示范效应；而对于绩效不佳者，则应采取相应的惩罚措施，达到奖优罚劣、激励进步的目的。最后，作为培训与开发的依据。绩效评价结果还能够使政府组织认识到自身工作中的不足之处，并据此采取有针对性的培训开发措施，通过对这些缺点和不足予以弥补，从而实现绩效改进。

3. 实现政务公开

在当今以经济的市场化、政治的民主法治化、文化的多元化为时代标签以及整个世界日益信息化与全球化的现代社会里，政府信息公开已成为信息化时代和互联网时代民主与法治建设的重要内容。建构并不断完善政府信息公开法律制度及相关配套制度是法治国家的重要标志。政务信息公开有利于增强公众对政府管理的认知与信任，有利于科学决策、民主决策，有效促进政府部门提高行政效率，巩固权力合法性基础。

政府绩效评价结果作为政府信息公开的重要组成部分，也受到了日益广泛的关注。通过将组织绩效结果传递给主管单位、相关部门以及利益相关者群体，不仅有利于政府工作的公开化、透明化，实现社会对政府工作的有效监督，而且可以使各方能够针对政府绩效中的缺陷和不足提出宝贵意见，有利于政府绩效的改进以及服务水平的提高。此外，为了使政府绩效评价结果的公开切实成为推动政府改进效能和加强公众监督政府的有效方式，除了要将绩效信息公之于众外，还应该通过加强对绩效信息的监管、开辟绩效信息反馈渠道等方式，增进绩效评价结果公开的实际效果。

四、政府绩效管理的四个重要目的

各级政府组织和部门内的一切绩效管理活动都是围绕政府绩效管理的目的展开的，偏离了目的，政府绩效管理就失去了存在的价值和意义。归纳起来，政府绩效管理的目的主要有以下四个方面。

（一）战略目的

政府绩效管理与政府的战略密切相关。政府战略的实现离不开政府绩效管理系统，而政府绩效管理系统也必须与政府的战略目标密切联系才具有实际意义。政府绩效管理系统能够将公务员的具体工作与政府的战略部署结合起来，通过采用先进的管理工具，把各级政府组织整体、政府部门和公务员个人绩效紧密地联系在一起，在公务员个人绩效提高的同时促进政府组织整体绩效的提升，从而确保政府战略规划的实现。因此，在运用政府绩效管理系统实现战略目标时，应首先明晰政府的战略规划和部署，通过战略目标的承接与分解，将政府的战略目标逐层落实到各级政府部门和公务员个人，并在此基础上制定相应的绩效评价指标体系，设计相应的绩效评价和反馈系统。各级政府组织和部门的管理者可以通过绩效评价指标体系来引导下属公务员的行为，帮助公务员正确认识自己的优势与不足，使公务员个人的努力与政府整体的战略保持高度一致，促使政府战略目标顺利实现。

（二）管理目的

政府绩效管理的管理目的主要是指通过评价公务员的绩效表现并给予相应的奖惩，以激励和引导公务员个体不断提高自身的工作绩效，从而最大限度地实现政府组织和部门的战略目标。政府组织和部门的各项管理决策都离不开及时准确的绩效信息，绩效评价结果是各级政府组织和部门管理者做出培训、晋升、奖励及处罚等管理决策的重要依据。虽然这些决策都十分重要，但是不少作为绩效信息来源的政府组织和部门的管理者，却将绩效评价过程视为一个为了履行自己的工作职责而不得不做的、令人为难的工作。他们往往倾向于给所有的下属都打高分或者至少是给予他们相同的评价，以致绩效评价信息失去实际意义。因此，要真正实现政府绩效管理系统的管理目的并不是一件容易的事情。这就要求各级政府组织和部门的管理者通过绩效计划为既定目标的分解与实施确定具体可行的行动方案；同时通过对目标实施过程进行有效的监督和控制，以合理利用和配置有限的资源；更为重要的是，通过设计科学、规范的政府绩效评价系统保障绩效评价结果的公平性和有效性，从而不断地提高公务员的工作绩效和政府的整体管理水平，确保政府绩效管理目标的顺利达成。

（三）激励目的

政府绩效管理的激励目的主要是指各级组织和部门的管理者，能够通过公平、公正、科学、透明的政府绩效管理过程，为公务员群体赋能。通过榜样标杆、同行压力、绩效沟通激发公务员内在的工作动机和工作热情。充分鼓励各级公务员群体参与到绩效管理的过程中，设计科学、合理的评价内容，使评价内容、评价周期、评价方法、评价结果的应用都能充分体现公平、公开、公正、透明、科学的设计理念；同时，通过全过程的绩效辅导和绩效沟通，来及时了解绩效管理的过程中的进展与不足，及时解决和完善绩效管理中的问题与不足，提升公务员群体解决问题的能力，提升他们的获得感和成就感，促使政府绩效管理变压力为动力。

(四) 开发目的

　　政府绩效管理的开发目的主要是指各级政府组织和部门的管理者通过政府绩效管理过程来发现下属公务员存在的不足，以便对其进行有针对性的培训或轮岗锻炼，从而使下属能够更加有效地完成工作。在现实中，为了实现政府绩效管理的开发目的，当下属公务员没有达到预期的绩效目标时，上级就需要与下属面对面地讨论他们的绩效差距。通过绩效反馈环节，上级不仅要指出下属绩效不佳的方面，同时还要帮助他们找出导致这种绩效不佳的原因，如技能缺陷、动力不足或某些外在的障碍等，继而针对问题采取措施，制订相应的绩效改进计划，只有这样才能够更有效地帮助下属提高他们的知识、技能和素质，促进公务员个人的发展和政府绩效管理开发目的的实现。

　　综上，一个有效的政府绩效管理系统应该将公务员个体的工作活动与政府的整体战略联系在一起，为各级政府组织和部门的管理者做出管理决策提供有效信息，并向下属公务员提供及时、准确的绩效反馈，从而实现政府绩效管理的战略目的、管理目的、激励目的和开发目的。

第五章　国外政府绩效管理实践

随着世界各国政府改革的不断深入，政府绩效管理已成为当代公共管理领域的热门话题。目前，很多发达国家都引进和应用了企业先进的绩效管理技术与工具，建立了富有特色的政府绩效管理制度，积累了许多政府绩效管理实践和探索的成功经验及失败教训。因此，对发达国家政府绩效管理实践进行理论探讨、动态追踪和经验总结，不仅有利于我国政府绩效管理理论层面的深化和升华，而且更有利于在实践操作中有力地推动我国政府绩效管理的发展和进步。本章将着重讲述美国、英国、韩国和新加坡等国家政府绩效管理的实践及探索情况。

一、国外政府绩效管理的发展历程

绩效管理在政府组织的广泛运用是西方发达国家行政体制改革以及公共管理理论研究不断推动的结果。纵观以效率政府、顾客至上、追求公共责任等为核心的改革实践，政府绩效评价经历了一个不断发展和进步的演变历程。依据各个时期侧重点的不同，可以将政府绩效评价的发展过程分为以下三个阶段。

（一）第一阶段——萌芽和探索阶段（20世纪初至20世纪70年代）

政府绩效评价萌芽于20世纪初美国纽约市政研究院的绩效评价实践，距今已有一百多年的历史。19世纪末的美国由于政府腐化无能的事件陆续被媒体曝光，公众对政府信任度逐渐下降，同时要求通过财政预算控制地方政府绩效的呼声也日益高涨。1906年，布鲁尔（Bruere）等发起成立了纽约市政研究院（The New York Bureau of Municipal Research），并于1907年率先开始了对纽约市政府的绩效评价实践，开创了公共部门绩效评价的先河。受科学管理及传统公共行政模式的影响，效率成为这一时期政府绩效评价的核心价值取向。进入20世纪30年代，赫伯特·A. 西蒙（Herbert A. Simon）与其导师克拉伦斯·E. 里德利（Clarence E. Ridley）进行了关于市政绩效评价的深入研究，并撰写了《市政工作衡量：行政管理评估标准的调查》一书，提出了评估的需求、结果、成本、努力、业绩五个方面的内容，为政府绩效评价注入了新的活力。但是，萌芽时期的政府绩效评价发展比较缓慢，其价值在于在传统行政模式的背景下提出了一种评价政府的理念，出现了一些专门研究政府绩效的组织和学术团体，为后来政府绩效评价的发展奠定了坚实有力的基础。美国行政学家吉特·波科特（Geert Bouckaert）在《公共生产力的历史演变》中将1900~1940年这一时期称为"效率政府"时期。

20世纪40~70年代，"效率至上"的价值观念得到进一步的延续和强化，理论界与政府部门对绩效评价与绩效预算的关注进一步提升。在此期间，美国联邦政府进行了几次大规模的行政改革，包括1947~1955年两届胡佛委员会提出的绩效预算、成本和财政管理改革方案以及约翰逊总统时期的计划—执行—预算制度等。这几次改革的共同特点是"政府的行政机构，特别是预算署，开始制定工作绩效评价办法和工作绩效标准"[①]，期望通过预算手段控制政府支出，以最小的财政支出实现预期的行政目标。因此，这一阶段也通常被称为"预算时期"。20世纪60年代英国也开始对土地局、税务局和就业部等公共部门发布各部门的生产率指数并制定各种绩效指标实施生产率测定与衡量。

在萌芽和探索阶段，政府绩效评价主要有以下特点：首先，这一阶段政府绩效评价主要是通过预算手段把政府的目标、计划和活动与预算结合起来，以控制预算支出的方式达到提高政府效率的目的。其次，该阶段政府绩效预算关注的焦点是投入/产出、行政过程、经济和效率，而不是政府活动

---

① [美] 尼古拉斯·亨利. 公共行政与公共事务 [M]. 北京：中国人民大学出版社，2002：209.

的效益和结果。过于强调实现经济意义上的高效率，而忽视了预期的绩效目标与行政产出的质量和公民满意度等结果。再次，政府绩效预算改革是对政府绩效评价的初步摸索和尝试，其范围主要局限于联邦政府这一层次，几乎没有涉及州政府和地方政府。随着改革的不断深入，政府绩效评价开始进入以追求效益和结果为侧重点的第二阶段。

（二）第二阶段——全面发展阶段（20世纪70年代至20世纪80年代末）

尽管经历的时间不长，但该时期却是政府绩效管理最具里程碑意义的发展阶段。进入20世纪70年代，企业管理的先进经验和经济学市场竞争机制的理念引入政府部门，西方各国掀起了强调顾客导向和结果导向的"新公共管理"改革热潮，政府绩效评价史无前例地成为西方各国政府改革的核心内容并发挥了不可替代的重要作用。政府绩效评价的价值取向也由单纯追求效率发展为对经济、效率、效果和公平（economic, efficiency, effectiveness, equity, 4E）的追求，从过分关注过程和规则转为对行政结果及输出的关注。

1973年，美国尼克松政府出台了"联邦政府生产率测定方案"，试图将政府绩效评价系统化、规范化和制度化。在这个方案的指导下，相关部门制定了3000多个绩效评价指标，由劳工统计局负责绩效信息的收集和统计工作。同时，各联邦行政机构也积极增设项目评价部门，注重对政府绩效结果的评价。但到了70年代末、80年代初，美国的政府绩效评价由于经济滞胀等各种原因发展缓慢、陷入停滞。而这一时期的英国由于保守党上台执政而进行了大规模较为彻底的公共部门私有化改革。1979年，撒切尔夫人执政后大力主张运用企业的管理技术和方法对传统行政体制进行革命性的改革，开始了英国的"新公共管理运动"，其强调私有化、分权化、竞争机制和服务质量的改革理念使英国成为现代行政体制改革的先驱。在"效率战略"的指导下，撒切尔政府相继推行了"雷纳评审"（Rayner Scrutiny）、"部长管理信息系统"（Management Information System for Minister）、"财务管理新方案"（Financial Management Initiative, FMI），以及在英国公共服务改革中具有重要转折意义的"下一步行动"（The Next Steps）方案，这些措施构成了英国整个 20 世纪 80 年代改革的总体框架，同时也极大地推动了绩效评价在政府部门的广泛应用。此外，澳大利亚、加拿大、荷兰等国也效仿英美实践开始大力推行改革进程。例如，新西兰于 1984 年工党政府执政后，也开始推行以解决财政危机为目的的跨部门的政府体制改革以及国有企业改革。我国也在这一时期出现了政府绩效评价的初期尝试，目标责任制、效能监察等评价方式都是这一时期实践探索的成果。

纵观这一阶段的改革实践，可发现如下主要特点：第一，政府绩效评价内容系统化、全面化。政府绩效评价的价值取向由单纯侧重对经济和效率的追求转为对经济、效率、效果和公平的综合考察。第二，政府绩效评价主体开始多元化。随着公民社会的兴起和公民参政议政意识的加强，政府组织也在不断地探索公民参政议政的有效方式。政府组织通过将企业绩效评价的成功经验运用到政府组织的管理实践当中，积极引进公民、利益相关者及社会机构等外部评价主体，以实现政府组织与外部环境的良性互动和公民满意度的提升。

（三）第三阶段——持续深化阶段（20 世纪 90 年代至今）

进入 20 世纪 90 年代，政府绩效评价在西方各国达到鼎盛。随着各国社会经济的不断发展、公民民主意识的日益增强以及政府改革的逐步深化，政府绩效评价不仅关注经济、效率、效果及公平，而且开始进入法制化、规范化轨道，不断探索科学有效的政府绩效评价体系。总体而言，这一时期的政府绩效评价呈现出以下几个新的趋势。

第一，政府绩效评价的理念、方法和技术不仅在发达国家之间盛行，而且已经成为一种世界性潮流。除了英美等国家以外，加拿大、新西兰、丹麦、荷兰、芬兰、挪威等西方主要国家以及日本、韩国、新加坡等亚洲国家都开始在政府管理中广泛运用政府绩效评价的方法和技术。而我国各级政府组织和部门也在学习与借鉴国外政府绩效评价成功经验的基础上，大力探索和开展了符合我国国情的政府绩效管理实践，为我国政府绩效管理的发展起到了重要的推动作用。

第二，政府绩效评价逐步走向制度化、规范化和法制化。各国相继颁布了政府绩效评价的法律法规，通过立法途径有效约束与保障政府绩效评价的顺利实施。英国1983年即颁布了《国家审计法》，首次从法律的角度规范了政府绩效审计。1997年英国颁布了《地方政府法》，规定地方政府必须实行最佳绩效评价制度，各部门每年都要进行绩效评价工作并需要配备专门的机构、人员和遵循固定的程序。美国于1993年的第103届国会通过了《政府绩效与结果法案》(The Government Performance and Results Act，GPRA)，这是美国历史上首部关于政府绩效改革的立法，是美国政府绩效管理发展史上的里程碑。2002年，小布什政府颁布了《总统管理议程》，力图建立一个治理型的政府。2009年，奥巴马政府新设立了"首席绩效官"(Chief Performance Officer，CPO)这一职务，以减少政府浪费，促进政府绩效提升，确保政府以更有效的方式运行。1999年日本内阁会议以《中央省厅等改革关联法案》的相关措施为内容，制定了《关于推进中央省厅等改革的基本方针》，将总务省的行政监察局改为行政评价局，并赋予行政评价局包括政策评价职能在内的行政评价和监察职权；2002年日本内阁会议又出台了在整个政府范围内实施的《政府政策评价法》。除了从立法层面加以规范以外，很多国家还制订了相应的计划、框架及指南等确保政府绩效评价及管理活动的有效开展，如英国政府相继发表的《公民宪章》、《政府现代化》白皮书、《绩效审计指南》，澳大利亚的《财务管理改进计划》《项目管理及预算》，荷兰的《市政管理法》以及新西兰的《国家部门法》等相关法律都有力地支撑了各国政府绩效评价的顺利实施。同时，各国也成立了专门的执行机构保证政府绩效评价的组织与实施，如美国的国家绩效评审委员会（NPR）及管理与预算办公室、英国的执行局、荷兰的特别行政管理局、丹麦的契约局等都是政府绩效评价的主要组织和管理机构。

第三，政府绩效评价技术日趋成熟，不断探索构建科学的政府绩效评价体系。随着目标管理、标杆管理、平衡计分卡等绩效管理工具在企业组织中的应用日益成熟，这些工具也逐渐被引入政府组织中。1996年美国夏洛特市首开政府组织平衡计分卡应用的先河，通过运用平衡计分卡来加强政府的绩效管理，确保政府战略得以有效执行。2007年全球公共管理学权威戴维·罗森布罗姆（David Rosenbloom）教授在行政学科的权威期刊《公共行政评论》上发表了《在行政规范再造的框架中民主宪政影响宣言及平衡计分卡（BSC）的重要》一文，介绍了平衡计分卡在公共管理领域的应用，并指出平衡计分卡不仅可以作为微观的战略管理和绩效管理工具，还可以与宏观的治国要旨相结合，促进政府的全面发展。我国山东省青岛市和黑龙江省海林市等已在党政机关的绩效评价中运用了平衡计分卡，探索了一条平衡计分卡中国化的高绩效政府之路。2000年由欧盟成员国专家组成的公共服务创新小组在欧洲质量管理委员会"卓越模型"的基础上推出了通用评价框架（common assessment framework，CAF），包括领导力、战略与规划、人力资源管理、伙伴关系与资源、流程与变革管理等五项促进要素，以及员工结果、顾客（公民）结果、社会结果、关键绩效结果等四项结果要素，旨在通过组织的自我评价和诊断，不断提高公共部门自身的管理水平和管理质量。该框架得到了欧盟各成员国以及候选国的普遍认可。

二、美国政府绩效管理

作为世界上最先探索政府绩效管理的国家政府之一，美国联邦政府及各级地方政府经过逐步的实践和立法，形成了一套较为完善的政府绩效管理体系。这不仅使美国的社会秩序得以良好维护，也使政府的服务效率得到了快速提升，与此同时还增强了政府的号召力与凝聚力。因此，美国政府绩效管理制度的形成和实施对于我国政府绩效管理具有十分重要的借鉴意义。作为联邦制国家，美国政府分为联邦、州、地方三个层次，本节将对联邦政府及其公务员绩效管理、地方政府及其公务员绩效管理和美国政府项目管理等进行详细的介绍。

（一）联邦政府及其公务员绩效管理

1. 联邦政府绩效管理法规——《政府绩效与结果法案》

1993年7月，美国国会通过了著名的《政府绩效与结果法案》，它全面规定了实施政府绩效评价的目的、内容及实施进程，使得美国联邦政府绩效管理有法可依。根据其规定，美国政府绩效管理的过程由各部门编制战略规划、年度绩效计划；根据执行情况编制年度项目绩效报告；由管理与预算办公室、审计总署对各部门提交的年度规划和年度项目绩效报告进行评价这几个环节构成。

（1）政府绩效管理主管部门

根据1993年《政府绩效与结果法案》的规定，美国联邦政府绩效管理由以下部门负责。

①审计总署。审计总署受国会的委托，代表国会对政府各部门进行年度绩效评价，对部门、计划、项目、专项工作的绩效进行专题评价，还可授权政府部门内设的绩效评价机构对该部门的绩效或计划、项目进行评价。根据2004年美国审计总署人力资源改革法案修正案，自2004年7月7日起，美国审计总署正式更名为政府问责办公室（Government Accountability Office, GAO）。更名后的政府问责办公室不仅仅局限于审计工作，而且需要在更大范围内对政府绩效进行评价，并向国会和公众公布评价结果。

②管理与预算办公室。管理与预算办公室主要协助总统工作，监督各部门提交年度预算和年度绩效报告，并要求各部门将部门预算和绩效报告提交总统，再由总统签署后提交国会，供国会审议、批准。

③政府部门。美国各主要政府部门都设立了计划与评价办公室，负责部门的战略计划、年度计划和绩效评价事宜。其主要职责是：提交年度绩效计划和年度绩效报告，作为部门预算和申请拨款的基本文件；收集、整理绩效结果信息，提出制定或修订政策的建议；受国会审计总署的委托，评价本部门的计划项目；等等。

（2）战略规划

《政府绩效与结果法案》对战略规划的内容要求十分具体，要求部门负责人将五年内的战略规划提交给管理与预算办公室主任和国会，并每三年更新和修订一次。联邦各部门的战略规划主要由以下内容组成：

①一个涵盖了机构主要职能和运作方式的全面任务描述。

②关于机构主要职能和运作方式的总体目标，包括与产出相关的目标。

③一个关于目标如何达成的描述，包括为达到目标所需的运作程序、技能和技术、人才、资本、信息和其他资源的描述。

④关于后面所要求的绩效计划的绩效目标如何与战略规划中的目标挂钩的说明。

⑤指出能对总目标实现产生重大影响的部门外部的或无法控制的关键因素。

⑥说明为制定和修改总目标而进行的项目评价及未来项目评价的时间表。

（3）年度绩效计划

年度绩效计划是《政府绩效与结果法案》的核心组成部分，一般在年初提交给总统和国会。与战略规划相比，年度绩效计划内容更为详尽，主要由管理与预算办公室主任监督实施。其内容主要有：

①设定绩效目标并确定完成项目行动所要达到的绩效水平。

②将这些目标用客观的、量化的、可衡量的方式来表达，若得到授权可使用其他替代方式表达。

③简要说明为达到绩效目标所需的运作程序、技能和技术、人才、资本、信息和其他资源。

④制定在衡量或评价各项目的产出、服务水平和成果时所使用的绩效指标。

⑤提出一个可以与所制定的绩效目标进行比较的标准。

⑥说明用于检验和验证衡量绩效价值的手段。

（4）年度绩效报告

《政府绩效与结果法案》要求每一个机构在一个财政年度后向总统和国会提交一份前一财政年度的绩效报告。每一个绩效报告应该陈述已经在该机构绩效计划中确立的绩效指标，报告特定工作项目的完成情况，并将绩效目标的实际完成情况与计划中的绩效目标相比较，并分析、评价、解释绩效目标未能实现的原因等。具体而言，主要涵盖了以下内容：

①陈述绩效计划中确立的绩效指标，同时要将实际达成的绩效目标完成情况与绩效计划中表达的绩效目标相比较。

②如果绩效目标是用替代的形式加以说明，则这一计划的结果应依据这种特殊要求加以描述，包括绩效是否满足最低限度要求，以及有效的或成功的计划标准。

③评价财政年度绩效目标的实现程度，根据达标的绩效来评价本财政年度的绩效计划、解释和描述绩效目标未能实现的原因，并根据这种绩效评

价，确定本财政年度的绩效计划。

《政府绩效与结果法案》对战略规划、年度绩效计划、年度绩效报告的制定与提交等内容做出了明确规定，具体如表5-1所示。

表5-1 战略规划、年度绩效计划、年度绩效报告的制定和提交规定

文件	提交时间	上交机构	主要内容或其他规定
战略规划	1997年9月30日之前	管理与预算办公室、国会	• 战略规划应不少于5年，并至少每3年更新与修订一次； • 制定战略规划时，各机构应向国会咨询，并应考虑该计划的潜在影响或具有相关利益的团体的意见建议
年度绩效计划	从1999年度开始，应在本机构现行战略规划所包含的年度内提交	管理与预算办公室	• 建立绩效目标，并应达到客观、可量化、可衡量的标准； • 建立绩效指标，用于衡量和评价计划相关的产出、服务水平和结果 • 确定测量方法
年度绩效报告	从2000年3月31日开始，每年的3月31日之前提交上年度的绩效报告	总统和国会	• 回顾上一（几）个财政年度的实现绩效目标的完成情况，并以报告的形式呈现：2000年度的报告应包括前一年度的结果；2001年度的报告应包括前两个年度的结果；2002年度及其以后的报告应包括前三个年度的结果； • 若没有达到目标的要求，解释、说明原因以及提出行动建议

（5）各部门权力与职责

《政府绩效与结果法案》明确了法案与国会、审计总署以及人事管理总署的关系以及它们各自的职责，具体内容如下：

①国会。该法案授予国会高度的权力，包括可以建立、修正、延迟和废除绩效目标。

②审计总署。审计总署的负责人需要向国会报告法案的执行情况。

③人事管理总署。它要求人事管理总署制订一个战略计划和针对绩效评价的培训项目，并由人事管理总署负责对实施该法的管理人员进行培训，从而有助于管理人员有效地实施战略计划和开展项目绩效评价。

2. 公务员绩效管理法规——《1978年公务员制度改革法》

《1978年公务员制度改革法》是美国国会通过的专门用于管理公务员事

务的法律。如何对联邦政府公务员进行绩效管理在其中有十分详尽的规定。

（1）主管机关

美国国会早在1883年就颁布了专管公务员事务的《彭德尔顿法》（*Pendleton Act*），并依法成立了美国公务员委员会（U. S. Civil Service Commission），负责管理公务员的考试录用以及评价晋升等事务。公务员委员会直接向总统负责，其建议须经总统批准后才能下达各行政部门执行。1978年，美国国会又颁布了《1978年公务员制度改革法》。该法案撤销了公务员委员会，并将其职能划分给三个主要部门来执行：美国人事管理总署、考绩制度保护委员会（The Merit Systems Protection Board, MSPB）和平等就业机会委员会（The Equal Employment Opportunity Commission, EEOC）。其中，人事管理总署主要为各行政部门提供管理指导并颁布相关规定来对联邦政府公务员进行管理。

（2）公务员绩效管理体系的建立

《1978年公务员制度改革法》规定，每个部门都应该开发一个或多个公务员绩效管理体系，以用来对公务员绩效进行阶段性评价，绩效评价结果将作为公务员培训、晋升、降级和薪酬调整等决策的依据。公务员绩效管理体系主要可以归纳为以下几部分内容。

①绩效计划。各部门应该在公务员的参与下制订一个基于工作任务和职责的书面绩效计划，并保证绩效计划能够覆盖到本部门的每一个公务员。通常需要在绩效计划制订后30天内，向公务员提供绩效计划的内容。每个绩效计划都应该至少需要包括一个关键绩效因素和非关键绩效因素，同时，每个绩效计划可以包含一个或多个附加绩效因素。尽管它们不能用于得到和分配评价等级，但可用来有效地支持绩效目标的顺利实现。绩效因素和评价标准可以按照下列标准来确定：对于关键绩效因素，至少应该用2个评价等级，其中一个是"全部达标"或类似的等级，另外一个是"不合格"，绩效评价标准应该建立在"全部达标"这一等级；对于非关键绩效因素，至少应该用2个评价等级，绩效评价标准则应相应选择一个合适的等级。

②绩效监控。在对公务员绩效进行监控的过程中，当公务员的绩效水平处于"边缘绩效"，即当公务员绩效被评价为处于"全部达标"或类似等级之下、"不合格"等级之上时，管理者需要对该公务员提供实现其绩效目标

所需的帮助。同时，当公务员的绩效水平在一个或多个关键绩效因素上被认定为不合格时，管理者则有义务帮助公务员针对不合格的绩效采取进一步行动，以确保公务员的绩效水平得到改进。

③绩效评价。在对公务员绩效进行评价等级的判定和分配时，只有一个或多个关键绩效因素被评价为"不可接受"，才可将其列入第一等级（不可接受）；而对非关键绩效因素的考察不能将其作为列入第一等级（不可接受）的标准。"不可接受"的评价结果需要经过上级的审查和批准。除非公务员在60天的申诉期内提出申诉或者确定是在评价记录中出现的记录或计算错误，否则评价周期过后或下一绩效评价结果公布后，之前的绩效评价结果不能再进行更改。评价等级需要按照第一等级到第五等级进行顺序分类，第一等级最低，第五等级最高；第一等级是"不可接受"，第三等级是"全部达标"或类似的描述，第五等级是"杰出"或类似的描述。图 5－1 是绩效评价的一种可用的模板。

绩效因素	评价等级				
	1	2	3	4	5
A	√	……	……	……	……
B	……	……	……	√	……
C	……	……	……	……	√
D	……	√	……	……	……
E	……	……	√	……	……
F	……	……	……	……	√
G	……	……	……	√	……
H	……	……	√	……	……

图 5－1　绩效评价的一种可用模板

④绩效反馈。绩效评价周期结束后，绩效评价主体需要尽快将书面（或其他记录方式）的绩效评价结果反馈给每位公务员。根据《1978 年公务员制度改革法》规定，部门有权对绩效不合格的公务员做出降级或者解雇的决定，但这个书面的决定只能基于公务员不合格绩效的事例做出，并且需要得到提出者上级的同意。被降级或者解雇的公务员有权提前 30 天得到关于该决定的书面通知，内容需要包括该公务员绩效不合格的关键绩效因素及具体事例。同时，公务员有权聘请律师或者其他代理人为自己进行绩效申诉。但

如果该公务员在这 30 天的通知期内绩效水平明显改善，最终并未被降级或解雇，且绩效水平持续一年都合格，那么这个降级或者解雇的决定则可以从所有的部门记录中删除。

3. 高级公务员的绩效管理

在联邦政府中，大概有 7000 多名高级行政官，这些高级管理者管理着大型的工程或者部门，属于高级公务员（the senior executive service，SES）的序列。虽然所有公务员绩效管理的主管部门都是人事管理总署，但对于高级公务员的绩效管理办法却稍有不同。高级公务员的绩效评价应该基于高级公务员个人和其所在组织的绩效水平决定，并需要综合考虑效率、生产率、服务质量、成本效益和及时性等因素。通常，高级公务员绩效计划的制订采用签订高级公务员绩效协议书的方式。高级公务员的绩效协议与其部门的目标相联系，并需要反映其直线管理者的绩效协议，以确保组织的战略目标能够沿着管理层级得以层层分解和支撑。在高级公务员绩效协议中会包括组织承诺和胜任力要求，组织承诺与部门的内部运作相联系，反映了一个部门的战略性或者操作性目标；胜任力通常指胜任某一职位所必需的能力要求，如管理能力、冲突解决能力、组织协调能力等。因此，高级公务员的绩效协议作为连接联邦政府组织和个人绩效管理的桥梁与纽带，可以有效地连接由政府组织战略目标、联邦预算、高级公务员绩效协议和公务员个体绩效协议构成的层级绩效协议体系（见图 5-2）。

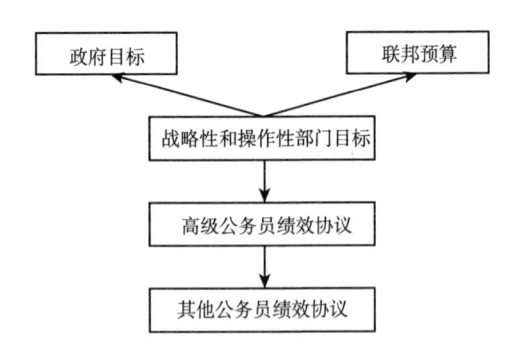

图 5-2 层级绩效协议

资料来源：Anne Ketelaar, etc. Performance - based Arrangements for Senior Civil Servants OECD and other Country Experiences. OECD Working Papers on Public Governance, OECD Publishing, 2007.

同时，对高级公务员的绩效评价结果需要经过绩效审查委员会至少一年一次的审查。对于绩效水平"全部达标"的高级公务员可以获得绩效加薪；而绩效水平被评为"不满意"的高级公务员则需要被重新定岗或被辞退。

（二）地方政府与地方公务员绩效管理

美国是联邦制国家，中央政府允许各州有自己的法律，因此各州政府对于本州的绩效管理以及公务员的绩效管理都有着各自不同的法律规定，本节仅选择其中的弗吉尼亚州政府和公务员绩效管理情况予以详细介绍。

1. 弗吉尼亚州政府绩效管理

弗吉尼亚州的绩效管理一直在美国各州中处于领先地位。弗吉尼亚州政府部门开发并实施了战略性和服务地区计划来支持它们长期目标的实现与达成。各部门主要通过四种方式来评价它们的绩效：

①关键衡量，与各部门的核心任务相关。

②产出衡量，与核心业务职能的开支相关。

③管理衡量，与关键的管理和服务类别相关。

④其他衡量，与绩效和服务地区职能相关。

其中，管理衡量按照州政府部门在五个关键领域的管理有效性来进行：人力资源管理、财务管理、政府采购、信息技术和应急准备。针对每一个领域的绩效，每一个部门都采用色彩编码的方式进行评级：绿色表示达到期望；黄色表示正在向着期望进步；红色表示未能达到期望；灰色表示数据不全（见表5-2）。部门负责人根据衡量标准来对自己部门的绩效进行评价。然后国会、联邦政府部门以及州长每年对这些评价进行审查。所有关于政府各部门绩效管理的资料都会在州政府的网站上予以公示。

表5-2　　　　弗吉尼亚州政府部门绩效评价示例（节选）

部门名称	秘书处	应急准备	财务管理	政府采购	人力资源管理	信息技术
州律师服务委员会	公共安全	绿	绿	绿	绿	绿
薪酬委员会	行政	绿	绿	绿	绿	黄
盲人和弱视权益处	健康与人力资源	黄	绿	黄	绿	黄

续表

部门名称	秘书处	应急准备	财务管理	政府采购	人力资源管理	信息技术
会计处	财务	黄	绿	绿	绿	绿
商务支持处	商业和贸易	红	黄	绿	绿	绿
刑事公平服务处	公共安全	绿	绿	绿	绿	绿
教育处	教育	绿	绿	绿	绿	黄
消防处	公共安全	红	绿	绿	绿	黄
住房和社区发展处	商业和贸易	绿	绿	绿	黄	黄
退伍军人服务处	公共安全	黄	黄	绿	黄	红
高等教育委员会	教育	灰	绿	黄	绿	黄
军事事务处	公共安全	绿	绿	黄	绿	灰

对于每一个部门，都有基于每个管理领域的更为细化和具体的绩效评价。以教育处为例，五个管理领域都有进一步分解的目标和衡量指标（见表5-3）。

表5-3　　　　　教育处绩效评价示例

领域	目标	衡量指标	评价				备注
			绿	黄	红	灰	
应急准备	应急准备	采取推荐的有准备行动的百分比	75%~100% ✓	50%~74%	0~49%	无数据	
财务管理	协会高级审计	调查发现和实质性漏洞的再发生次数	0 ✓	1次再发生	2次以上再发生或1个实质性漏洞	无数据	
	预算计划	支出在预算计划内的百分比	0~100% ✓	不适用	>100%	无数据	
	内部控制	遵循部门应急管理和内部控制标准的百分比	100% ✓	不适用	0~99%	无数据	
	及时付款	遵循及时付款法案的百分比	95%~100% 上一季度 ✓	0~94% 上一季度	0~94% 上两个季度	无数据	

续表

领域	目标	衡量指标	评价				备注
			绿	黄	红	灰	
政府采购	经济增加值（EVA）的应用	通过EVA完成的采购交易的百分比	95%~100%	75%~94%	0~74%	无数据 √	
	SWAM（Small, Women and Minority）厂商参与	小型机构、妇女机构、少数民族机构目标达成百分比	95%~100% √	90%~94%	0~89%	无数据	
人力资源管理	公平和公正	平等就业机会评价报告排名百分比	100% √	97%~99%	0~96%	无数据	
	人才获得	就业机会接受百分比	85%~100%	75%~84% √	0~74%	无数据	
	人才管理	跳槽百分比	0~14% √	15%~24%	25%~100%	无数据	
	电子办公	能够电子办公的公务员百分比	20%~100% √	5%~19%	0~4%	无数据	
信息技术	可达性	达到信息技术可达性标准的百分比	90%~100%	70%~89%	0~69% √	无数据	
	信息安全	达到信息安全标准的百分比	98%~100%	95%~97% √	0~94%	无数据	

2. 弗吉尼亚州公务员绩效管理

弗吉尼亚州政府制定了一个人力资源管理的《政策和程序手册》（*Policies and Procedures Manual*）来对公务员进行绩效管理。

（1）主管部门和负责人

弗吉尼亚州公务员绩效管理的主管部门是州政府人力资源管理部。在具体的绩效管理过程中，公务员绩效审查人承担着对公务员绩效进行审核和处理绩效申诉等工作的重要角色。公务员绩效审查人一般由公务员直接管理者的上级或者其他指定人选来担任，绩效审查人不仅需要审核绩效计划，还需要承担审核工作描述、绩效计划、绩效评价结果及对绩效评价申诉给予回应等工作。绩效审查人必须在绩效计划和绩效评价交给公务员之前对这些文件进行审查。如果绩效审查人对评价有异议，则需要同公务员的上级进行讨论。

（2）绩效计划

绩效计划是识别公务员核心职责、明确绩效评价目标和标准的关键环节。公务员上级需要及时与公务员对其绩效计划进行探讨，一般在绩效周期的前30天内开展讨论。通常，公务员上级需要根据下属公务员的工作概要表格①来开发公务员的绩效计划，并经过部门主管签名后提交审核人批准。审核人在检查批准后，绩效计划还需要交给公务员签名。若在绩效周期内绩效计划因公务员有特别任务或者原任务有调整而更改，则必须交由审查人批准。

（3）绩效评价

在公务员绩效评价环节，公务员的直接上级在遵循明确具体、可衡量、可达到和相关性的原则下，从复杂性、责任和结果等方面对公务员绩效结果进行考察与评价。上级对公务员的绩效评价须每年一次，通常开始于每年的10月25日。绩效评价应该尽可能地反映公务员在其整个评价周期内的绩效表现。若上级在评价周期内调整了公务员的绩效计划，那么对其绩效的评价应按照绩效周期各时段内有效的绩效计划来进行。通常，评价等级根据公务员的绩效表现可以分为三个等级，从低到高依次如下：

①低贡献者等级（below contributor rating）。指工作过程或者结果没能达到绩效标准。若是公务员被评为这个绩效等级，则会在绩效评价期内收到至少一份"需要改进"通知以及标准绩效表格。"需要改进"通知和标准绩效表格需要由公务员的直接上级填写。

②贡献者等级（contributor rating）。工作过程和结果满足工作职能的要求并完全达到绩效标准。

③杰出贡献者等级（extraordinary contributor rating）。工作过程和结果在评价周期内堪称表率；绩效水平稳定并明显高于绩效标准；若公务员被评为

---

① 该表格用来完成年度绩效评价，其内容包括简明工作描述、绩效计划、核心职责、绩效衡量以及公务员发展目标。

这个绩效等级，则会收到至少一份杰出贡献认可表格。杰出贡献认可表格同样需要由公务员的直接上级来完成。

若公务员在核心职责、特别任务、部门或者团队目标等方面表现欠佳，则可能会在绩效周期内收到经过审查人批准的"需要改进"通知和标准绩效表格。"需要改进"通知和标准绩效表格中必须包括一个由公务员及其上级共同制订的30~180天的改进计划。若公务员与上级不能就该计划达成共识，则由上级直接制订。

（4）绩效信息收集

公务员上级需要持续观察公务员的绩效表现和识别所有可用于绩效评价的潜在信息。除了直接上级的观察，绩效评价信息还可来自公务员本人、同事、服务对象、下级以及其他部门主管等。公务员个人的自我评价是绩效信息的重要组成部分，每个公务员都必须有机会向上级提供一个关于其工作绩效的自我评价。这个自我评价需要在评价会议之前两周提交，上级在对公务员进行绩效评价时，必须认真审查和谨慎考虑公务员的自我评价。

（5）绩效反馈

公务员上级需要对公务员的绩效进行记录归档，并在绩效周期内向公务员提供定期的反馈，反馈可以是正式的也可以是非正式的。鼓励非正式反馈的使用，但是必须有正式的反馈。正式反馈应该被记录归档，并为公务员提供记录的备份拷贝。除了上级对下级的反馈，各部门还必须有下级对上级的反馈。在下级提供反馈的时候，必须建立相应的保护措施来促进下级的匿名反馈。

（6）绩效评价结果的应用

绩效评价结果的应用主要体现在绩效加薪和降级上。绩效加薪是基于年度绩效评价结果和人力资源管理部门的规定对绩效优秀的公务员增加薪酬，其生效期是每年的11月25日。处于贡献者等级的公务员会获得至少本州平均加薪额80%的加薪，但不能超过平均加薪额。处于杰出贡献者等级的公务员会获得不多于本州平均加薪额250%的加薪。处于同一等级的公务员获得的加薪百分比应该是一样的。已经处在薪酬区间顶端或者接近顶端的公务员仍可根据总体评价拿到绩效加薪。加薪适用于基本薪酬，但是超过薪酬区间最大值的部分只能作为一次性奖励，不会增加基本薪酬。同时，各部门可自行规定请假是否对加薪造成影响。

若一个公务员的整体绩效评价处于低贡献者等级,并且在为期 3 个月的绩效再评价中绩效依然没有得到改善,应对其采取降级的行动。同时,因为低绩效而降级的公务员,其薪酬至少要降低 5%。通常,降级主要体现为保持原职务但减少职责和薪酬、降低级别但薪酬不变或调任到同一个级别但薪酬较少的职位这三种方式。

(7) 绩效申诉

若公务员对于自己的绩效评价结果有异议并且不能与上级协商解决,可以向审查人提出申诉,要求重新评价。但是申诉者必须在第一次绩效会议后 10 个工作日内向审查人提出书面申请。审查人需要同公务员及其上级共同讨论申诉申请,然后在 5 个工作日内向公务员提供一个书面回执。

(8) 绩效再评价

被评为低贡献者等级的公务员必须接受 3 个月的绩效再评价期,其上级会在绩效会议后 10 个工作日内为其制订一个绩效再评价计划,详细阐述在接下来的 3 个月中对于该公务员采取的措施,并提交审查人签名批准。即使公务员对之前的绩效评价结果提出申诉,也需要制订再评价计划。公务员上级必须与公务员就如何达到再评价计划中规定的最低绩效标准进行讨论,但是如果公务员在再评价期内调换了职位,则再评价过程结束。

三、英国政府绩效管理

英国是政府绩效评价应用最持久、最广泛,也是技术上比较成熟的国家,很多国家都不同程度地借鉴了英国政府绩效的评价与管理模式。因此,了解英国政府绩效管理的主要做法,无论是对于政府绩效管理实践指导,还是对于政府绩效管理理论研究,都有着积极的意义。

(一) 中央政府绩效管理

1. 中央政府绩效管理的主管部门

英国中央政府绩效管理的主管部门分别是英国的财政部、国家审计局和内阁。首先，英国财政部与各部门协商后，经过议会的批准，在全面支出审查（comprehensive spending review）中为各中央部门制定下三个年度的公共服务协议（public service agreement，PSA）、服务改进协议（service transformation agreement，STA）、部门战略性目标（departmental strategic objectives，DSO）以及资金价值目标（value for money，VFM），并提供相应的预算资源。例如，2007年的全面支出审查就确定了英国政府2008~2011年的发展计划。其次，英国各中央政府部门需要在秋季、春季提交秋季报告和年度绩效报告，由国家审计局对报告中数据的有效性和资金价值目标的完成情况进行监督与审核。最后，内阁负责开展的能力评价项目是对中央政府绩效管理的重要组成部分。在这个过程中，议会发挥了重要的外部监督作用，政府需要每两年向议会报告政府绩效结果。总之，对公共服务协议、服务改进协议、部门战略性目标以及资金价值目标的完成情况进行评价属于政府绩效管理的业绩评价，而由内阁独立展开的能力评价项目（capability review）则是对中央各部门能力的评价和管理。

2. 中央政府绩效评价的内容

英国中央政府绩效评价的内容主要由公共服务协议、服务改进协议、资金价值目标、部门战略性目标及能力评价等这几部分组成。

（1）公共服务协议

英国政府绩效管理体系中最重要的就是公共服务协议。自1998年的全面支出审查推出公共服务协议后，它在促进公共服务传递和改进政府绩效水平方面起到了重要的作用。近年来，英国政府一直与一线公务员、内外部专家合作，致力于不断改进和完善英国政府绩效管理体系。

（2）服务改进协议

英国政府要求各个部门签订服务改进协议，其目标是改进公共服务使它们能够更好地满足公众和企业的需要，减少公众和企业获得服务时不必要的困难。内阁总理和财政部的常务秘书会敦促各个部门为服务改进协议承担责任，各部部长也会负责本部门服务转型任务的达成情况。同时，各个部门和相关服务组织联合组成的实施委员会，具体负责各部门服务改进协议执行情况的日常监控、进展评价和项目管理等工作。实施委员会下属的地方政府实施委员会，则负责地方政府服务水平的提高、监控和评价。

对于政府服务水平的监控，单纯衡量民众的主观感受是远远不够的，需要有客观的数据来支持，服务改进协议给出了两个主要的衡量进展的方法（progress measures）。

①减少"本可避免的接触"的数量。由于公共部门信息公开不充分或者服务不到位，本来可以一次办好的事情，公众往往需要一次又一次地与之交涉，这样多次不必要的接触称为"本可避免的接触"。服务改进协议的目标是在2011年前，将"本可避免的接触"减少一半。

②建立更好的网上服务。政务信息化是当前各国政府再造的趋势，英国政府目前建立了对公众服务的 Direct.gov 和对企业服务的 Businesslink.gov 两个网站。服务改进协议的目标是在2011年前，95%以上的网上交易和政府信息能够方便地在这两个网站上完成和获得。

（3）资金价值目标

英国政府一直致力于提高重要公共服务领域的投资及其效益水平，即"资金价值"，以保证资金使用的效率和效果，为人民谋取更多的福利。英国财政部在全面支出审查中会给各个中央政府部门设定下三个年度的"资金价值"目标，并每年进行更新。国家审计局负责对各部门的资金价值方面进行监控和审计，审计的目标是保证公共资源的经济性、效率性和效果性。审计结果将汇报给公共账目委员会（Public Accounts Committee）。公共账目委员会是下议院的高级特别委员会，其任务是确保议会下拨的资金能够被正确使用。公共账目委员会需就国家审计局提交的报告举行听证会，并于听证会之后发布独立报告。政府部门则需要对该报告做出正式回应，说明它将为贯彻执行委员会的建议而采取的具体改进措施。经过多年的审计实践，在2003年政府发布的《资金价值审计手册》（Value for Money Handbook）中，英国国家审计局提出了资金价值审计的9个循环性步骤（见图5-3）。

（4）部门战略性目标

在2007年全面支出审查中，所有重要的政府部门都制定了不同数量的部门战略性目标，在体现政府全局工作重点的同时，涵盖更加广泛的包括日常业务活动在内的部门性活动。每个部门战略性目标都有其相应的绩效评价指标体系，英国国际发展部（Department for International Development, DFID）的公共服务协议和部门战略性目标具体如表5-4所示。

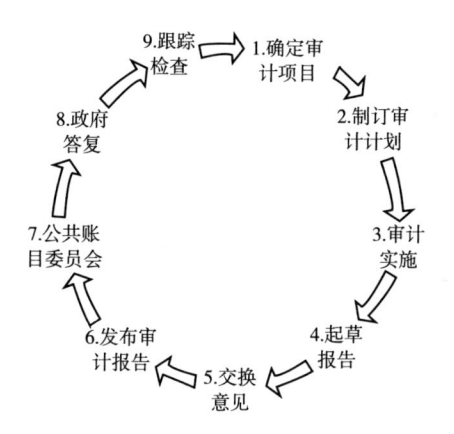

图 5-3　资金价值审计的循环性步骤

1. 确定审计项目
2. 制订审计计划
3. 审计实施
4. 起草报告
5. 交换意见
6. 发布审计报告
7. 公共账目委员会
8. 政府答复
9. 跟踪检查

表 5-4　DFID 的公共服务协议和部门战略性目标

公共服务协议（PSA）		
（DFID 作为实施合作伙伴） PSA 27：领导全球，避免危险的气候变化	（DFID 作为领导性部门） PSA 29：在贫困国家消除贫穷方面，更快地朝千禧年发展目标前进	（DFID 作为实施合作伙伴） PSA 30：通过英国与国际社会共同努力来减少冲突带来的影响
部门战略性目标（DSO）		
DSO 2：积极应对气候变化，确保环境的可持续性	DSO 1：促进良好的治理、经济增长、贸易以及基础服务的易获性	DSO 3：消除贫困，有效地回应冲突和人道主义危机，促进和平
DSO 4：开发全球合作伙伴关系以促进援助之外的发展		
DSO 5：使所有双边的/多边的捐赠机构更加有效		
DSO 6：支持双边发展		
DSO 7：提高本部门工作的效率和效果		
通过"金钱、人、体制、沟通、结果"来实施		
部门绩效框架		

(5) 能力评价

能力评价是内阁秘书古斯·奥多内尔（Gus O. Donnell）于 2005 年发起的，该项目将部门能力分为实施能力、领导力和战略能力三类，并且每类能力下面又细化为若干种能力，具体的能力评价模式如表 5-5 所示。内阁成立了专门的能力评价小组，负责召集外部的评价主体，以两年为一个周期对各个中央部门的能力进行全面评价。

表 5-5　　　　　　　　　　能力评价的模式

实施能力	● 有效管理绩效，提高"资金价值" ● 创新，改进实施效果 ● 有重点地利用资源 ● 明晰角色、职责和实施计划
领导力	● 引导方向 ● 点燃激情，加快脚步 ● 开发员工
战略能力	● 制定战略，注重结果 ● 基于详尽的信息进行抉择，关注客户 ● 通力合作，建立共同愿景

资料来源：http://www.civilservice.gov.uk/about/improving/capability/index.aspx。

在对部门能力进行评价时，内阁评价小组给出的能力评价项目的评价尺度如表 5-6 所示。

表 5-6　　　　　　　　　能力评价项目的评价尺度

绿色	符合能力模型的要求，能力突出，能够完成未来的各项行动
绿色条纹	与能力模型的要求有差距，但是已有清醒的认识。为了应对现在和未来的实施计划，正在逐渐提高自己的能力，并完全有条件达成既定要求
红色条纹	对于现在和未来的实施计划，在能力上有一定欠缺，且没有完全认识到自身缺点，也没有清晰的改进计划
红色	对于现在和未来的实施计划，在能力上有明显欠缺，须立刻采取相应措施；短期或中期内并没有条件解决这些缺陷，需要额外的努力和帮助来保证有效的实施

(二) 国家公务员绩效管理

英国公务员共分为七个等级，依次为内阁秘书（cabinet secretary）、常务秘书（permanent secretary）、处长（director general）、主任（director）、副主任（deputy director）、六级公务员和组长（team leader）。整个公务员体系由内阁秘书领导。在一个部门中最高级别的公务员是常务秘书，其工作职责是协助部长管理部门内的各项工作，向内阁秘书汇报本部门的日常事务和公务员管理的情况等。每个季度所有的常务秘书将组成常务秘书管理小组（permanent secretaries management group），来商讨和决定公务员管理过程中的重要问题。常务秘书管理小组的上级公务员管理机构是公务员指导委员会（civil service steering board），该委员会由内阁秘书主持，每月定期召开会议来解决常务秘书管理小组提出的相关议题。[1]

1. 英国高级公务员绩效管理

在英国，高级公务员的数量大概为 3800 名，包括常务秘书、处长、主任、副主任四个级别。内阁中的公务员能力小组（civil service capability group）负责高级公务员绩效管理的具体操作和政策制定。英国内阁公布了《高级公务员的绩效管理——给人力资源从业者、直属主管以及高级公务员（包括常务秘书）的指导手册》，该指导手册概述了高级公务员绩效管理的各项安排，规定了各部门必须执行的核心框架。在内阁与常务秘书的会议中，常务秘书需要向内阁报告各自部门绩效管理的情况，而内阁则会持续监控各部门绩效管理的质量，通过能力评价项目、深入调查等方式来提供反馈和支持。高级公务员绩效管理框架如图 5-4 所示。

（1）绩效计划

各个部门须在年初与公务员达成目标协议，高级公务员的目标设定必须遵循核心目标体系，并结合部门特点制定相应的绩效目标，以确保在每一位公务员做什么、对何事负责以及部门目标之间具有清晰的联系。核心目标体系如下：

---

[1] 参见 http://www.civilservice.gov.uk/about/leadership/index.aspx。

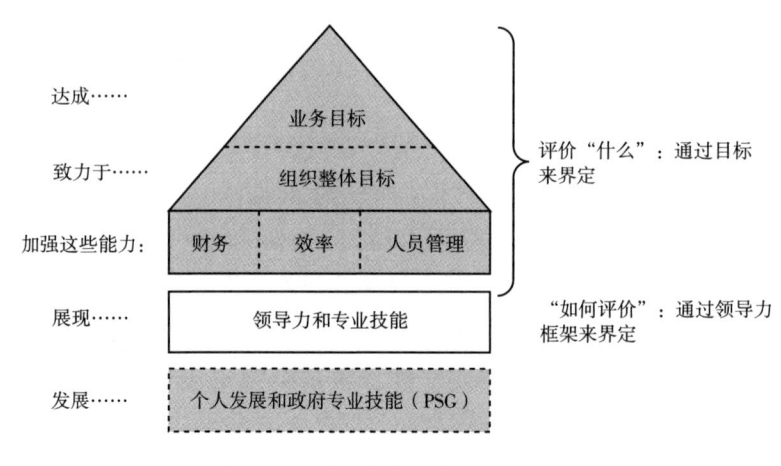

图 5-4 高级公务员绩效管理框架

①业务目标。根据相关公共服务协议和部门战略性目标设定的、能够反映业务重点的目标，同时包括下一年的资金价值目标。这些目标被置于顶端，层层传递至每一位高级公务员。

②组织整体目标。该目标清楚地界定了领导活动方面的要求，该类领导活动能够促进有效的组织整体管理以及一个部门或公务员整体的凝聚力。

③能力目标。用于确保个体、部门以及整个公务员体系有合适的能力来达成现在或者未来的绩效结果。

④个人发展目标。该目标强调公务员的持续发展和个人胜任力的不断增强。

⑤公务员多样化目标。公务员多样化目标强调高级公务员在公务员队伍的多样化和公平方面进行活跃、杰出的领导活动。

⑥领导力。高级公务员在过去一年内展现出来的领导力也是绩效评价内容之一，该目标的设置显示了整个公务员体系对于领导者的期望。对于领导力的评价会在年终的领导力框架评价体系中体现。

（2）绩效管理周期

高级公务员的绩效管理周期为一年，人力资源管理部门要在绩效管理周期开始时制订绩效计划，为公务员提供努力方向，并在绩效管理周期之中进行绩效监控、沟通、评价和反馈以确保公务员能够持续进步。高级公务员绩效管理周期参见表 5-7。

表 5-7　　　　　　　　　高级公务员绩效管理的周期

步骤	活动	时间
绩效计划	部门调整目标，以保持整体性和有效性；公务员与其上级主管制定绩效目标，该目标应与业务目标保持一致	3~4 月
绩效监控和反馈	绩效监控和反馈贯穿整个绩效周期，其中包括中期的正式反馈会议	4 月至次年 3 月（10~11 月进行中期的正式绩效会议）
绩效评价	年终绩效评价和反馈，通过比较每位公务员对组织所作的贡献，进行绩效分级	次年 3~4 月
奖励	根据评价结果进行奖励	次年 4~6 月

（3）绩效监控和反馈

绩效监控和反馈是一个持续的过程，需要在日常的绩效沟通中探讨目标的合理性、目标的达成情况以及下一步的行动计划。在每年 10 月以及 11 月举行的半年反馈会议中，上级领导和下级公务员需要就以下事项进行沟通：

①讨论目标的合理性及是否需要根据实际情况调整目标。

②回顾重点问题，特别是存在资源冲突的领域。

③上级领导需回顾高级公务员的绩效表现，并给予其相应的改进建议和指导。

④讨论高级公务员个体的发展需求、长期的职业愿景和抉择。

（4）年终绩效评价

绩效评价通常在年终进行，其信息来源于贯穿整个年度的绩效监控和反馈。绩效评价的内容主要包括三项：达成目标的程度、领导力和专业技能以及目标达成的难易程度。绩效评价主体除了公务员上级领导之外，还可以包括公务员自己、相关部门的同事和利益相关者。一旦绩效信息收集齐全，上级领导可以利用有效的绩效信息和公务员讨论其目标的达成情况，并根据其绩效排名将该公务员划分到一定的绩效组别中去。

（5）绩效奖励

对于高级公务员，通常有两种绩效奖励方式，一种是一次性的绩效奖金，一种是基本工资的调整。为了评价绩效水平和分配绩效奖金，上级领导须将高级公务员从绩效好到绩效差进行排序和分组，并填写一个绩效组别推荐表，连同相关的数据证明提交给负责绩效工资调整的委员会。具体如下：

①组别1，绩效排名前20%的公务员；

②组别2，绩效排名往后40%的公务员；

③组别3，绩效排名再往后20%~25%的公务员；

④组别4，绩效排名最后15%~20%的公务员，这个组别不应该收到任何浮动工资，必须采取行动来解决较差的绩效。

公务员基本工资的调整范围是由部门自行决定的，一般是5%~10%。通常，各部门根据自身的具体情况而采用不同的调整幅度。调整幅度主要由以下三个标准来决定：

①公务员在胜任力方面的成长：通过政府专业技能框架来衡量胜任力；

②工作中面临的挑战：从工作评价和部门工作重点来考察；

③对公务员未来绩效的估计：参考过去一连串的绩效或者对潜力进行考察。

（6）处理不合格绩效

当不合格绩效产生的时候，上级领导应该和下级探讨绩效不合格的原因以及绩效改进的计划。需要注意的是，上级领导应该合理区分一次偶尔的绩效下降和持续的绩效下降。前者往往由于人际纠纷、压力、财务危机等外部问题产生，领导要尽量帮助解决。若解决不了，也要将其绩效提高到可以接受的水平。但如果发生后者的情况，那么主管要和下级制订出一个绩效改进计划。如果情况仍然没有好转，那么各部门自行决定的正式处理程序开始生效，辞退或者是降级也是完全有可能的。由于绩效问题的产生源头之一往往是无效的招聘，所以主管要针对绩效评价的结果，尽可能谨慎地进行招聘。

2. 政府专业技能

政府专业技能框架（the professional skills for government framework，PSG）

是由中央政府的行业技能委员会在 2005 年发展起来的一种胜任力模型,它列出了所有级别、所有地域的公务员做好本职工作所应该具备的能力,因此被广泛用于各级公务员的能力评价当中。该框架包括四种普遍适用的能力,不同级别的公务员在这四项能力上的要求有所不同。

①领导力:领导力是该模型的核心,适用于所有公务员。主要包括四项内容:给组织提供方向、确保目标的达成、帮助组织培养应对当前及未来挑战的能力、为人正直。

②核心技能:适用于所有公务员,每一个公务员都需要一些核心技能以有效地工作,不同级别的公务员所需的核心技能不一样,例如,七级公务员需要以下技能:人员管理、财务管理、分析和使用数据、项目管理;而对于高级公务员,除了以上技能,他们还要拥有沟通能力、市场营销能力和战略性思考的能力。

③专业技能:对应公务员的具体职位和角色,该模型为不同职能领域的公务员指出了其所需的专业技能。

④更加广泛的工作经验(仅适用于高级公务员):对于高级公务员或者是向往成为高级公务员的人来说,工作经验的深度和广度是非常重要的。[1]

(三) 地方政府绩效管理

英国 1999 年通过的《地方政府法案》规定,地方和其他特定当局须引入最优绩效管理体系,报告他们在经济性、效率和效果方面的成果,并授予中央政府检查和评价地方政府是否达到绩效目标与标准的权力。2009 年社区和地方政府部门(community and local government department)发布了《强大的和繁荣的社区》白皮书,该白皮书废止了之前的最优绩效管理体系,颁布了新的地方绩效框架,它将国家性指标体系、本地地区协议(local area agreements,LAA)以及综合地区评价(comprehensive area assessment,CAA)整合起来,突出强调改善公共服务和提高地方人民的生活质量,该绩效框架

---

[1] 参见 http://www.civilservice.gov.uk/about/improving/psg/psg-identifier/PSG-skills-identifier.aspx#。

适用于地方当局和它们的服务供应合作伙伴（如警察局、就业促进中心和国民健康服务基金会）。具体而言，一方面，在综合考虑了本地工作重点与国家工作重点后，地方当局与中央政府的代表——政府办公室签订本地地区协议，并针对协议中的目标和制订的战略计划、业务计划以及服务计划进行内部的自我评价；另一方面，在审计委员会的领导下，综合地区评价项目组会对各个地区进行外部的绩效评价。内部和外部绩效评价使用的主要绩效评价指标均来自国家性指标体系。

1. 国家性指标体系

国家性指标体系来源于公共服务协议和部门战略性目标，现行的国家性指标体系包括了188个指标，是中央政府衡量地方当局单独工作或者与其他机构合作中表现的唯一指标体系。

国家性指标体系能够衡量地方当局在完成中央政府重点事项方面的成就，而这些事项都在全面支出审查中以公共服务协议或者部门战略性目标的形式体现。因此，国家性指标体系在确保政府达成三年支出审查期间的目标上起到了非常重要的作用，表5-8显示了国家性指标、公共服务协议服务改进协议、部门战略性目标之间的联系。

表5-8　　　　国家性指标、公共服务协议、服务改进协议、
部门战略性目标的联系（部分）

公共服务协议/服务改进协议/部门战略性目标	对应的国家性指标编号
公共服务协议2：在2020年之前，提高人民的技能，向世界级技能迈进	NI161、NI162、NI163、NI164、NI165
公共服务协议5：达成可靠的、有效率的交通网络以支持经济增长	NI167
服务改进协议	NI14
商务、企业和管制改革部的战略性目标：在所有区域，提升创新，促进商业增长	NI166、NI171、NI172

国家性指标体系的内容主要分布在四个方面：更强大、更安全的社区，关注儿童和青少年，成年人的健康和幸福感，以及地方经济和环境的可持续

性。每个指标都有一个详细的指标卡，具体如表 5 – 9 所示。

表 5 – 9　　　　　　　　　　国家性指标的指标卡

指标编号和名称			
数据是否由地方机构或者地方合作伙伴提供		是否是现行指标	
原理	针对该指标的内涵，给出说明		
定义	解释该指标应该如何被衡量、衡量什么以及任何特殊词语的精确含义；还包括所有与定义中的计算项目相关的信息，如果其他来源的数据被计算进去，数据提供者的情况会被提供		
计算公式	解释计算的方法		
实践案例	展示在实践中该定义和计算公式是如何应用的	良好绩效	指出良好绩效的代表性数字
信息收集间隔	说明收集信息的频率	信息来源	说明使用的数据系列、数据收集的表格以及此次收集是否专供国家性指标
返回格式	说明数据在格式上应该是什么样子的	小数点位数	小数点后的位数
报告机构	说明哪些组织提供绩效信息，如国家统计局或者进行数据交换的政府部门		
地域级别	说明哪些地区的数据将被报告		
进一步的指示	说明可以得到的进一步的信息		

2. 本地地区协议

本地地区协议是在地方"可持续地区战略"的基础上，由本地区与中央政府之间签订的强调地区工作重点的三年期的地区协议。本地地区协议的主要目标是通过给地方人民创造更好的成果而真正地实现可持续发展的社区。本地地区协议的内容主要涵盖四个方面，具体如表 5 – 10 所示。地方政府应该尽可能广泛地将这个框架用于本地地区协议。每个本地地区协议目标需要包含三种类型的指标供地方政府选择：强制性指标、特别资金支持下的强制性指标以及其他指标。这些指标均来自国家性指标体系。

表 5–10　　　　　　　　　　　　本地地区协议目标框架

儿童和青少年	安全和强大的社区	健康的社区和老年人	经济发展
安全的 健康的 享受和成就 达成经济上的幸福 缩小差距	减少犯罪 安抚公众，减少其对罪犯的恐惧 减少非法药物造成的危害 在社区中建立相互尊重的氛围并减少反社会行为 给地方人民授权使之有更多的选择、更大的决策权和在公共服务传递上作为更重要的角色 更干净、更绿色和更安全的公共空间 减少填埋的垃圾并且提高回收率 解决气候变化 开放农村地区	增进健康平等 提高生活质量 作出有益的贡献 选择和控制 消除歧视 经济上的幸福 个人尊严 减少伤病，增进工作健康 缩小差距	就业率得到改善 企业得到改进 改进竞争 改善投资 改善技能 改善住房 增进创新 可持续的生产和消费 缩小差距

3. 综合地区评价

综合地区评价是新的地方绩效管理体系的组成部分。综合地区评价会监控国家性指标体系以及本地地区协议目标的实现情况，评价地方政府单独或者联合战略性合作伙伴达成的成果，进而为中央政府提供国家重点事项进展情况的相关信息。综合地区评价由审计委员会与其他五个监察机构合作执行，包括教育标准办公室、护理质量委员会、警察督察局、监狱监察局和缓刑检查局。这意味着综合地区评价能够统筹地方议会、医疗机构、警察力量、火灾救援服务中心和其他提供地方公共服务的机构，因而相对于分散的单个机构的绩效评价，它能够更好地促进地方绩效的全面进步。综合地区评价遵循一定的活动安排，并不以分数作为评价结果，而是使用蓝色或者红色的旗帜来表示对未来改进的关注。红色旗帜意味着可以采取一些额外的活动来改进结果；蓝色旗帜则意味着较为优异的绩效。表 5–11 是进行综合地区评价的流程安排。每个季度评价小组会定期更新绩效评价报告。

表 5-11　　　　　　　　　综合地区评价的流程安排

单独监察：阶段一	评估地区成果，初步判断给该地区红色旗帜还是蓝色旗帜
联合监察：阶段二	针对地方重点和国家性重点的结果，进行联合分析；对旗帜的标示和议会组织评估分数进行联合讨论
联合监察：阶段三	地区与政府办公室拟订评价报告的初稿并进行分享，在 6 月进行初步信息质量确认
9 月会从阶段一到阶段三再检查一遍	
阶段四	拟订并分享报告的初稿
阶段五	最后的信息质量确认
阶段六	各个地区与地方办公室分享报告
11 月在政府信息网站 Oneplace 上发布最终报告	

（四）地方政府雇员绩效管理

在英国，地方政府的工作人员未被纳入公务员体系中，因此地方政府能够自行决定其雇员的绩效管理体系，我们以兰开夏郡为例来说明。

1. 兰开夏郡的绩效目标设定

该郡的整体目标有七个：①安全感；②引领健康生活；③居民能得到其所需的帮助；④学习和发展；⑤工作和成功；⑥便捷而安全地旅行；⑦高质量的环境。根据以上目标，该郡制订了理事会计划、业务计划以及服务计划和团队计划，而地方政府工作人员目标制定的原则是将个人目标与组织整体目标和服务计划、团队计划、业务计划及理事会计划等联系起来。一般而言，个体目标包括五个左右的工作目标和至少一个工作生活平衡或幸福感目标。

2. 兰开夏郡的绩效管理周期

兰开夏郡开展员工绩效管理的周期如表 5-12 所示。

表 5-12　　　　　　　　　兰开夏郡的绩效管理周期

时间	绩效管理
上年 10 月至当年 1 月	各服务单元和工作小组准备起草业务计划
2~3 月	通过业务计划定稿，制定达成该计划的预算
4~5 月	年度绩效评价

续表

时间	绩效管理
5~6月	进行培训需求分析，确保与组织整体工作重点保持一致
6月	启动理事会或直接服务组织的培训和开发计划及课程项目
7~9月	有些员工的活动会受到议会内或者议会外财务进程的影响，他们可以在7月开始个人发展和评价计划
10~11月	业务计划更新，半年绩效评价，确认学习需求

3. 兰开夏郡的绩效评价主体

兰开夏郡政府工作人员的绩效评价由员工的上级主管执行，首席执行官的绩效则由郡议会的领导来评价。当政府工作人员从事的服务范围较大时，可能会由一些上级主管以外的评价主体来进行绩效评价，但是评价主体必须完全理解和掌握该员工的工作及服务计划。

4. 兰开夏郡的绩效评价办法

在绩效评价前、绩效评价过程中以及绩效评价之后，各个政府工作人员和其上级主管都要遵循一定的计划和安排，具体如表5-13所示。

表5-13　　　　　　　兰开夏郡绩效评价办法

绩效评价前	• 主管与员工商定见面日期 • 双方熟悉胜任力模型 • 双方熟悉相关的小组计划、服务或者业务计划 • 主管与员工商议被评价岗位的胜任力级别 • 员工完成自我评价表格，收集关于自我评价的相关证据 • 主管收集与员工绩效相关的信息，并形成自己的判断
绩效评价的材料准备	• 相关的小组计划、服务或者业务计划 • 职位描述或者角色定义方面的材料 • 已经填好的自我评价表格 • 双方收集好的关于员工绩效的数据 • 员工准备好与自己职业愿景和目标相关的信息
绩效评价中	• 双方对胜任力进行评价并达成一致意见 • 商定未来12个月内的工作目标 • 商定个人的工作生活平衡/幸福感目标 • 商定员工在未来12个月的开发/培训活动，完成学习和发展计划 • 讨论职业愿景 • 分享最佳实践 • 完成绩效评价表

续表

绩效评价后	• 思考未来 12 个月的学习和发展计划。相关的表格提交给理事会和直接服务组织的培训人员 • 每一次培训结束后，主管和员工见面并评价培训效果 • 6 个月后，主管和员工再次开始讨论会，对他们目前在既定目标上的成果和已经参加的培训进行评价

四、韩国政府绩效管理

韩国作为我国的亚洲邻国，尽管关注政府绩效管理的时间不长，但自 1990 年后期开始，经过持续的制度建设和强有力的推进与完善，已呈现出快速发展的趋势，形成了比较科学有效的政府绩效管理体系。对韩国政府绩效管理的经验和不足进行归纳与总结，可以为我国政府绩效管理的实践提供有益的指导和借鉴。

（一）韩国政府绩效管理概述

韩国政府开始重视政府绩效管理主要受两个背景环境的影响。首先，受西方先进国家政府改革的"新公共管理"理论和 1997 年金融危机的深刻影响，社会各界普遍认为提高公共部门效率和生产率的核心是实施以绩效为中心的公共管理。为了积极应对 21 世纪国家之间的竞争、迅速的技术发展及社会经济环境的变化等新问题，必须建立系统的绩效管理体系，使政府转变为能够及时解决各种问题的效率型政府。其次，21 世纪后期，在韩国社会掀起的民主化发展加快了公共部门引进绩效管理制度的步伐。以往人们认为社会公众是政府政策的单纯受益者，不管政府提供什么服务，社会公众只能"照单接受"。但随着政府改革的深入，社会公众作为政府的服务对象和行政相对人，对政府公共服务质量提出了更高的要求，这种转变促使政府提高公共服务意识，进一步强化政府绩效管理。

1. 韩国政府绩效管理的主管机关

韩国主管政府绩效管理的机关主要有三个，分别承担着不同的管理职能。一是国务总理领导的政府业务评价委员会,其主要职责是依照《政府业务评价基本法》主管政府及公共机关评价和主要政策评价;二是行政安全部,其主要职责是负责和组织中央政府机关人事管理、地方政府人事管理;三是监察院,主要负责根据《监察院法》监察国家税收、预算支出、会计检查及公务员履职情况等。

(1) 政府业务评价委员会

为系统、有效地实施政府业务评价,韩国政府根据《政府业务评价基本法》组建了政府业务评价委员会。为了保持政府业务评价的客观性、中立性及专业性,政府业务评价委员会的大多数委员由民间委员组成。委员长由两人担任,一位是国务总理,另一位是民间人士。委员会委员由三个国家委员和十个民间委员组成,其中,由企划财政部长官、行政安全部长官和国务总理室室长担任国家委员,由包括行政、政策、经济、管理、社会保障、科学技术以及外交安保等领域的专家组成民间委员,任期为两年。政府业务评价委员会的主要职能:一是构筑国家中长期政府绩效管理的基础,制订和推进运营计划;二是制订政府业务评价的基本计划并施行计划;三是对政府业务评价进行企划、调整及总结;四是与政府业务评价制度相关的绩效管理;五是制订和施行政府业务评价结果的应用及评价制度之间的链接方案和特定评价计划等。为履行上述评价职能,政府业务评价委员会在国务总理室设立了政策分析评价室,其组织体系如图5-5所示。

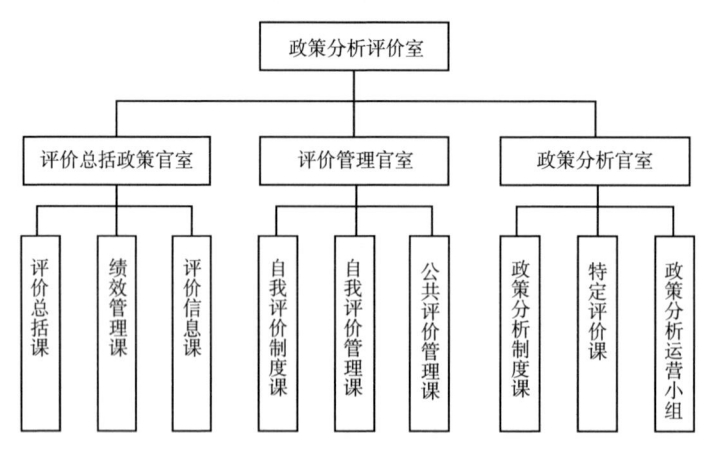

图5-5 政策分析评价室组织体系

（2）行政安全部

行政安全部是韩国中央政府的人事管理机构，与此同时，它还负责地方公务员的人事管理，因此是韩国公务员人事管理的核心部门。从组织体系上看，在行政安全部中负责国家公务员人事管理和绩效评价业务的部门是人事室，负责地方公务员绩效评价的部门是地方行政局。具体来说，由人事室负责的有关国家公务员绩效管理的业务有绩效评价制度制定、工作业绩评价、绩效合同管理、绩效管理教育及绩效管理卡片管理等；地方行政局负责制订有关地方政府组织绩效管理的计划、协调与中央政府各部门之间的关系及地方公务员的人事管理等业务。

（3）监察院

监察院根据韩国《宪法》第97条和《监察院法》第20条的规定，审查国家的税收及预算支出，对国家机关和法律所认定的公共团体的会计进行常规检查与监督，以保证其被合理公正地执行，并监察行政机关的事务和公务员履职情况。监察院虽然是隶属于总统的机构，但在法律上具有独立的地位。为确保监察院的权限或职务范围不受侵害，韩国《宪法》明确规定了设置该机构的法律依据。

2. 韩国政府绩效管理的评价对象

在韩国政府绩效管理中，绩效评价对象可分为政府组织和公务员个体。其中，政府组织分为中央和地方政府及公共机关，公务员可分为国家公务员和地方公务员。

（1）韩国政府组织体系

以总统为核心的中央政府组织现设有15部17厅，此外，还有总统直属的总统室、监察院、国家情报院、广播电视通信委员会及4个咨询会议。直属于国务总理的有国务总理室、特任长官办公室法制处、国家报勋处和3个委员会，具体如图5-6所示。

韩国地方政府体制中，广域自治体有1个特别市、6个广域市、8个道和1个自治道，基础自治体有230个市、郡、区。市郡区下设3487个邑面洞、77个办事处。其中，地方政府绩效管理的基本单位是广域市、道和市郡区，由市郡区评价所属邑面洞。韩国地方政府组织体系如图5-7所示。

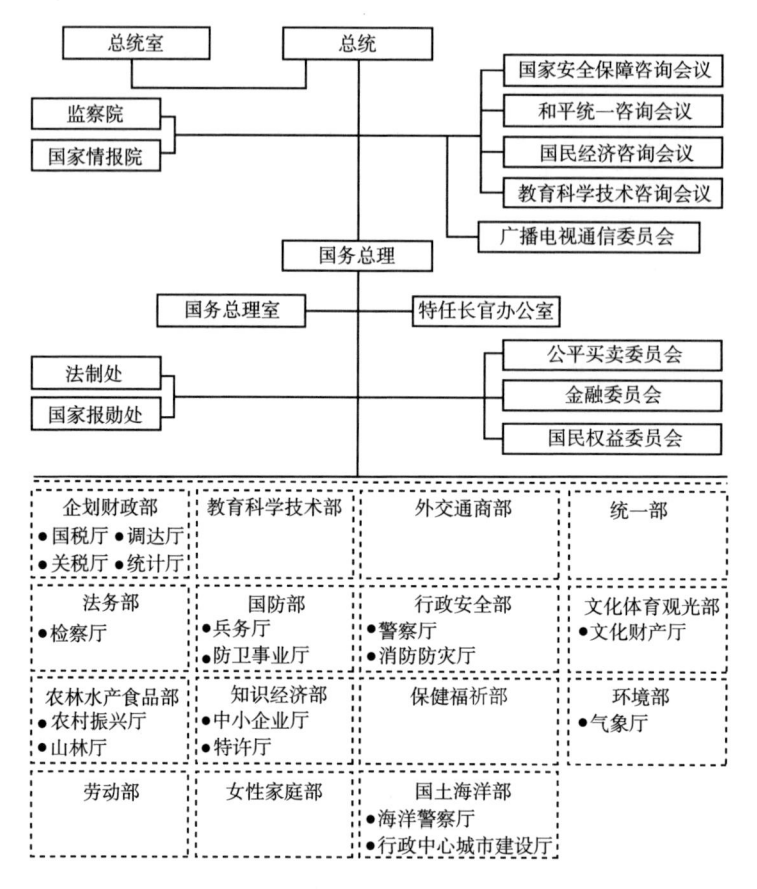

```
                    ┌──────────┐    ┌────────┐
                    │  总统室   │────│  总统   │      ┌──────────────────┐
                    └──────────┘    └────┬───┘──────│ 国家安全保障咨询会议 │
        ┌──────────┐                     │          ├──────────────────┤
        │  监察院   │─────────────────────┤          │  和平统一咨询会议   │
        ├──────────┤                     │          ├──────────────────┤
        │ 国家情报院 │                    │          │  国民经济咨询会议   │
        └──────────┘                     │          ├──────────────────┤
                                         │          │ 教育科学技术咨询会议 │
                                         │          ├──────────────────┤
                                    ┌────┴─────┐    │  广播电视通信委员会 │
                                    │  国务总理  │───└──────────────────┘
                                    └────┬─────┘
                            ┌────────────┤────────────┐
                       ┌──────────┐            ┌──────────────┐
                       │ 国务总理室 │            │ 特任长官办公室 │
                       └──────────┘            └──────────────┘
        ┌──────────┐                                 ┌──────────────┐
        │  法制处   │─────────────────────────────────│ 公平买卖委员会 │
        ├──────────┤                                 ├──────────────┤
        │ 国家报勋处 │                                │   金融委员会   │
        └──────────┘                                 ├──────────────┤
                                                     │ 国民权益委员会 │
                                                     └──────────────┘
```

企划财政部 ●国税厅 ●调达厅 ●关税厅 ●统计厅	教育科学技术部	外交通商部	统一部
法务部 ●检察厅	国防部 ●兵务厅 ●防卫事业厅	行政安全部 ●警察厅 ●消防防灾厅	文化体育观光部 ●文化财产厅
农林水产食品部 ●农村振兴厅 ●山林厅	知识经济部 ●中小企业厅 ●特许厅	保健福祈部	环境部 ●气象厅
劳动部	女性家庭部	国土海洋部 ●海洋警察厅 ●行政中心城市建设厅	

图5-6 韩国中央政府组织体系

资料来源：http：//www.president.go.kr/kr/cheongwadae/organization/government.php，2010。

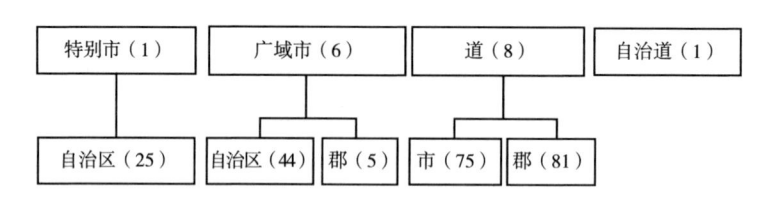

```
┌──────────┐  ┌──────────┐  ┌────────┐  ┌──────────┐
│ 特别市(1) │  │ 广域市(6) │  │  道(8)  │  │ 自治道(1) │
└─────┬────┘  └─────┬────┘  └────┬───┘  └──────────┘
      │             │       ┌────┴────┐
┌─────┴────┐ ┌──────┴──┬────┴──┐  ┌───┴───┬──────┐
│ 自治区(25)│ │自治区(44)│郡(5) │  │市(75) │郡(81)│
└──────────┘ └─────────┴──────┘  └───────┴──────┘
```

图5-7 韩国地方政府组织体系

评价对象除以上中央和地方政府外，还包括政府投资机关（40个）、国策研究所（60个）及独立委员会（27个）等政府公共机构。

（2）韩国公务员的特点

韩国公务员制度一般基于阶级制，辅以职位分类制，公务员大致分为国家公务员和地方公务员。公务员的阶级，不论是国家公务员还是地方公务员都分为 1~9 级，原则上要求公务员按阶级和职级就任相应职位。但是，近几年随着实行高级公务员制度，1~3 级公务员归为高级公务员，高级公务员不分阶级，而是根据能力或职位特征就任相应职位。韩国公务员分类体系如表 5-14 所示。

表 5-14　　　　　　　　韩国公务员分类体系

阶级	职级	职位	
1 级	管理官		
2 级	理事官	中央机关（部、处）次官补/室长、副知事、广域市副市长 中央机关（部、处）室长级/局长、广域市/道室长	高级公务员
3 级	副理事官	中央机关（部、处）局长级、广域市/道局长	
4 级	书记官	中央机关（部、处）课长、广域市/道课长、市郡区局长、课长、担当官	
5 级	事务官	中央机关（部、处）事务官、广域市/道班长、系长（股长）	
6 级	主事	中央机关（部、处）主管、广域市/道主管、市郡区系长	
7 级	主事补		
8 级	书记		
9 级	书记补		

在韩国，国家公务员和地方公务员都以政务职、一般职、别定职、合同职、特定职及技能职来区分职务种类。其中，一般职公务员和技能职公务员用"公务员绩效评价规定"进行管理，特定职公务员用其他相应法规进行管理。

（二）中央政府组织绩效与国家公务员绩效管理

1. 中央政府组织绩效管理

根据《政府业务评价基本法》的规定，韩国政府绩效管理是指基于政府机关的任务和愿景、中长期目标、年度目标及绩效指标，从经济性、效率性、效果性等角度进行管理的一系列活动。政府绩效管理的最终目的在于塑造具有责任感的政府，为社会公众提供优质的行政服务。2008 年后，韩国政府根据《政府业务评价基本法》的规定构筑了以政府业务评价委员会为核心的一元评价管理体系。该委员会将指挥权赋予掌管一切政府业务的国务总理，以履行对政府组织的既统一又系统的管理职责。韩国的政府业务评价以中央行政机关为评价对象，实行自我评价和特定评价。中央行政机关对主要政策、财政事业、人事、组织、信息化等指标实行自我评价，评价结果由政府业务评价委员会确认和检查。国务总理对管理对象的业务、顾客满意度及特定措施实行特定评价。韩国中央行政机关政府业务评价如表5-15所示。

表5-15　　　　　　　　韩国中央行政机关政府业务评价

指标		评价机关	协助机关
自我评价	主要政策	中央行政机关的长官（自我评价委员会）	国务调整室
	财政事业		企业财政部
	人事		行政安全部
	组织		
	信息化		
特定评价	政策课题　核心课题可持续发展	国务总理（政府业务评价委员会）	国务总理室
	国政管理力量*　政策管理力量政策的贯彻、宣传控制改革		
	国民满意度　政策满意度、信访满意度		

注：*在朝鲜语中，"力量"和"能力"的含义比较接近，但"力量"的范围广于"能力"。"能力"包括知识、技术及态度等；"力量"包括动机、能力及环境等。在本书中，为了区别两个词的概念，在组织中用"力量"，针对个人用"能力"。

　　自我评价过程分为自我评价计划的制订及实施、确认与检查及再评价等几个阶段。各部门需组成以民间专家为核心的自我评价委员会。自我评价委员会要审议自我评价计划，进行中期检查，并于年底实施自我评价，提出评价报告书。自我评价委员会每季度至少召开一次会议，总结和管理会议结果，并将其内容通报委员会或公之于众。政府业务评价委员会通过电子综合评价系统对各部门的自我评价结果进行确认及检查。最后由政府业务评价委员会审议并通过有关自我评价结果的确认及检查事项。

　　特定评价由管理对象业务评价、特定措施评价及顾客满意度调查构成。各部门按评价日程将有关特定评价的资料录入电子综合评价系统或向国务调整室提出时，特定评价就已经启动了。管理对象业务评价主要通过国务总理协调不同评价部门，在协助机关和相关专家的帮助与支援下进行，并最终由政府业务评价委员会审议通过各评价部门的评价结果；特定措施评价主要在政府业务评价委员会、实务会议及有关专家的参与下实施；而顾客满意度调查则会委托给民间专门调查机构实施问卷调查。韩国政府业务评价体系如图5-8所示。

```
              ┌─────────────────────┐
              │  政府业务评价委员会  │
              ├─────────────────────┤
              │     国务总理室      │
              │   政策分析评价室    │
              └─────────────────────┘

• 下达绩效管理指南            • 制订绩效管理计划
• 检验目标和指标的合理性      • 提出自我评价中期检查结果
• 确认及检查自我评价结果      • 提出自我评价结果
• 实施特定评价

   地方政府          中央行政机关           公共机关
• 制定并实施绩效    • 制定绩效管理战略    • 制定并实施绩效
  管理战略和施行      及其施行计划          管理战略和施行
  计划              • 自我检查中期执行      计划
                      状况
                    • 自我评价
                    • 构筑和运营绩效
                      管理体制
```

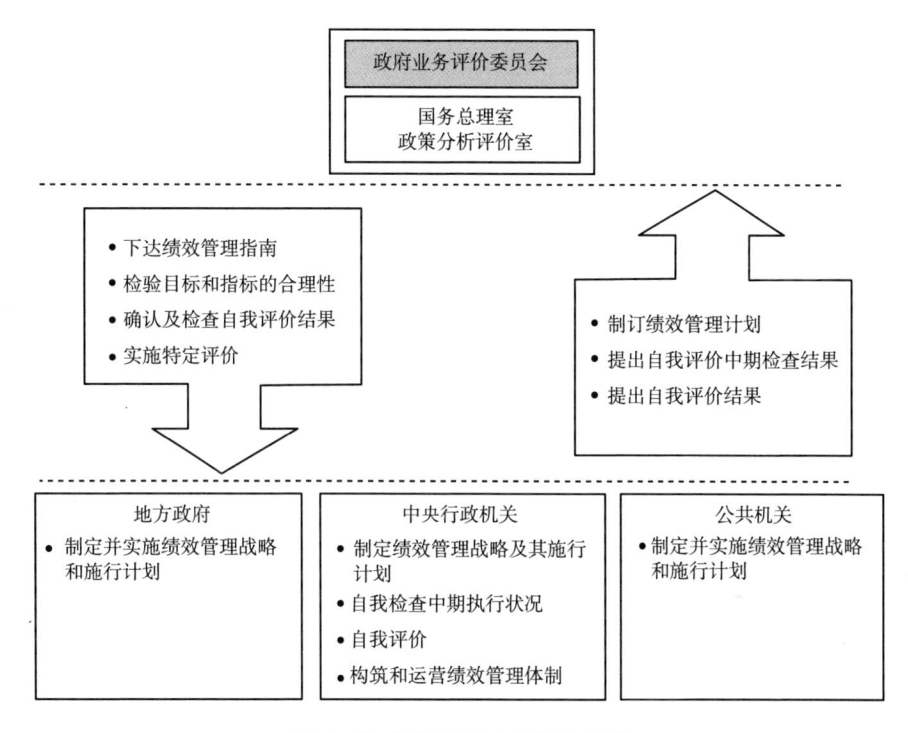

图5-8 韩国政府业务评价体系

具体而言，韩国中央政府机关的绩效管理过程由政府绩效计划、绩效执行与检查、绩效评价和绩效评价结果的应用这几个环节构成，具体如图5-9所示。

（1）政府绩效计划

从2007年起，中央行政机关需要制订以五年为一个周期的"绩效管理战略计划"，明晰机关的任务、愿景、战略目标及今后五年的绩效目标，并制订相应的"绩效管理施行计划"，以明确当年的绩效目标、政策（事业）及绩效指标。政府业务评价委员会帮助各中央行政机关调整和建立合理的目标与指标体系，并在每年统一制订绩效管理计划的时间和预算编制的周期。

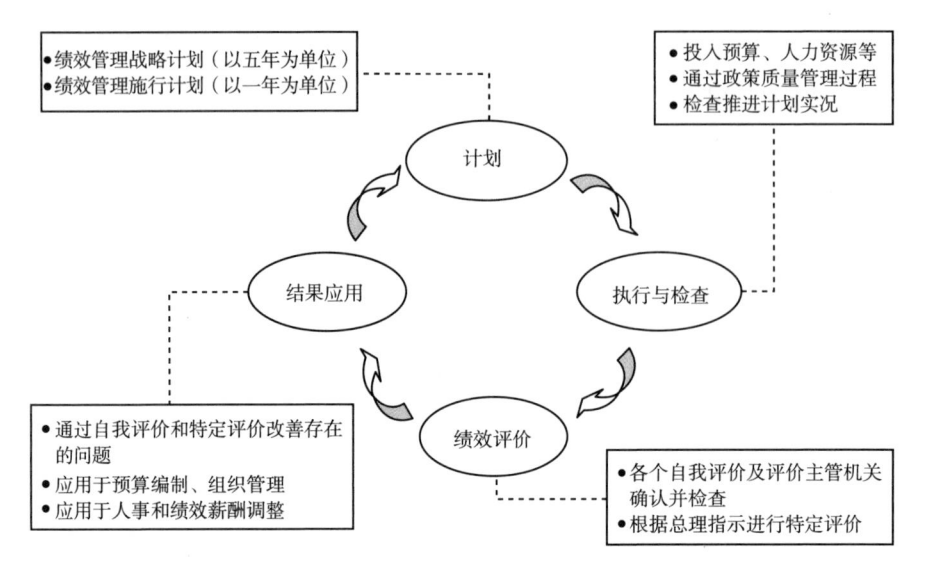

图 5-9　韩国政府组织绩效管理基本框架

(2) 绩效执行与检查

中央行政机关应有效地分配已有的资源以推进政策，并通过检查绩效目标的推进过程和实绩等确保目标的达成。

(3) 政府绩效评价

中央行政机关于每年 4 月开始制订绩效评价计划，并根据年末绩效情况于次年 1~3 月实施自我评价。绩效管理施行计划中的绩效目标和绩效指标将作为中央行政机关自我评价的主要评价标准。

(4) 绩效评价结果的应用

绩效评价结果的应用可以分别体现在行政机关和公务员个人两个层面。绩效评价结果在行政机关层面的应用主要体现为政策改善、预算编制及组织管理；而绩效评价结果在公务员个人层面的应用则体现为公务员职位变动或薪酬调整等具体的人事决策上。

2. 国家公务员绩效管理

韩国的公务员绩效管理根据公务员职级形成了二元绩效管理体系，即对 4 级以上公务员实行绩效合同制，对 5 级以下公务员进行工作业绩评价。

(1) 绩效合同制

绩效合同制是指根据韩国《国家公务员法》《关于公务员绩效评价等的

规定》《关于公务员绩效评价等的指南》，由评价对象与评价主体围绕评价项目的绩效目标及指标等进行协商，根据评价标准对评价指标或评价项目进行评价，并将其结果反映在人事管理中的一种基于绩效合同形式的管理方式。绩效合同制适用于4级以上一般职公务员、相当于4级以上别定职公务员及4级以上合同职公务员。绩效合同制的评价办法和程序如图5-10所示。

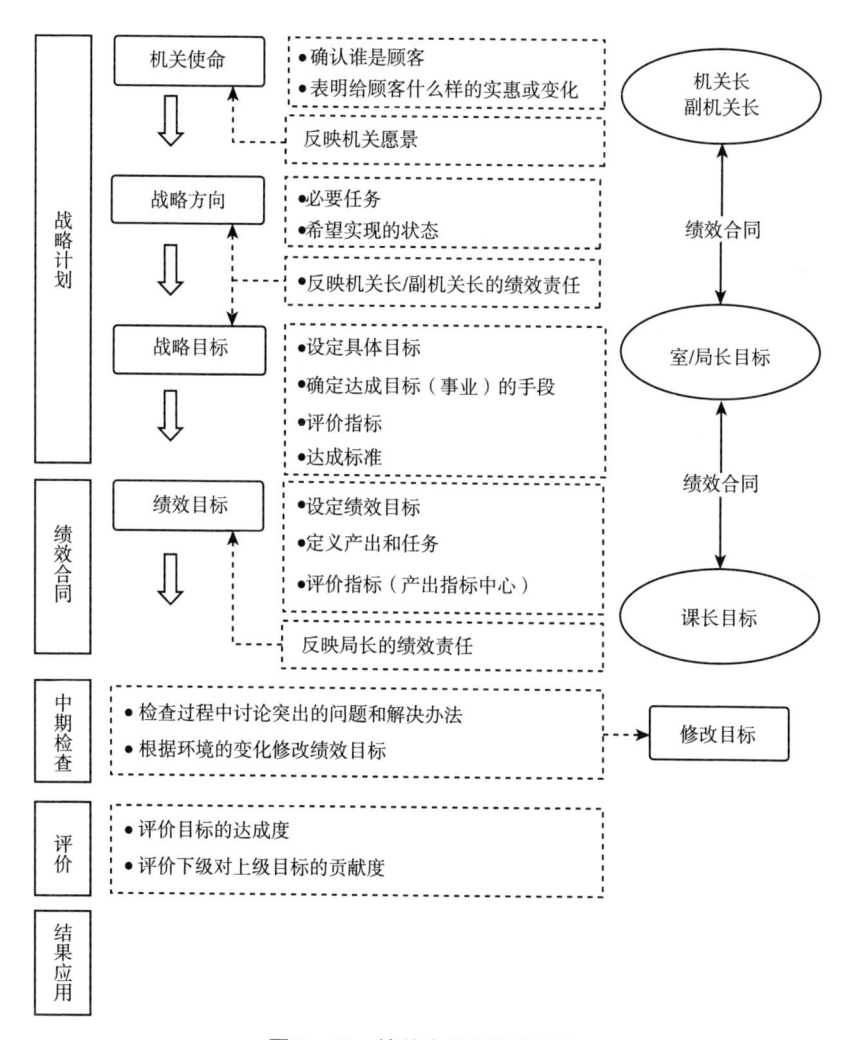

图 5-10　绩效合同制评价框架

①战略计划的制订。战略计划是指中央行政机关的长官为实现战略目标而制订的中期、长期计划。在签订绩效合同之前先制订战略计划的目的是强

化个人业务绩效与组织目标之间的联系。

②绩效合同的签订。绩效合同是指评价主体与评价对象之间，围绕要达成的绩效目标、评价指标及评价结果的应用等进行协商后达成的具有约束性的协议。根据组织的业务特点，所属部门长官可另行规定合同内容和办法。绩效合同通常于年初（1月）签订，为期1年。在签订绩效合同过程中重要的一点是在设定绩效目标时要确保上级、下级目标之间的联系，即通过签订自上而下的绩效合同，使课/班长的绩效目标能够有效支撑上级（室/局长）的绩效目标。

③中期检查。每年至少进行一次自我检查形式的中期检查（一般是在7~8月）。届时，评价主体以评价对象的绩效记录为基础，通过绩效面谈的方式讨论存在的问题和改进方案，并依据环境变化判断修订绩效目标及指标的必要性。

④评价办法及程序。评价周期内，根据既定的绩效合同对绩效目标达成度进行评价。评价时，评价主体与评价对象必须进行绩效面谈，评价主体以评价指标的测量结果为基础制作最终的绩效评价报告书。评价主体的上级需要确认评价主体提交的评价结果并对其进行合理性检查。

⑤评价结果的应用。对于实行绩效合同制的公务员，其评价结果的应用将反映在绩效薪酬的支付和人事决策上。依照强制分布的原则，绩效评价结果分为5个等级，卓越占20%以下，存在不足占10%以上，绩效薪酬将按照评价结果的等级予以发放。

（2）工作业绩评价制

工作业绩评价制是指对5级以下一般职公务员，相当于5级的研究官、指导官、技能职公务员、特定职公务员以及5级以下合同职公务员进行的个人工作业绩评价。工作业绩评价制规定了有关提升业绩和公务员能力发展的相关事项。工作业绩评价过程如图5-11所示。

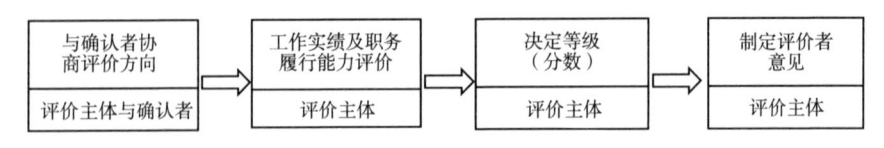

与确认者协商评价方向	工作实绩及职务履行能力评价	决定等级（分数）	制定评价者意见
评价主体与确认者	评价主体	评价主体	评价主体

图5-11 工作业绩评价过程

①确定工作绩效评价主体及确认者。工作业绩评价首先应确定评价主体和确认者。评价主体可以从能够观察被评价公务员绩效的上级、直接监督者（一般是作为部门负责人的课长）中选择，确认者由所属部门长官从评价主体的上级、直接监督者中指定。

②设定绩效目标。被评价公务员应于每年年初与评价主体和确认者协商后设定绩效目标。绩效目标要明确当年应达到的绩效程度，并作为当年绩效活动的标准。

③评价项目。在评价绩效时，必须把实绩和能力作为绩效评价的核心要素，其他要素为辅。因此，评价项目应以"工作实绩""职务履行能力"为基本项目，另外可根据所属部门长官的判断增加"职务履行态度"，工作业绩评价和职务履行态度如表5-16和表5-17所示。

表 5-16　　　　　　　　　　工作业绩评价（示例）

评价项目	工作实绩	职务履行能力	职务履行态度（选择）
评价要素	业务难易度 业务量 完成度 及时性	计划能力—表达能力 协调能力—执行力 迅速性—配合意识 诚实性—顾客导向性 组织献身度—战略的思考	

表 5-17　　　　　　　　　　职务履行能力（示例）

评价要素	定义
公务员伦理意识	● 遵守公务员应具备的基本伦理，并以此为标准行动的能力 ● 作为公务员应具备的"道德气质"
组织贡献度	● 作为组织成员，相比自己的利害得失更为注重所属部门、单位以及国家的利益，支持且包容组织政策方向的能力
自我控制力	● 战胜来自业务的压力，调整自己的感情，一贯维持履行业务的能力
战略性思考	● 业务上，善于选择核心解决课题，提出解决方案的能力 ● 从长远、综合、优先顺序明确的角度设定目标，处理业务的能力
职业精神	● 为了提高工作绩效全力以赴且自我学习的能力 ● 作为承担特定领域职务的职业人应具备的"智力/理性气质"
业务创新/改进	● 为了改善工作状况，采用新的视角和创新方法开展业务的能力 ● 对变化的情况具有肯定的思考，灵活应用挑战机会的能力 ● 为解决问题提出各种战略和具体的对策，且为改善过去的惯行和业务流程而努力的能力

续表

评价要素	定义
顾客导向	• 在业务上，理解国民或内部受益者（其他公务员）的需求，努力满足他们需求的能力
业务敏锐度	• 研究对政策结果产生最大影响的方法，且兼顾效能和效率而开展业务的能力
政策执行/管理	• 制订计划并按照日程执行且取得结果的能力
信息收集/管理	• 有效收集和及时应用对自己承担的业务必要的信息的能力
信息交流/沟通	• 在友好的氛围中，使对方明确理解自己的意图或通过倾听正确理解对方用意的能力
配合意识	• 与他人协作完成工作任务或作为团队成员为实现共同目标努力工作的能力
调解/综合能力	• 对涉及各部门及单位利害得失的事务，能够从国家、单位全体利益出发，做出正确判断并提供符合各方利益的解决方案的能力
协商能力	• 在相同或不利的立场上，谋求既合理又恰当的共识，进而得到对方的同意和协作的能力
提供目标/方向	• 明确理解单位的政策方向，并能够与本部门业务联系，进而促使下属理解的能力
资源/组织管理	• 有效利用和管理为扩大所承担业务的成果而投入资源的能力
指导/培养能力	• 通过提供适当的挑战机会、持续的关心和劝告，系统指导下属发展的能力
包容性	• 理解并包容不同意见或立场的能力
潜在领导力	• 作为今后管理者应具备的潜在素质和能力
顾客亲切度	• 为满足顾客而努力的程度
业务知识	• 对开展业务工作所需的实务知识、一般常识及技能、经验或与此相关信息的理解、熟练及应用程度
理解力	• 正确把握、理解及应用问题和情况的能力
判断力	• 把握和处理问题的能力
果断性	• 在决策或判断时，采取积极、挑战性态度的程度
规划/创造力	• 在业务处理上，具有独特的改进及规划能力
交涉能力	• 使对方理解自己用意的能力

④评价办法。工作业绩评价的程序基本上与绩效合同一致。评价项目主要由工作实绩、职务履行能力等组成，总分为100分。原则上于每年的6月

30 日和 12 月 31 日分两次进行评价，但所属部门长官认为必要时，可另定评价日期，每年也可只实施 1 次评价。

⑤绩效面谈及绩效记录。绩效面谈是确保工作业绩评价公正性和合理性的不可或缺的核心环节。在设定绩效目标、指导和检查（随时）绩效目标达成情况以及评价主体实施评价这三个环节之前，评价主体需要与被评价公务员围绕工作目标进行交流、指导和反馈，并记录和管理被评价公务员在实现绩效目标过程中的重要事项。

⑥评价结果的公开及异议的申请。评价主体及确认者的评价结束后，应公开评价对象的评价结果。绩效评价结果公开后，对结果有异议的评价对象可向确认者提出异议申请，而确认者与评价主体协商后确定对异议的反馈意见。对确认者的反馈结果有异议的评价对象，可继续向工作业绩评价委员会提出异议申请。

⑦评价结果的应用。工作业绩评价的评价结果将体现于绩效奖金的支付和晋升候选人名簿上。此外，工作业绩评价结果也可应用于特殊晋升、培训、任职管理等各种人事管理决策中。如图 5-12 所示，晋升候选人名簿的组成部分包括工作业绩评价、经历评价及加分评价。

工作业绩评价（70%~90%） + 经历评价（5%~30%） + 加分评价（5分以内） = 晋升候选人名簿（100%+加分）

图 5-12　晋升候选人名簿的组成

（3）绩效管理卡

2005 年 2 月，修订了的《公务员人事记录及人事业务处理规定》为绩效管理卡提供了法律依据，绩效管理卡是管理公务员绩效评价结果的系统，如图 5-13 所示。它不仅记录绩效合同制和工作业绩评价的结果，而且也记录包括政府业务评价和监察院评价在内的所有评价结果。过去的人事记录卡以经历和个人资料为主，因此在人事管理中的应用价值并不高，且存在个人的绩效及评价信息不成体系等问题。因此，将人事记录卡改编为绩效管理卡，可以综合和积累有关公务员绩效的各种评价及监察结果，构建基于实绩和绩效的人事运行体系。绩效管理卡中，记录对象的信息包括个人的实绩、能力评价信息、外部评价和监察结果等。实绩及能力评价信息包括工作业绩评价结果、绩效等级、多面评价结果及创新活动结果。外部评价包括国务调整室政策评价结果等。监察结果包括监察院检查结果、自查及个别机关检查结果、制度改革、战略课题、执行情况检查结果等。

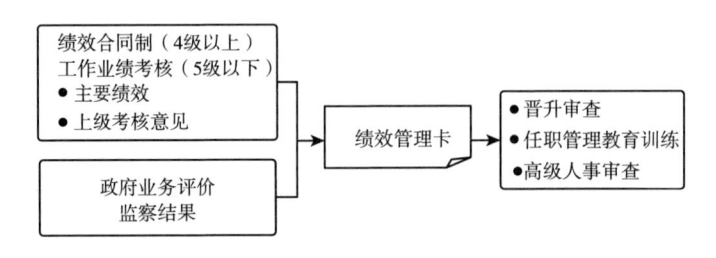

图 5-13　绩效管理卡的应用

在各行政机关中，绩效管理卡作为基础资料应用于晋升、任职管理、培训等各种人事管理。并且，5级以上公务员的绩效管理卡与国家人才库相链接，作为高级公务员资格的审查材料以及政务职及机关长的候选审查资料。

（三）韩国地方政府绩效管理

韩国地方政府绩效管理主要体现在自我评价和由中央行政机关评价这两个过程当中，而韩国地方公务员的绩效管理则与中央公务员绩效管理过程类似，在此不再赘述。

1. 自我评价

地方自治体长官（地方自治体最高行政长官）根据《政府业务评价基本法》对所属机关的全部业务进行自我评价。评价对象应在地方政府的室、局、科等各部门的主要业务中选定评价的课题，并评价符合各机关特点的主要措施。为提高评价的公正性和客观性，行政安全部长官可在评价指标、评价办法、评价基础的构建、强化自我评价能力的培训等方面向地方自治体提供帮助。自我评价应以自我评价委员会为中心实施自我评价计划，并应将结果通过电子综合评价系统及网络等形式予以公开。

2. 由中央行政机关执行的评价

由中央行政机关执行的自治体评价是指对地方政府受中央政府委托而处

理的国家委任事务、国库辅助业务及总统令规定的国家主要措施等（除地方政府原有业务外），为提高管理效率，必要时需要由行政安全部长官同相关中央行政机关的长官一起进行联合评价。这类联合评价由联合评价委员会主管并组织实施。但由于业务的特殊情况和评价时间等原因而不得不另行评价时，可与政府业务评价委员会协商，由有关中央行政机关实施个别评价。地方自治体政府业务评价如表5-18所示。

表5-18 地方自治体政府业务评价

分类		施行评价机关	备注
中央行政机关的评价	联合评价	行政安全部主管各中央行政机关协助	成立并运营"联合评价委员会"
中央行政机关的评价	个别评价	个别中央行政机关	
地方政府自我评价		地方政府自治体长	

（1）联合评价

行政安全部长官与地方自治体及相关中央行政机关的长官需在实施评价前3个月进行协商，制订联合评价实施计划，确定联合评价措施。行政安全部制订联合评价实施计划时，对由中央行政机关提出的个别评价要求需进行可行性研究，并根据实际予以调整。经政府业务评价委员会审议通过后，行政安全部长官需要向所属地方自治体联合评价委员会争取有关地方自治体评价的意见。最后，将确定的联合评价实施计划向该中央行政机关及地方自治体通报。

行政安全部及相关中央行政机关需开发能够综合评价地方自治体推进政策情况和成果的指标，尤其是要开发能反映人口规模、财政状况等地区特点，以提高群众生活水平的指标体系。实施联合评价时，由行政安全部和相关中央行政机关及专家组成联合评价团，同时参与评价的还有政府业务评价委员或总理室评价官。为了提高评价的实效性，中央行政机关要积极参与实绩检查及访谈确认等联合评价过程。联合评价结束后，行政安全部（地方自治体联合评价委员会）需向政府业务评价委员会报告联合评价结果。对经以上过程得出的评价结果，行政安全部要与相关中央行政机关协商，采取政策改善方案等措施，并向该地方自治体通报。

(2) 个别评价

相关中央行政机关对国家委托事务进行评价时，因业务的特点或评价时间等原因而无法正常进行联合评价时，应与政府业务评价委员会协商进行个别评价。同时，行政安全部在确定联合评价课题时，需接受政府业务评价委员会对个别评价课题的审议。结合审议后确定的评价措施，制订评价实施计划并向政府业务评价委员会和地方自治体通报。相关中央行政机关在实施个别评价后，需向工作业绩评价委员会制作和提交工作业绩评价书和排位名簿，由委员会审查、确认后予以公开。基于评价结果，相关中央行政机关需提出政策改善方案等措施，并以各中央行政机关为单位进行表彰。

（四）韩国政府绩效管理实践

1. 韩国行政安全部绩效管理实践

韩国中央行政机关基于《政府业务评价基本法》《关于公务员绩效评价等的规定》实施组织评价和个人评价，因此，各部门绩效评价的体系基本相似，只是在法规所赋予的权力范围内，由部门长官确定本部门的评价细节。

行政安全部实行的绩效评价的主要特点是，部门业务评价和部门力量评价所占比例为55%和45%，评价主体由内部、外部评价者（团）和一般国民组成。例如，对信访处理满意度的评价，评价主体可登录机关网页进行评价；对通话亲切度的评价，可委托专门调查机构进行评价，由调查员假扮成的"信访人员"根据通话效果予以评价。绩效评价项目和比例如表5-19所示。

表5-19　　　　　　　　　绩效评价内容

评价项目及比例		评价周期	评价内容
部门业务评价（55%）	主要业务绩效（55%）	半期	• 由上级（室、局长、长官）评价按部门设置的业务绩效指标——室、局长（30%）+长官（70%） ※ "绩效管理施行计划"中反映主要政策课题的绩效指标，必须作为所属部门的绩效指标进行评价，除主要政策课题以外的指标，根据业务重要程度自行设定

续表

评价项目及比例		评价周期	评价内容
部门力量评价（45%）	顾客、信访满意度（20%）	半期	• 顾客满意度（10%）：对机关及信访顾客服务的专门性、信任度、满意度等 • 信访处理满意度（6%）：通过网络等媒介实现的对质疑的答复满意度 • 通话亲切度（4%）：接听电话询问的态度
	工作方式的改善（15%）	1次/年	• 基于全面成本管理（TCM）的减少无效工作等改善活动的结果评价
	学习成长（10%）	半期	• 日常学习及能力开发实绩 • 复数职*4级以下公务员（一般）教育培训时间 • 依据《公务员教育培训法施行令》每年接受90小时教育
长官加分		1次/年	• 业务难易度、卓越的绩效 加分：卓越 S（1分），优秀 A（0.5分），特别报告书（0.2分以内）

注：*在韩国，职位和公务员级别不一一对应，有些职位可以由不同级别的公务员任职，这种职位叫作复数职。

公务员个人绩效评价体系分为对实行绩效合同制的4级以上公务员的评价和实行工作业绩评价制的5级以下公务员的评价，具体的评价项目及评价方法示例如表5-20所示。

表5-20　　　　　　评价项目定义及评价办法示例

维度（权重）	评价项目（权重）	评价项目定义
		评价办法
政策绩效（60%）	目标达成度（35%）	为了完成部门工作目标，将个人承担的业务设定为个人目标，在评价期内评价其目标达成度
		年初每个人与课长（直接上级）协商确定个人任务和目标，并在半期末，由课长根据按不同任务录入的每个人工作实绩进行评价，其等级为 S、A、B、C
	不同职级业务难易度（10%）	在个人承担的业务中，将该职级应达到的理想水平作为标准，评价其目标达成难易程度
		课长（直接上级）根据不同职级所必要的知识、努力程度等予以评价，其等级为 S、A、B、C
	协作程度（15%）	与上级、同事及下级公务员协作开展业务，或作为部门成员为完成部门共同目标而付出的努力程度
		课长（直接上级）根据公务员之间的协作程度予以评价，其等级为 S、A、B、C

续表

维度（权重）	评价项目（权重）	评价项目定义 评价办法
国民、顾客（20%）	对顾客满意度的贡献度（20%）	理解并满足国民、机关顾客及内部顾客对业务的需求，而为提高顾客满意度作出的贡献程度
		课长（直接上级）根据公务员对部门顾客满意度的贡献度予以评价，其等级为S、A、B、C
工作方式的改善（10%）	推进改善工作方式实绩（10%）	个人在提高工作效率、降低费用、提高顾客满意度、缩短处理时间以及提高政策质量等方面，能够带来积极效果的"改善工作方式的活动"中的绩效及其贡献度
		课长（直接上级）根据部门内公务员在改善工作方式（改善不合理的工作习惯、开展新业务、减少预算、规章制度改革等）和组织文化（组织融合、构建和谐工作环境等）方面所做出的努力程度、绩效及其贡献度进行综合评价，其等级为S、A、B、C
学习与成长（10%）	提高个人能力实绩（10%）	对为提高组织力量和不同个人专门能力而付出的努力程度与实绩的评价
		课长（直接上级）对通过学习、知识储备及共享，为提高组织力量而做出的个人贡献程度和个人为提高专门能力而努力的程度与绩效予以评价，其等级为S、A、B、C

在4级以上公务员中，对高级公务员（1~3级）和课长级（4级）公务员采取不同的评价办法，具体如表5-21所示。即对高级公务员的评价中，绩效合同的目标达成度占70%，政府业务评价结果占10%；但对课长级公务员的评价中，组织绩效评价结果占80%，以此提高对组织绩效的重视程度。

表5-21　　　　　5级以上公务员绩效评价权重

高级公务员	目标达成度评价（70%） （由次官、室长等职位的上级评价） ● 绩效目标推进实绩 ● 上级评价及长官确认	政府业务评价（10%） ● 政府业务评价结果（或组织绩效评价结果）	职务履行能力评价（20%） ● 综合能力评价和360度评价结果 ● 上级评价及长官确认
课长级公务员	组织绩效评价（80%） ● 上、下半期组织绩效评价结果的平均分 ● 部门业务评价 + 部门力量评价		职务履行能力评价（20%） ● 综合能力评价和360度评价结果 ● 室长、局长等评价

在对5级以下公务员的评价中，组织绩效评价结果占40%，以促使个人贡献于组织并提高其配合意识；而对技能职公务员的评价中则不包括组织评价的结果，主要以工作实绩为评价要素，具体如表5-22所示。

图5-22　　　　　5级以下公务员和技能职绩效评价权重

5级以下公务员	组织绩效评价（40%）	课长的公务员评价（30%） • 对个人业务实绩等的评价	职务履行能力评价（30%） • 综合能力评价和360度评价结果 • 课长评价
技能职	工作实绩评价（70%）		职务履行能力评价（30%）

从以上可以看出，行政安全部在个人绩效评价方面的特点是课长的评价占较大比重，对5级以下公务员的评价中，个人绩效所占比重大于组织绩效所占比重。

2. 韩国富川市绩效管理实践

富川市是拥有86万人口的韩国地方自治体。根据韩国行政安全部的要求，富川市自1999～2003年上半年实行了目标管理制。在该制度的安排下，富川市对各课的组织架构进行了调整，实行以团队为绩效责任主体的运作方式，绩效目标的设置以团队为基本单元，并对其人力资源管理政策做出相应调整。但是在未确立全市战略目标的情况下，团队目标很难与全市整体绩效联系起来；并且在目标管理的情境下，将绩效评价结果与绩效等级相联系，容易导致各团队避实就虚、拈轻怕重的情况发生，进而降低组织部门之间的协同程度，最终富川市目标管理实践宣告失败。由此，富川市于2004年1月决定引进平衡计分卡，其目的在于重视经营战略思考，推进以战略目标为中心的绩效管理，试图从政府组织内部提高公务员的执行力和创造性，营造积极挑战目标的组织氛围；通过构建市民和公务员易于接受的绩效管理体系，将政府绩效结果告知市民，确保政务的透明度。

富川市战略地图将其使命和愿景统称为"建设以文化促进发展，以经济实现腾飞的富川"，确定了文化和经济在富川市发展中的核心地位。根据使命和愿景，该市确立了文化、经济、交通、环境、福利、自治等6个核心领域，并以6个核心领域为立足点，确立了"以知识经济为中心的经济城市""享誉世界的文化城市""便利的生活空间城市""洁净、舒适的环境城市"

"共同生活的福利城市""有竞争力的自治经营城市"6个战略主题。富川市平衡计分卡的四个层面由23个目标构成,分别在市民层面设置14个目标,内部业务流程层面设置2个目标,财政层面设置4个目标,学习与成长层面设置3个目标,具体如图5-14所示。

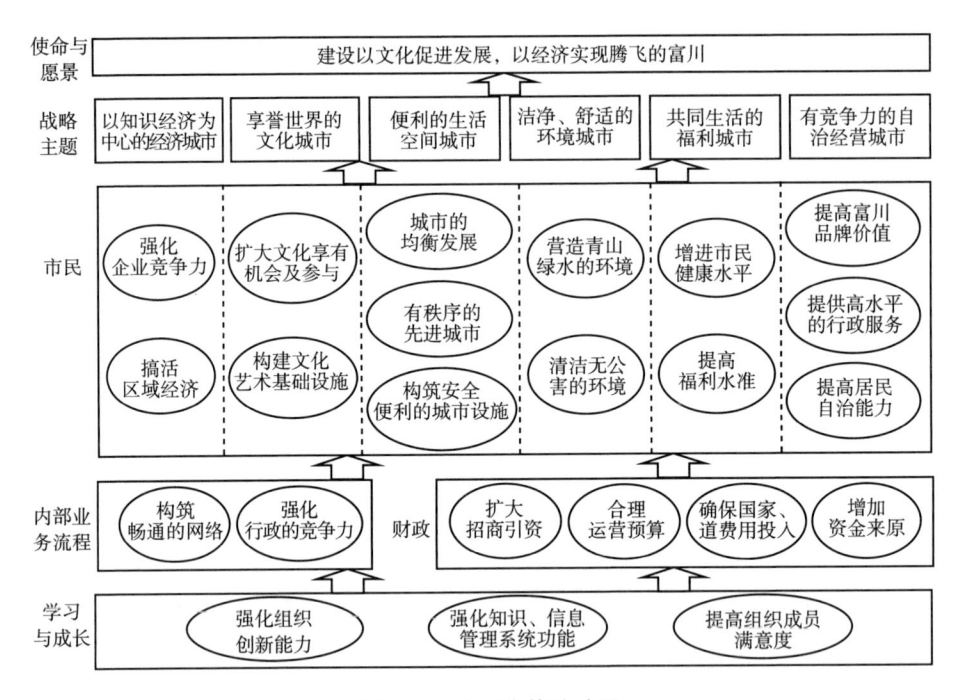

图 5-14　富川市战略地图

资料来源：Ung-Yong Choi, Hyun-Yun Cho, Sung-Hee Kwon, Jae-Hyung Cho, Hyun-Jung Bae. A Case Study of Local Government s Balanced Performance Management System Focused on BSC Implementation in Bucheon City, Reasearch of Management Accounting (Special issue), 2008 (3).

富川市构建绩效管理体系是围绕评价指标及评价项目、评价主体、评价周期、评价结果的应用等4个关键决策进行的。

(1) 评价指标及评价项目

绩效评价指标及其权重分布具有行为引导功能,它明确并强化了评价对象的努力方向和工作重点。因此,富川市在选取评价指标时力求其所衡量的绩效维度服务于市民满意度的提升,并尽可能使用量化指标；设计权重时,力求主次分明、统筹兼顾。

在指标的来源上，该市针对绩效目标按照投入、过程、产出、结果等逻辑顺序选取相应指标（见图5-15），并将绩效指标分为结果型指标（产出和结果）和过程型指标（投入和过程）。富川市在设置指标方面，不以公务员或专家的主观意志为依据，而是以市民满不满意作为标准。例如，在环保监测方面，尽管很多行政组织将"大气污染测量网正常启动率"作为评价指标，但实际上减少大气污染或者减少由于大气污染带来的危害，对市民来说更加符合他们的利益。因为市民对大气污染自动测量网是不是正常启动并不关心，也无从得知。富川市在这种"责任"和"绩效"的矛盾中，果断地采用了有利于市民的指标。

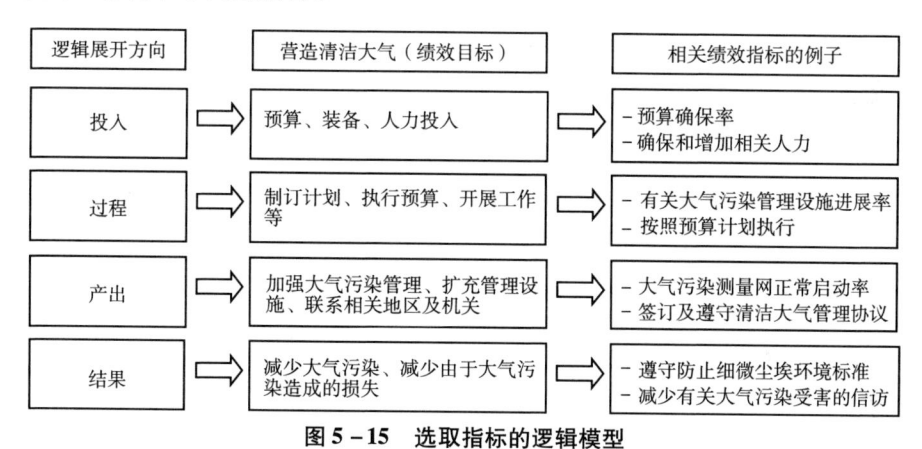

逻辑展开方向	营造清洁大气（绩效目标）	相关绩效指标的例子
投入	预算、装备、人力投入	-预算确保率 -确保和增加相关人力
过程	制订计划、执行预算、开展工作等	-有关大气污染管理设施进展率 -按照预算计划执行
产出	加强大气污染管理、扩充管理设施、联系相关地区及机关	-大气污染测量网正常启动率 -签订及遵守清洁大气管理协议
结果	减少大气污染、减少由于大气污染造成的损失	-遵守防止细微尘埃环境标准 -减少有关大气污染受害的信访

图5-15 选取指标的逻辑模型

资料来源：Ung-Yong Choi, Hyun-Yun Cho, Sung-Hee Kwon, Jae-Hyung Cho, Hyun-Jung Bae. A Case Study of Local Government s Balanced Performance Management System Focused on BSC Implementation in Bucheon City, Reasearch of Management Accounting（Special issue），2008（3）。

在指标的构成上，富川市的做法是在纵向上设置了市、局（区）、课（洞）、团队四级指标，并实行以课为中心的绩效管理体系，其中各团队绩效结果中70%是所属课的绩效，30%是团队自身的绩效，目的在于加强课和团队绩效间的联系程度。在市级部门、局级部门以及课级部门相关业务负责人的协调下，对各层级指标进行了体系构建工作，确保指标名称规范和统一、指标选用科学合理，使之上下衔接、系统有序。在横向上设置了特有和共有两类指标。特有指标用以评价每个部门独立承担的绩效任务，包括绩效指标评价和行动方案执行效果评价两方面内容；共有指标用以评价不同部门需共同担负的绩效任务，如人均受教育时间就是其共有指标之一。

在评价项目及其权重的分配上，富川市的做法是按照内部评价和外部评价划割权重。其中，内部评价由政策评价研究会实施，占绩效总分的75%。该75%的权重分别分配到特有与共有两类指标和业务环境及贡献度评价之中，特有指标占60%，共有指标占10%，业务环境及贡献度评价占5%。特有指标所占权重分割为两个部分，其中绩效指标评价占60%，行动方案执行效果评价占40%。外部评价通过问卷调查的方式由市民评分，占绩效总分的25%。该25%的权重进一步分割为两个部分，一是对政策的评价，主要关注绩效目标与绩效指标的匹配度；二是对履行行政服务承诺的满意度，主要关注绩效指标与行动方案的契合度，两者各占50%（见图5-16）。

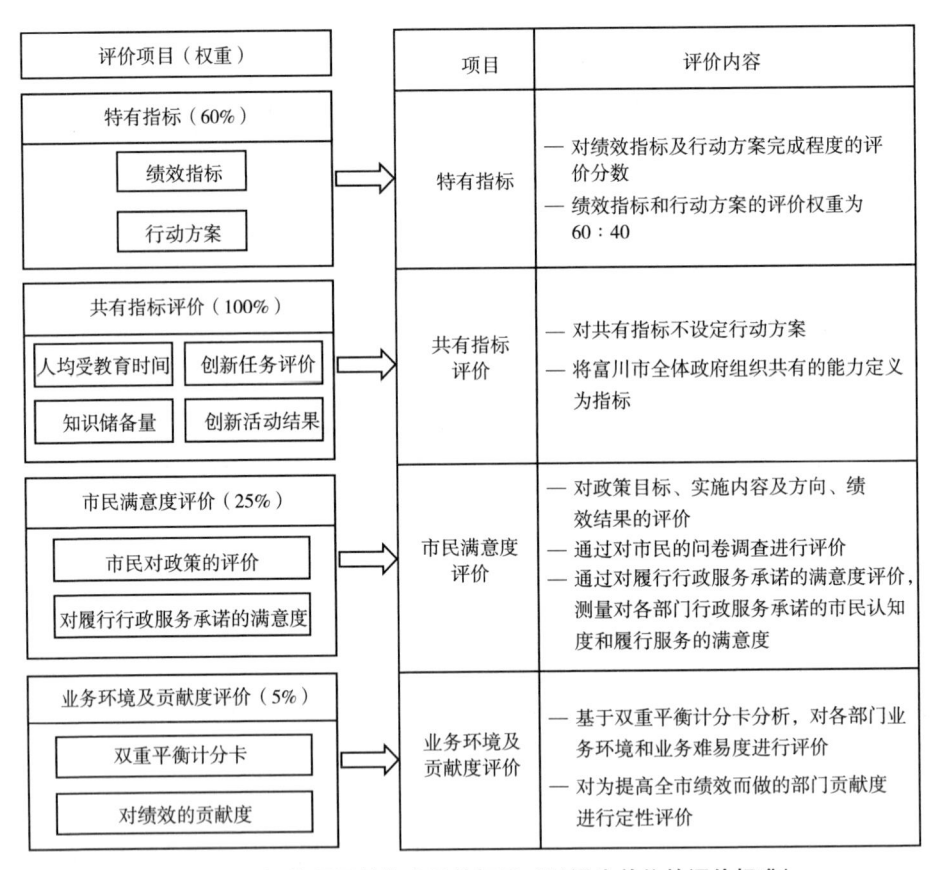

评价项目（权重）	项目	评价内容
特有指标（60%） 　绩效指标 　行动方案	特有指标	— 对绩效指标及行动方案完成程度的评价分数 — 绩效指标和行动方案的评价权重为60∶40
共有指标评价（100%） 　人均受教育时间　创新任务评价 　知识储备量　　创新活动结果	共有指标评价	— 对共有指标不设定行动方案 — 将富川市全体政府组织共有的能力定义为指标
市民满意度评价（25%） 　市民对政策的评价 　对履行行政服务承诺的满意度	市民满意度评价	— 对政策目标、实施内容及方向、绩效结果的评价 — 通过对市民的问卷调查进行评价 — 通过对履行行政服务承诺的满意度评价，测量对各部门行政服务承诺的市民认知度和履行服务的满意度
业务环境及贡献度评价（5%） 　双重平衡计分卡 　对绩效的贡献度	业务环境及贡献度评价	— 基于双重平衡计分卡分析，对各部门业务环境和业务难易度进行评价 — 对为提高全市绩效而做的部门贡献度进行定性评价

图5-16　评价项目的构成及其权重（以课为单位的评价标准）

资料来源：Ung-Yong Choi, Hyun-Yun Cho, Sung-Hee Kwon, Jae-Hyung Cho, Hyun-Jung Bae. A Case Study of Local Government's Balanced Performance Management System Focused on BSC Implementation in Bucheon City, Reasearch of Management Accounting (Special issue), 2008（3）.

（2）绩效评价主体

公共部门绩效管理的评价主体一般由上级、同级、自身和公众组成。富川市绩效管理系统采用了内部评价和外部评价并行的办法。内部评价是由政策评价研究会根据各部门绩效完成情况的评价。外部评价指的是对各部门政策执行情况的市民满意度评价。市民评价占绩效总分权重的25%，并明确了市民评价的内容和方式。这就可以反映出富川市对于市民参与的高度重视，也真正体现其以市民满意为中心的管理理念，从而突破了韩国地方政府绩效评价主体仅局限于政府自我评价和上级评价的传统做法，是政府绩效评价主体多元化的新探索。

（3）绩效评价周期

一般来说，评价周期与评价指标、职位类型、工作周期等因素有关。富川市在评价过程中，根据指标的特性采用了季度、半年、一年等不同的评价周期。例如，某区市民服务课对"通过学习纠正错误及处理信访事件"指标的评价周期是一个季度；对"信访处理满意度"指标的评价周期是半年；对"业务环境及贡献度"指标的评价周期是一年。每年都进行一次中期评价和一次年度评价。

（4）绩效评价结果的应用

富川市将评价结果主要应用于以下三个方面：第一，绩效改进。这一点在全市范围内达成了共识。通过平衡计分卡系统的整合，全市的战略与局、课以及团队的业务紧密联系起来，构成了一个整体性的管理体系。不同层级、不同部门在同一管理平台上进行绩效沟通和反馈，及时发现和纠正工作中存在的问题或偏差，实现了对组织绩效的监控和提升。第二，信息建设。富川市根据平衡计分卡体系开发了相应的绩效管理信息系统，通过该系统可以随时查询每个周期的评价结果和分析意见。第三，人力资源管理决策。富川市将绩效评价结果作为决策依据，应用到绩效等级的评定、职务的晋升、薪酬的支付等人力资源管理实践中。

五、新加坡政府绩效管理

新加坡政府是世界上最高效、廉洁的政府之一。近几年，新加坡政府绩效管理发展迅速，在政府组织和部门中采用了先进的绩效管理方法与技术，并积累了很多政府绩效审计的宝贵经验。

（一）新加坡政府绩效审计

1. 新加坡政府绩效审计的主管机关及负责人

新加坡政府绩效审计的主管机关是新加坡公共财政委员会（Public Account Committee）和审计总署，其总负责人为审计长，配套的主要法律为《审计法》《审计总署与被审计部门关系条例》。

每个财政年度结束之后，政府都须向国会报告本年度的财政收支状况。这一报告由各个职能部门财政报告组成，政府财政报告列入国会议事议程之后交由八名国会议员组成的公共财政委员会审议。由于人数有限，公共财政委员会无法做到对海量财务信息进行逐一审查，从而难以对政府工作绩效进行有效评价和确保政府财务状况的透明、廉洁。因此新加坡政府设立了审计总署来帮助公共财政委员会处理有关财务审计的具体事宜。审计总署实际上扮演了国会"守门人"的角色以督促各政府部门、法定机构和地区议会对国会负责。

为保证政府部门审计的独立性，新加坡《宪法》规定审计长由总理提名，由总统委任。总理决定审计长提名之前，应与公务员委员会商议。若总统不同意总理的提名，则有权行使其自由裁量权决定审计长人选。审计长任期六年，可以连任两届。总统有权采纳总理的意见将审计长免职。因重大渎职而提起的罢免意见需经由最高法院大法官连同其指定的两名陪审法官组成的陪审团审议通过后方可生效，审议程序应严格按照法定程序加以执行。新加坡《审计法》规定，审计长应负责所有政府部门及办公室（包括公务员委员会在内）、最高法院、次级法院及国会的账目审计及上报。为了完成法律规定的职责，审计长及其下属工作人员应被赋予查阅所有与账目审计相关的书籍、记录、回执及报告的权力。在完成审计工作后，审计长须将审计报告上交至总统并由总统转呈国会。

与一般的商业审计不同，新加坡政府审计超出了进行简单财务收支核对的范畴。新加坡政府部门审计主要包含以下三个方面：

①财务审计（financial statement audit）。即传统意义上的对于财务收入和支出记录的核对，审查购买的物资是否如期交付。

②程序审计（compliance audit）。即对于政府支出是否遵循既定程序进行审核，主要内容包括供货方价格合理性、购买程序性、支出透明度及公平性。

③绩效审计（performance audit）。绩效审计关注政府支出行为是否达到预期目标以及支出本身是否能够获得收益最大化。为了完成绩效审计，审计官员需评价被审计部门的工作效率及项目的目标达成度并监督其是否存在浪费公共资源的行为。新加坡审计总署在对政府部门及政府项目进行绩效审计时遵循以下三个原则：效果（effectiveness）、效率（efficiency）及经济（economy），即3E原则。效果是指政府部门及政府项目在多大程度上达成既定目标。效率是指公共资源是否得到合理的分配和最大程度的利用。经济则是指在购买谈判中政府最终接受的价格是否合理。

2. 新加坡政府绩效审计内容

新加坡《审计法》及《审计总署与被审计部门关系条例》详细规定了新加坡政府部门绩效审计的内容、主体、周期、方法及结果的应用。新加坡绩效审计始终秉承资金价值的审计原则，在评价政府部门的日常开支、政策制定或项目是否有效执行时，主要从以下几点出发：

①某项日常开支、政策及项目在其发生的时间点是否为必需。

②为了确保资金价值，在做出某项决定时是否考虑过其他的意见和建议。

③日常开支、政策及项目最终的目标达成度。

④在达成目标的过程中是否存在资源的无效率使用。

⑤为了确保资金价值及3E原则，是否采取过相应的管理措施。

审计总署所能审计的部门包括：国会及地方议会、国家机关、总理公署、政府部委、法定机构、国家基金及国有企业。其中地方议会、法定机构及国家基金的绩效审计在实际操作中，通常由其负责人在与审计总署商议后，指定商业审计机构进行审计。对于国有企业，则在国有企业提起申请并经财政部同意，或财政部为保证公共利益不受侵害而向审计总署提起申请这两种情况下，可由审计总署进行绩效审计。

3. 新加坡政府绩效审计周期

新加坡《审计法》规定，政府各部部长应在年度财务报告完成之后立即递交至审计长，由审计总署对各部门财务报告进行审计并据此撰写审计报告，审计报告原则上一年向总统及国会提交一次。如在财政年度结束后 7 个月内审计长尚未收到某部门所应提交的财务报告，则审计长应就此事撰写报告上报总统，总统应立即将此报告移交国会。审计报告完成后，应由审计长提交至总统，总统应在收到审计报告的 30 天内将报告移交至国会。如国会处于休会期，则需在国会重新开会后 14 天内将审计报告移交。

4. 新加坡政府绩效审计程序

新加坡《审计总署与被审计部门关系条例》对绩效审计的程序有着严格的规定。新加坡政府绩效审计共包括审计通知、信息搜集、发送质询信和提交审计报告这四个步骤组成。

（1）审计通知

在绩效审计开展之前，审计部门应通过常规安排、书面通知或问卷调查的方式通知被审计部门。为完成某些特定内容的审计，审计总署可以委托商业审计员、咨询专家和技术专家以协助审计官员完成绩效审计。值得指出的是，法定机构及地区议会可在审计总署的同意下自行安排商业审计机构对本部门进行财务审计，但不妨碍审计总署同时对该部门进行绩效审计。由审计总署负责的绩效审计与由商业审计机构负责的财务审计互不干涉、彼此独立，但在必要时，审计总署可要求商业审计机构移交财务审计结果，从而为绩效审计提供必要的信息支持。

（2）信息搜集

为了获取绩效审计的有效信息，新加坡《审计法》规定审计总署有权与被审计部门的工作人员进行面谈并获取纸质及电子版的文件、报告、书籍、票据、邮票、仓储信息等与审计相关的一切信息。此外，若通过安全检查，审计总署还享有实地调查的权力。在搜集信息的过程中，审计官员应全程佩戴审计授权卡以表明其身份。协助审计的商业审计机构人员、咨询专家及技术专家则需携带审计总署开具的证明函。

（3）发送质询信

在初步调查之后，审计总署将向被审计部门发出质询信，要求被审计部门对审计总署所关心的问题进行逐一答复。质询信需同时发送给政府部门的常务国务大臣、法定机构的首席执行官及地区议会主席，并抄送至该部门的财务处。在涉及法定机构时，质询信还须同时发送给审计委员会主席及律政部常务国务大臣。在发出质询信之前，审计总署应要求被审计部门提供尽可能详尽的信息以保证初步调查中获得的资料切实可信。这项工作可以通过讨论会、电子邮件及质询信草案的方式完成。在收到质询信后，被审计部门应于21天之内对质询信中提到的问题逐一进行回答。

（4）提交审计报告

在获得质询信答复后，审计总署据此撰写审计报告，被审计部门有权在审计报告提交总统前预览完稿。审计报告中涉及的部门信息除用于审计总署的绩效审计，未经授权不得泄露给其他任何机构。为配合审计总署高效准确地完成绩效审计工作，审计总署与被审计部门关系条例详细规定了被审计部门应承担的义务。

①与审计总署保持充分沟通。被审计部门可通过政府公文、电子邮件或口头联系的方式与审计总署保持沟通。如有必要，审计总署有权要求获取审计部门口头沟通中所涉及的文件。此外，法律还赋予审计总署约谈审计相关人员的权力。为配合审计总署完成审计工作，被审计部门可临时指派人员担任联络官员。如被审计部门的常务国务大臣、首席执行官或主席因故无法亲自回答审计总署的质询，则被审计部门需另外指派官员代为答复。

②为审计总署提供信息。被审计部门须按时如实提供审计总署所要求的一切信息，并保证信息的完整性和可信度。被审计部门如担心机密信息的信息安全，可与审计总署商议后直接将信息转交给审计总署高级官员。如有必要，高级别的机密信息可以转交给审计长本人。

③遵守时间期限。对审计总署获取有效信息和答复设定时间期限是审计总署及时、高效、高质量完成审计报告的必要条件。如确实存在特殊情况，被审计部门需在接到信息获取要求或答复要求的三个工作日之内以书面形式向审计总署说明情况。

5. 新加坡政府绩效审计结果应用

审计结果将以年度审计报告（annual report of the audit-general）的方式提交给总统，并由总统移交国会公共财政委员会审议，由该委员会做出绩效审计结果的处理决定。年度审计报告最终将定期向公众发布。

（二）新加坡公务员绩效管理

1. 新加坡公务员体系

新加坡在西方三权分立的基础上发展了具有本国特色的政治体系。新加坡为议会共和制国家，其政治体系注重公务员权力的监督与制衡，这为新加坡建立高效廉洁的公务员队伍奠定了制度基础。在新加坡，总统为名义元首。立法权由国会掌握，国会议员为民选，在议会中占多数的党派负责执政。自 1965 年独立至今，新加坡均保持人民行动党一党独大的政治格局。总理之下设总理公署（Office of Prime Minister），加上政府 14 个部，构成了新加坡的行政系统。此外，新加坡还聘请本国退任领导人担任高级政府顾问，一般授予内阁资政和国务资政两种职位。新加坡司法系统突破固有的西方司法模式，将审计、公务员任命和提拔等与公共权力监督的内容统统纳入进来，形成了新加坡独有的司法系统。新加坡的行政体系如图 5-17 所示。

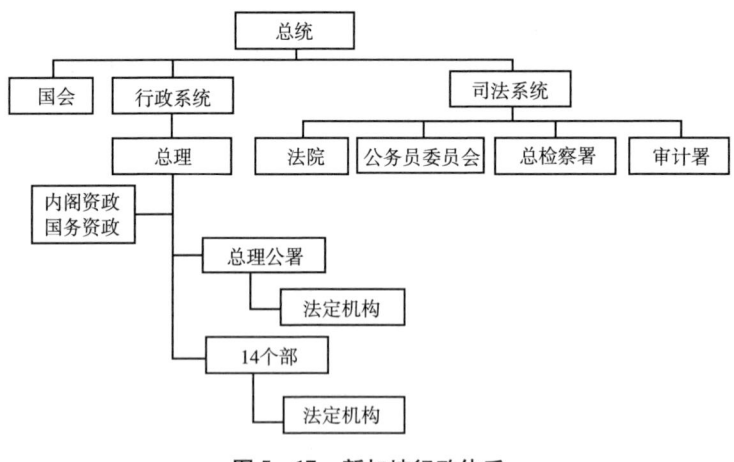

图 5-17 新加坡行政体系

新加坡现行公务员制度构建于 1947 年查斯蒂议会（Trusted Commission）

所引进的基本框架之上，该框架旨在全方位地重构新加坡的人事管理系统。在哈里·查斯蒂担任议会主席期间，新加坡议会将公务员队伍划分为四个序列，序列的划分主要基于公务员的技能、教育背景及责任感。第一序列公务员，亦称行政管理官员（Administrative Service），主要承担政策制定和行政管理职责。[①] 第一序列公务员共划分为两个层级，分别为高级公务员（Superscale Officer）和有薪阶行政官（Timescale Officer），高级公务员又划分为 B 至 G 五个等级。高级公务员主要为常务国务大臣（Permanent Secretary）或副国务大臣（Deputy Secretaries），而有薪阶行政官则指的是向国务大臣负责的公共管理机构的职业雇员。新加坡采用英国文官制度，严格限定进入一级公务员队伍的门槛。在新加坡，大学毕业生本科毕业成绩必须至少达到二级优（upper second class level）[②] 才有资格申请一级公务员的职位。新加坡公务员级别划分具体参见表 5-23。

表 5-23　　　　　　　　　新加坡公务员级别划分

公务员等级	职位分类		资格条件
Ⅰ序列公务员	高级公务员（高级 B—高级 G）	管理执行序列	大学本科毕业成绩二级优及以上
	有薪阶行政官	管理执行序列	
Ⅱ序列公务员	管理辅助序列		工艺教育学院毕业
	技术辅助序列		理工学院文凭
			剑桥 A 水准
			剑桥 O 水准
Ⅲ序列公务员	行政辅助序列		剑桥 A 水准
			剑桥 O 水准
			剑桥 N 水准
Ⅳ序列公务员	操作辅助序列		中学 2 年级以上
			完成小学教育

资料来源：吴志华. 当今公务员制度 [M]. 上海：上海交通大学出版社，2008：295-296。

---

① Sarah Vallance Harkness Fellow Department of Social Medicine Harvard University, 1999 Performance Appraisal in Singapore, Thailand and the Philippines: A Cultural Perspective, Australian Journal of Public Administration, 58（3）：7.

② 由于曾为英国殖民地，新加坡保留了英国大学的学分评定制度。二级相当于 60 分及 GPA2.1，60~70 分为二级优，70 分以上为一级。剑桥牛津等名校的研究生入学通常要求学生大学本科毕业成绩不得低于一级。

为规范公务员行为，新加坡建立了完备的公务员法律体系。在新加坡宪法中就有专门条款对公务员管理权限及公务员的权利和义务进行了明确的规定。此外新加坡又先后颁布了《公务员纪律条例》《公务员委员会及立法委员会法案》《公务员委员会职责下放指导》《反贪污法》《审计法》等法律法规，对公务员的纪律规范和检查监督做了详细规定。

2. 新加坡公务员绩效管理工具的应用

新加坡于1983年引入潜力评价体系（potential appraisal system，PAS）用以对高级公务员进行绩效评价。该套系统是壳牌公司于20世纪60年代为评价高级管理职位的员工所开发的一套绩效评价体系。潜力评价体系起初萌芽于工业心理学家、荷兰乌尔勒支大学教授范·伦纳普（Van Lennup）的研究成果，1966年壳牌公司引进范·伦纳普的研究成果并聘请其为公司量身定制一套旨在评价公务员潜力的绩效评价体系，潜力评价由此被引入壳牌公司。此后，范·伦纳普总结了四项最能够集中体现公务员潜力的素质，由此构成了潜力评价系统的基本框架。1986年壳牌公司对潜力评价系统进行了改进。1994年，新加坡政府在新的潜力评价系统的基础上进行调整以符合公共管理部门的特性。潜力评价系统在应用于新加坡公务员绩效评价之后，也得到了逐步的改进和完善。壳牌新加坡公司就见证了潜力评价体系在新加坡公共服务领域的每一步成长，如今壳牌新加坡公司仍在为公务员署（Public Service Division，PSD）提供关于潜力评价体系运作的相关咨询服务。

3. 新加坡公务员绩效管理的主管机关

新加坡公务员绩效的管理由公务员委员会与总理公署下属的公务员署共同负责。公务员署的主要职责是制定、监控和评价新加坡公务员管理制度，监督公共管理机构按照制度的规定来管理本机构的公务员。同时，公务员署还负责管理一级公务员的绩效评价系统。

1995年，新加坡政府进行了公务员管理制度的重大改革，将原本属于公务员委员会的公务员招录、晋升、调动、解雇及纪律监督等权力下放至各公共管理机构的人事管理部门。1997年4月1日重新修订的《公务员委员会权力下放指导》作为新加坡《宪法》的组成部分以国家根本大法的方式对公务员委员会的权力做了明确的规定。其中，非教育、缉毒、警察及国防领域公务员中的第一序列第三等级公务员及其以下所有等级的公务员，第一、第二和第三序列教育官员，警察部门中所有等级的助理警司及警督，所有监狱部门的警司、矫正官及高级典狱官，国防军上尉及其以下军官，中央缉毒局的警司及缉毒官员的招录、晋升、调动、解雇及纪律监督等职责，由各公共管理机构国务大臣领导下的人事委员会（Personnel Board）履行。这些人事委员会分为三个等级来处理不同等级的公务员管理事务。第一等级为高级人事委员会（Senior Personnel Board），处理高级公务员的人事管理事务；第二等级为人事委员会（Personnel Board），处理普通公务员的人事管理事务；第三等级为特别人事委员会（Special Personnel Board），与公务员委员会共同负责审理人事管理中出现的争端。从整个公务员绩效管理体系来看，公务员委员会与各公共管理机构的人事委员会共同承担绩效评价的具体工作。其中，人事委员会负责本机构公务员的绩效评价并根据绩效评价结果做出相应的人事决策；而公务员委员会则根据人事委员会给出的绩效评价结果，负责人事委员会管辖范围之外的人事决策。

为完成公务员绩效管理的全过程，新加坡公共管理机构的人事委员会为每个公务员都指定了督导员和协同签名官，并在执行细则中明确规定，督导员及协同签名官必须满足以下条件。

①督导员及协同签名官必须具备足够的业务知识及绩效管理知识以保证绩效评价的公平性和客观性。

②督导员及协同签名官必须拥有比公务员更高的职位。

③为保证评价报告的公平性，协同签名官不得查阅公务员之前的绩效记录。

④协同签名官必须保证评分标准的公平性及连贯性。

⑤督导员在撰写评价报告时至少应认识公务员6个月以上。如果督导时间未及6个月，为完成评价报告，督导员需向公务员上一任督导员咨询相关信息以保证评价的完整性。

⑥对于有多个督导员的公务员，负责撰写评价报告的督导员须与其他督导员协商决定报告内容。

4. 新加坡公务员绩效评价办法

新加坡政府绩效评价主要通过两个系统来实现，第一个是绩效报告系统，第二个是绩效排名系统。

（1）绩效报告系统

①工作任务表（assignment worksheet）。在新一年工作开始之前，督导员与公务员就本年度的工作任务、工作计划、培训计划进行讨论并达成共识，之后督导员与公务员将约定阶段性评价及最终评价的时间。所有达成共识的内容将会被记录在工作任务表上。

②工作评价报告（work review report）。工作评价报告是公开的绩效评价报告。在年度工作完成之后，督导员和公务员将共同就公务员在整个绩效评价周期中的绩效表现进行评价并如实记录。工作评价报告要求对公务员的工作绩效做出评价，其目的在于促使公务员参与到绩效评价过程中来，以减少公务员直面评价结果时的尴尬。督导者与公务员通常认为工作评价报告更倾向于反映工作绩效的积极面而非消极面。在绩效评价中，督导员需要对公务员的潜质进行详尽的审视与评价并就公务员培训计划和职业规划给出具体建议。总之，工作评价报告更多地充当促使公务员反思本阶段工作绩效并思考绩效改进方案的评价工具。

③发展评价报告（development report）。与工作评价报告不同，发展评价报告是对公务员保密的绩效评价报告。发展评价报告主要对公务员的工作业绩、态度品质、培训需求及发展空间进行综合评价。督导员须选择卓越（high）、优秀（exceeding）、合格（meeting）及不合格（below）中的一项以对公务员的绩效表现进行评价。此外，督导员还须在其给出的评价后面附上简要说明。

（2）绩效排名系统

绩效排名系统是对绩效报告系统的全方位补充，旨在解决不同督导者之间所存在的标准差异问题。绩效排名系统包含了工作质量、组织产出能力、知识及应用、团队合作、抗压能力及责任感等多项内容。排名小组将基于绩效评价结果将所有公务员进行一对一比较，由此得出本机构内所有公务员的绩效排名。为得出公务员的准确排名，排名小组首先将所有公务员划分为几个组别，这几个组别须在平均绩效水平上存在显著的区别并保证同一组内公务员的绩效水平不存在过大的差异。之后排名小组需要确定公务员在该组别中所处的位置，此时通常采用行为锚定量表法。为证明某一公务员在其组别中所处位置的合理性，排名小组还需辅以公务员具体工作实例的说明。在确定每个公务员在组别中的排名之后，排名小组将所有组别放在一起通盘排序，重新划分绩效等级并将每个公务员对号入座。

此外值得指出的是，在公务员工作绩效报告被评为 E 级或不可接受时，负责撰写报告的督导员需向其发出绩效不良通知函。附件 5－1 是绩效不良通知函的样例，它大致涵盖了所有督导员需要传递给绩效评价不合格者的信息。

附件 5－1：公务员绩效不良通知函

日期＿＿＿＿＿＿＿＿

姓名＿＿＿＿＿＿＿＿

职务＿＿＿＿＿＿＿＿

经手＿＿＿＿＿＿＿＿

（协同签名官）

绩效不良通知函

您在＿＿＿＿＿＿至＿＿＿＿＿＿期间的绩效评价中因未能完成基本工作要求而在年度绩效报告中被评定为工作绩效 E 级。

如果您认为本次绩效评价有任何不公正之处，您有权在收到本函之日起 7 天内向人事部递交说明信。

请您在收到本函后将本函复印并将其立即寄回我处。

＿＿＿＿＿＿＿＿＿＿＿＿＿＿

（督导员签名及职务）

本人已于＿＿＿＿＿＿（日期）收到本函

＿＿＿＿＿＿＿＿＿＿＿＿＿＿

（公务员签名）

5. 新加坡公务员绩效评价内容

新加坡公务员绩效管理体系始终坚持尽可能帮助每个公务员的天赋和技能得到充分发展，以最大限度地拓展他们的能力。因此，新加坡政府秉承廉正、服务及卓越的核心价值观，将公务员绩效评价聚焦于以下四个原则：

①绩效评价体系应是透明、公正的；

②绩效评价体系应是可信、客观和严谨的；
③绩效评价结果应及时向公务员反馈；
④绩效评价应着眼于促进公务员的职业发展。

具体而言，新加坡公务员绩效评价的内容可以从发展评价报告和工作评价报告中体现出来。

(1) 发展评价报告

发展评价的核心组成部分为现有潜质评价系统（current estimated potential assessments，CEP）。现有潜质评价系统选取了一系列评价指标以预测公务员在退休之前所能达到的最高工作水准，具体指标如表5-24所示。

表 5-24　　　　　　　　　潜质评价系统评价指标

CEP 评价指标	指标定义
高瞻远瞩的能力	在处理某一问题或议题时通盘考虑所有相关因素的能力
分析能力	迅速将某一问题解构为若干部分并将其中的关键因素从干扰因素中剥离出来；同时关注和把握问题各个方面之间联系的能力
想象力与创新能力	在面对问题时能跳出常规思维，敢于提出假设并能从不同的角度观察问题；能够接受别人具有创新意识的意见或建议；能够重构自身的经验从而为组织业绩的改进提供新的具有可行性的解决方案
现实认知能力	看待问题时，能从现实而非自身的主观意愿出发；在做出判断时，不过分受自身需求及专家意见的干扰；在决定优先次序、设定目标及提出解决方案时，能充分考虑自己及他人的能力范围
成就动机	在制定和追求挑战性目标时具备驱动力、自信及责任感。对待生活和工作具有积极的态度，在面对压力时保持不屈不挠
社会及政治敏感度	自觉地从社会及政治的视角审视工作中出现的问题，对国内外的社会和政治环境有基本的兴趣及洞察力；在国家利益面前有明确的立场
决断力	明白在何时应该做出决定，在需要做出决定时能够综合考虑各种不确定因素并给出清晰明确的答复
鼓舞激励能力	能够很自然地激发别人的动机、激情、决心及自信，对周遭的人有着基本的尊重和真切的关怀；可以增强团队的凝聚力

续表

CEP 评价指标	指标定义
任务分配能力	能够愉快地将重要任务分配给下属或团队成员,并在对结果进行监控的同时给予他们完成任务的自主性,并敢于承担责任
沟通协商能力	能够在合适的时间,通过合适的方式和本机构内外的团体沟通与协商合适的事项;能够清晰明确地通过书面和口语表达自己的意见并能倾听及理解别人的观点与看法

资料来源：http://www.ps21.gov.sg/challenge/2006_10/staff/staff.html-16。

值得指出的是,以上的 CEP 指标主要供第一序列及第二序列的公务员现有潜质评价使用,第三、第四序列的公务员所使用的指标相对有所简化。总体来说主要包含四个方面：智能水平、适应性和胜任多种工作的能力、工作结果及监管能力。[①]

(2) 工作评价报告

工作评价报告分为四部分内容,第一部分为绩效目标达成评价,旨在对上一评价周期结束后制定的绩效目标进行讨论,掌握目标完成进度并评价公务员取得的绩效进步。目标完成进度以"完成""进行中""尚未开始"三个级别来衡量。工作评价报告的第二部分为绩效要素评价,一般从工作产出、知识技能、态度及其他个人特征三个方面对公务员进行绩效评价。表 5-25 是绩效要素评价的样表。

表 5-25　　　　　　　　　绩效要素评价样表

工作结果		
评价指标	指标描述	评价等级
工作质量	工作产出的可接受度、准确性、明晰度;按要求对工作产出进行检查的次数	
产出能力	组织工作小组改进工作结果;利用工作工具、设备和工作环境的能力;制订合适的计划并以合理的途径完成既定任务的能力	
即时性	按既定日程完成的任务和工作数量;在限定时间内完成工作的能力	

---

① 参见 http://www.ps21.gov.sg/challenge/2006_10/staff/staff.html。

续表

评价指标	指标描述	评价等级
工作结果		
知识技能		
业务知识	理论知识和能够高效完成工作的实践技巧	
技术能力	工作技能及完成特定任务所需的特殊技能	
沟通技巧	与他人沟通的能力	
顾客服务能力	感知组织内外客户需求的敏锐度及对组织内外客户需求进行回应的积极性	
领导力	与工作团队及其他部门进行沟通协商、组织人员完成任务的能力及发挥个人榜样作用的能力	
判断能力	对任务目标、可选方案和解决方案进行谨慎评价的能力；在做出决策之前保持客观态度的能力	
团队合作能力	与他人合作并考虑他人意见；建立并维护合作而又高效的工作关系；通过快速地接受和提供信息以帮助他人更有效率地完成工作；有效地解决工作中出现的争执，帮助团队迅速地明确目标和方向	
态度及其他个人特征		
执行任务时表现出的工作态度		
时间观念和出勤率		
可靠性		
进取心和责任感		
抗压能力		
维护工作环境的能力	能够保守本部门机密，自觉维护操作安全和程序安全	
项目、委员会及文案展示	能够在工作之外完成额外的项目、委员会工作或文案展示	

资料来源：Majlis Ugama Islam Singapura（MUIS）. Staff Appraisal System，Mosque Human Resource Manual。

由督导员根据工作评价报告的评价结果给出公务员下一年度的培训及职业发展规划。表5-26是公务员培训及职业发展的规划样表。

表 5-26　　　　　　　公务员培训及职业发展规划样表

列举计划内为完成下一年度绩效目标所安排帮带培训及其他正式的培训		
下一年度绩效目标 （行动方案）	培训要求 （课程、讨论会、工作方法及其他形式的培训）	培训领域 （供人力资源管理人员参考）

资料来源：Majlis Ugama Islam Singapura（MUIS）. Staff Appraisal System，Mosque Human Resource Manual。

工作评价报告的最后一部分为督导员与公务员意见栏。意见栏通常会要求督导员对公务员本年度的工作绩效进行总体评价。评价等级主要分为绩效不可接受、绩效仍需改进、绩效基本可接受和绩效超出一般标准这四个等级。

6. 新加坡公务员绩效评价结果的应用

新加坡公务员绩效评价的结果直接与其薪酬及晋升挂钩。一位公务员在绩效评价中得到的绩效等级直接影响其绩效奖金的多少。此外，CEP 评价的结果将决定其晋升的空间及速度。新加坡自 1995 年开展人事管理制度改革之后，公务员晋升的面谈环节已基本取消。任命及晋升的决定一般由部门的人事委员会在公务员绩效及潜力评价报告的基础之上做出，但在涉及公务员晋升的报告中（发展评价报告），需要协同签字官签字确认方可生效。此外，人事委员会在做出晋升决定时，还会考察候选人在过去较长一段时间内的绩效是否一直保持优良。

第六章　我国政府绩效管理的发展历程

相对于西方国家而言，我国政府绩效管理研究起步较晚，但是在并不长的时间里，通过借鉴国外先进的理念和经验，结合自身的特点和实践，政府绩效管理研究与实践在我国有了较快的发展，一些地方政府探索创立了可供借鉴的管理模式，并开展了一系列卓有成效的绩效管理工作。

▶ 一、我国政府绩效管理的发展阶段

为建立"办事高效、运转协调、行为规范"的行政管理体系，我国正持续推进行政管理体制改革，在变革观念、转变职能、调整组织结构的同时，也通过借鉴和引进国际主流的新机制、新技术及新工具来提高政府的效率与效能。作为人力资源管理的一个重要职能，绩效管理由于在帮助政府部门提高行政效率、改善服务水平和促进工作落实等方面具有显著功效，于20世纪80年代起逐渐走上中国政府管理的舞台。在各级政府的持续努力和社会各界的共同关注下，我国的政府绩效管理无论是在理论研究还是在实际应用中，都取得了较为丰硕的成果，在政府管理中发挥着日益重要的作用。纵观这些年的探索与实践历程，我国政府绩效管理走过了一条持续的自我发展和自我完善之路，并在各个阶段摸索并创立了一系列特色鲜明、行之有效的管理模式。

（一）以行政效率为核心的政府绩效管理实践

一直以来，尤其是改革开放以来，我国各级政府对政府行政效率和治理

水平都给予了高度关注。1980年，邓小平在《党和国家领导制度的改革》等一系列讲话中指出了官僚主义所留下的"机构臃肿，人浮于事，办事拖拉，不讲效率"等弊病，强调通过开展机构改革和行政管理体制改革解决活力、效率、积极性等问题。为此，我国于1982年进行了改革开放以后的第一次政府机构改革，试图通过大幅度精简政府机构和人员编制来提高政府部门的工作效率。此时，政府绩效管理刚刚起步，受当时社会背景和宏观政策的影响，主要以提高行政效率为导向。

为了配合机构改革并巩固改革成果，劳动人事部于1982年下发了《关于建立国家行政机关工作人员岗位责任制的通知》，1984年中共中央组织部与劳动人事部联合下发了《关于逐步推行机关工作岗位责任制的通知》。这两个通知的出台与贯彻实施，促使岗位责任制在政府机关中逐步建立。随后，在"目标管理"思想的影响下，我国政府部门的岗位责任制逐渐发展为目标责任制，并迅速在全国范围内推广开来。1988年中国城市目标管理研究会成立，当时共有13个大中城市参加。据不完全统计，截至1998年，全国已有23个省的省级机关推行目标管理，90%以上的地市级机关推行目标责任制，100多个城市采用城市目标管理。

除了目标责任制，效能监察是这一时期另一种具有代表性的绩效管理方式。1989年12月举行的第二次全国监察工作会议明确提出，行政监察机关的基本职能"既包括效能监察，又包括廉政监察"。效能监察是我国首次通过外部主体对政府内部管理效能进行监督检查的方式，从效能监察入手，目的在于把监督的关口前移，加强事前、事中监督，做到防范在先，使纪检监察工作紧贴改革和经济建设中心，更好地为经济建设服务。到1999年，中国已有23个省（自治区、直辖市）不同程度地开展了效能监察工作。

以提高行政效率为导向的政府绩效管理模式，促使政府部门关注自身的管理方式和行政效率，对于政府更新观念、转变职能等方面具有深远的意义。但是这种绩效管理方式实际上是一种组织内部的管理模式，忽视了政府行为的结果和社会影响，难以兼顾政府的"公共性"这一根本属性。

（二）以服务质量为核心的政府绩效管理实践

20世纪90年代是我国行政管理体制改革的深入阶段，各级政府在不断提高行政效率的同时，也开始注重服务质量的提升。这一时期，许多政府组织和部门的管理者逐步形成绩效管理的意识，将绩效管理作为改善内部管理水平、提高外部服务质量的重要手段。同时，受西方管理理念的影响，我国政府绩效管理的关注点也逐渐从内部转向外部、从效率转向结果，并将服务质量作为衡量自身绩效的重要内容。

在1991年英国公民宪章运动的启发下，我国一些地方政府组织和部门于20世纪90年代初期开始了对社会服务承诺制的探索。1994年6月，山东省烟台市政府借鉴英国公民宪章运动和我国香港地区公共服务承诺制的经验，率先在烟台市建委系统试行社会服务承诺制。1996年7月，基于烟台市社会服务承诺制度的成功经验，中宣部和国务院纠风办决定，把宣传和推广社会服务承诺制度作为加强行业作风和职业道德建设、推进社会主义精神文明建设的一项重要举措。随后，建设部、电力部等8个部委相继实行了社会服务承诺制度。随着社会服务承诺制在全国范围普遍推开，我国的政府绩效管理水平又迈上了一个新台阶。

20世纪90年代末期，伴随着公民参与观念的日益成熟，我国政府更加重视服务意识与服务质量，"公民评议政府"作为一种新的政府绩效管理形式广泛应用于我国各级政府组织。1998年沈阳市的"市民评议政府"，1999年珠海市的"万人评议政府"，2000年邯郸市的"市民评议政府及政府部门问卷调查活动"、广州市的"市民评政府形象"，2001年南京市的"万人评议政府"、辽源市的"万名市民评议政府活动"、杭州市的"满意不满意评选活动"，2002年温州市市民对"48个市级机关部门满意度测评调查"、邵阳市的"优化经济环境综合测评"，2003年北京市的"市民评议政府"、锦州市的"市民评议政府机关"和"评选人民满意公务员"等，都是"公民评议政府"的生动实践。

90年代以服务质量为导向的政府绩效管理模式，不仅有助于政府改善与公民的关系，树立良好的形象，还能增加政府行为的透明度，强化行政监督，并且，对于政府提高工作绩效、建立责任意识以及改善服务水平等都具有重要意义。但是，这种方式也存在着评价内容片面、评价主体单一、定量评价缺失等不足，需要加以不断改进和完善。

（三）以科学方法为核心的政府绩效管理实践

进入 21 世纪，我国政府的施政理念出现了新的变化，科学发展观、正确政绩观等全新理念成为政府绩效管理研究与实践的指导思想，"构建科学的政府绩效评价体系"成为新时期政府绩效管理的迫切要求。这一时期政府绩效管理的最大特征是理论研究与实际应用相结合，一些先进的绩效管理理念、工具和方法的引进使我国政府的绩效管理工作逐渐进入科学化、规范化的轨道。

为了增强绩效管理的客观性和公正性，一些地方政府尝试使用第三方评价政府绩效的形式。2004 年，甘肃省将全省 14 个市、州级政府及省政府 39 个职能部门的绩效评价工作，委托给兰州大学中国地方政府绩效评价中心组织实施；2006 年 4 月，武汉市政府宣布邀请全球最大的管理咨询机构麦肯锡公司为第三方机构对政府绩效进行评价；2006 年 11 月，厦门市思明区政府引入专业的第三方机构——福州博智市场研究有限公司进行群众满意度评价。由此，第三方作为一种新的评价主体走入了人们的视野，利用其客观地位和独特视角参与政府绩效管理，对丰富和完善我国政府绩效管理实践具有积极意义。

这一时期，我国一些学者开始借鉴国外先进的模式和方法，探索适用于中国政府的绩效评价通用指标体系。例如，国家行政学院以欧盟成员国使用的通用绩效评价模型为基础，结合我国国情，创造性地构建了中国特色的通用绩效评价框架（CAF）；人事部"中国政府绩效评价研究"课题组在总结了国内外指标体系的设计思想和方法技术的基础上，经过深入的调查和广泛的论证，提出了一套由 3 个一级指标、11 个二级指标及 33 个三级指标构成的"地方政府绩效评价指标体系"。对通用绩效评价指标体系的探索表明我国政府绩效评价体系正逐步走向成熟。

此外，随着国外先进绩效管理理念的引入，平衡计分卡、全面质量管理、关键绩效指标等绩效管理工具不断为我国政府的绩效管理注入新鲜血液，使我国政府绩效管理研究呈现出百花齐放的局面。值得一提的是，从 2006 年初开始，由中共中央组织部领导干部考试与测评中心牵头，以黑龙江省海林市、广西壮族自治区贵港市平南县平山镇、四川省乐山市五通桥区等地区为试点，开始了平衡计分卡在中国政府绩效管理中的本土化实践与探索。

随着新时期各级政府对绩效管理的高度重视和迫切需要以及理论研究的不断深入，我国政府绩效管理水平进入了一个新的阶段，在评价模式、实施机制、关注重点和覆盖范围等诸多方面较以往都取得了重大进步，形成了各具特色的绩效管理模式。尽管这些模式与方法还存在不少问题，但在很大程度上为我国政府今后的绩效管理工作的科学化和规范化奠定了更为坚实的基础。

二、以行政效率为核心的政府绩效管理

我国早期的政府绩效管理主要以提高行政效率为目的，这一时期较具代表性的政府绩效管理模式是以青岛市为代表的目标责任制和福建省开展的效能建设。这些绩效管理工作的开展，不仅促进了政府部门行政效率的提升，而且增强了政府的绩效管理意识，推动了我国政府绩效管理事业的发展。

（一）目标责任制——青岛模式

自1998年起，青岛市委、市政府将目标管理理念引入全市各级机关和部门，逐步建立起以"科学民主的决策机制、责任制衡的执行机制、督查考核的监督机制、奖惩兑现的激励机制"为核心的目标绩效评价体系。2003年，青岛市将"三个文明"建设第一次纳入评价目标之中，围绕"三个文明"建立目标体系。从2003年到2004年2月，青岛市委、市政府共成立了11个目标考核组，对全市12个市（区、县）和84个市直属部门、单位的2003年度"三个文明"建设情况进行了综合评价。青岛市推行的目标责任制具有以下主要特点。

第一，建立了严格的目标层次体系和责任体制。青岛市目标管理绩效考核委员会通过目标的层层分解，把各项重要决策、工作目标和部署转化为具体的、可量化的评价指标。通过政府各部门相互协调，将责任、权力和利益进行层层分解，明确责任领导、责任部门和责任人，自上而下地构筑起"一

级抓一级，一级对一级负责"的责任体系。按照集体领导、分工负责的原则，市委、市政府对重要决策和工作部署提出明确的质量及时限要求，建立领导目标责任制。

第二，具有科学民主的目标制定、审议和考核程序。青岛市在绩效目标制定过程中，引入了服务对象、专家、人大代表等群体参与的审议程序，使绩效目标制定真正建立在科学、民主的基础之上。每年初，青岛市委、市政府要求各机关部门、区县把该年度要完成的目标计划上报市委、市政府进行审核，然后再交给部门、区县进行修改，几经修改定稿后由目标管理办公室汇总并输入计算机。年中，围绕目标的完成情况随时进行监控、检查和落实。各市、区、县和市直属单位的主要领导定期向市委、市政府分管领导汇报所承担工作目标的进展和落实情况。建立健全逐级报告重要工作进展落实情况制度，市委常委和副市长每年两次向市委常委会、市政府常务会进行汇报。年末，由市委、市政府派出专门考核组对各部门和单位进行评价，并将评价结果进行全市大排序。

第三，将评价结果与奖惩相挂钩。青岛市采取单位主要领导政绩评价与本单位评价结果直接挂钩的办法，使绩效评价与干部评价紧密挂钩，将评价结果量化到每一位市管领导干部。各级党政主要领导是抓落实的第一责任人，工作不落实或完成不好，视情况追究其责任，直至降职、待岗和免职。

青岛实行目标责任制管理取得了较好的效果。实践证明，实施目标责任制的管理方式，有助于地方党政领导机关和领导干部科学执政、民主执政、依法执政，以科学的思想、科学的制度、科学的方法领导地方改革发展等各项事业；有助于进一步转变政府职能，提高行政效率，形成行为规范、运转协调、公正透明、廉洁高效的行政管理体制；有助于合理划分党委政府及其工作部门的权限和职责，做到权责一致，确保党的路线方针政策和政府工作部署的贯彻落实。但也存在一些问题，如目标责任制管理模式的最大缺陷是需要列举非常详细的目标集合，并以完成这些目标项的程度来衡量绩效，容易导致忽视目标集合以外的因素和结果。①

---

① 蓝志勇，胡税根. 中国政府绩效评价：理论与实践 [J]. 政治学研究，2008 (3).

需要注意的是，我国政府目标责任制来源于目标管理理念，但与目标管理也有不同之处，主要表现在目标责任制是通过制度设计来构建包括责任、合法性、效率和公正在内的综合目标体系，大多采取"首长目标责任制"的形式，以提高公共服务质量和政府工作效率为目的。

（二）效能建设——福建模式

福建省的效能建设源于漳州市的探索，是"在党委、政府的领导下，以提高机关的工作效率、管理效率和社会效果为目标，以制度建设、作风建设、业务建设、廉政建设为内容，科学设置机关的管理资源，优化机关的管理要素，改进机关的运作方式，建设廉洁、勤政、务实、高效的机关综合活动"①。

1999年，漳州市开始实施效能建设。2000年初，福建开始在全省范围实施效能建设。初始阶段的工作重点是基本制度建设与受理投诉；深化改革阶段以审批制度改革为突破口，建立行政服务中心，优化行政流程，提高机关效能；2004年开始进入以绩效评价为主的阶段。总体来说，福建省效能建设的主要特点有以下几点。

第一，自上而下设立效能建设领导小组和办事机构，明确绩效管理责任。福建省成立了以省长为组长的机关效能建设领导小组，并在纪检监察机关设立办公室，具体负责绩效管理的组织实施、协调指导和综合反馈；省直属各部门和各区市也都成立了工作小组，形成了绩效管理工作的组织体系。

第二，将绩效评价结果与奖惩机制挂钩。福建省在开展绩效管理的基础上，探索建立奖惩机制，把绩效评价结果作为衡量政府、部门及其领导人工作实绩的重要依据，并将其与干部使用、评先评优、物质奖励挂钩。

第三，建立了较为系统的政府绩效评价指标体系。指标体系主要由通用指标和具体部门的指标构成，在指标设计上综合考虑了各方面情况，并在具体指标设计上，采取定性考核与定量测评相结合的方式。以2005年对设区市政府的绩效评价指标体系为例，主要设定了可持续发展水平、构建和谐社

---

① 福州市机关效能建设办公室：《试论机关效能建设在构建和谐社会中的作用》，见福建省机关效能建设领导小组办公室编：《全省机关效能建设工作研讨会理论研讨材料汇编》（2005年9月）。

会进程、勤政廉政等 7 个方面的一级指标，以及经济增长率、恩格尔系数、社会保障覆盖率、环境质量指数、依法行政质量等 28 个二级指标。2006 年又增加了资源消耗指数、高新技术产业增加值比重、研发占 GDP 的比重等反映经济增长方式转变和自主创新能力的指标，把坚持以人为本、全面协调、可持续发展的要求量化在具体指标上。①

第四，采取了试点评价、逐步开展的办法。福建省坚持试点评价，以几个效能建设先进单位为第一轮试点，为新的绩效管理模式在全省的推广积累了经验，并鼓励各地因地制宜进行调试，处理好共性与个性的关系。

福建省的效能建设得到了中央高层领导的肯定。中纪委《纪检监察信息》曾用"四个转变"概括了漳州市效能建设的成效：机关作风向公仆型转变，群众满意度提高；办事节奏向效能型转变，行政部门办事效率提高；行政行为向公开化、规范化、法制化转变；反腐纠风工作向有效治本方向转变。② 福建省的绩效建设为政府绩效管理实践创造了条件，并以服务型政府为导向构建了效率型政府，为我国政府管理体制改革提供了经验借鉴。

效能建设的着力点是要强化对主体行为的约束，更好地服务客体，寓服务于管理之中；同时让客体能有效地监督主体，以获得满意的服务，增强机关工作人员的"公仆"意识，做到用职能去管理、用机制去完善、用领导的人格去影响。在体制上消除"政府权力部门化，部门权力个人化"的弊端。建立多维监督制约机制，将行政的全过程置于社会的全方位监督之下，以提高决策质量，减少不当、不良行政行为，建立良好的行政环境。

三、以服务质量为核心的政府绩效管理

进入 20 世纪 90 年代以后，一方面受西方公民宪章运动的影响，另一方面随着民众对政府服务质量的日益关注，我国这一时期的政府绩效管理由以行政效率为核心转变到服务质量的监督上来，评价的主体也由内部评价主体

---

① 黄小晶：《探索开展政府绩效评价，努力推进政府管理创新》，在国务院召开的"加强政府自身建设推进政府管理创新电视电话会议"上的发言，2006 年。

② 漳州市开展机关效能建设的做法 [J]. 纪检监察信息专刊，1999（8）.

转向人民大众，进入了以服务质量为核心的政府绩效管理阶段。这一时期的绩效管理方式主要有社会承诺制和群众评议政府等，本部分分别以烟台、杭州、南京作为典型案例，对这两种方式进行介绍。

（一）社会服务承诺制——烟台模式

社会服务承诺制是一种将自我约束和社会监督相结合的具有契约性质的新型服务机制，通过公开承诺和社会监督，形成要求履行契约的外部社会舆论压力，进而把这种外部压力转化为提高服务水平的内部动力。

1994年6月，针对广大市民反映强烈的城市社会服务质量差的问题，烟台市借鉴英国和我国香港地区社会管理部门的做法，率先在市建委试行社会服务承诺制。这个制度的基本内容是：公开办事内容、办事标准和办事程序，确定办事时限，设立监督机构和举报电话，明确赔偿标准，未实现承诺的责任者，要按规定承担应负的责任和实行赔偿。次年5月，烟台市政府专门下发关于推行服务承诺制度的通知，把政府部门对社会的服务以一种契约合同的方式固定下来，接受社会各界监督。同时，在邮电、交通、工商等12个部门70多个单位推行承诺制，通过新闻媒体向社会公布了各自的社会服务承诺工作目标、服务内容、服务标准、投诉程序和投诉电话，并做出保证，达不到承诺将实行自罚并赔偿。1996年又增加了11个部门，涉及基层单位2304个。2005年2月1日，烟台市行政审批中心推出了《推行ISO9001质量管理体系认证工作实施方案》，将政府作为"服务提供者"，社会公众作为"顾客"，通过质量体系管理，确保为社会公众提供规范的政府服务。"承诺服务，一诺千金"，成为烟台市24个实行承诺服务部门的共识。具体而言，烟台市社会服务承诺制具有以下四个显著特点。

第一，结合行业实际，科学制定承诺的内容及标准。实行社会服务承诺制度，必须紧密结合每个单位、每个岗位的工作性质、日常业务和服务标准来进行。例如，烟台市建委把下属单位分为公众服务单位、行政管理职能部门和生产经营企业三种类型，区别对待，分类指导，各有侧重地制定承诺的内容和标准。公众服务单位主要立足于提高社会服务的水平和质量，解决群众反映强烈的热点难点问题。行政管理职能部门则主要着眼于改善工作作风，提高办事效率。公共生产企业主要侧重于改进企业内部管理，重合同、守信用、保证产品质量和工程质量，做好售后服务工作，提高企业的信誉和市场竞争力。

第二，把抓住热点问题作为承诺制的工作重点。在实施社会服务承诺制度的过程中，该市始终把解决市民反映强烈、意见最集中的热点问题作为关键环节，重点突破。针对市区高点供水不足问题，他们自筹资金扩建水厂，改造部分输配水管线，使各项供水指标均达到或超过了建设部规定的标准，供水难问题基本得到解决。针对市民乘车难问题，公交公司采取各种措施，增加车辆，新辟线路，增车缩时，并向社会承诺正点发车率达到90%、正点时差不超过3分钟、首末班车正点率达到100%。针对煤气用户修灶难的问题，管道煤气公司承诺，小故障维修随到随修，大故障在4小时内修不好的，免费借用备用灶具。

第三，严格监督监察，确保社会服务承诺的兑现。该市建立健全了承诺制的监督监察网络体系，在建立内部监督机构的基础上，全系统建立社会监督网络63个，聘请社会义务监督员712名，设公开投诉电话58部，形成内外结合、专兼结合、全面覆盖的行风建设监督网络体系。同时，严格评价奖惩制度，统一确定投诉和处罚标准，建立了评价结果与干部管理挂钩以及领导连带责任制度。

第四，强化内部管理，为承诺制的实施提供良好的基础。各个单位都制定了内部实施细则，全系统共制定各种配套规章制度404项，将每一项承诺的内容和标准细化，分解落实到班组和个人。同时各单位积极开展岗位练兵，提高职工的业务技术素质。普遍建立了内部承诺体系，下级向上级承诺、后勤向一线承诺等，形成立体交叉的内部承诺网络，为社会承诺的兑现提供了保证。

自烟台市实行社会服务承诺制后，政府部门的服务水平得到了显著提高。以烟台市建委为例，实施承诺制度一个月后，市长公开电话中针对建委系统的投诉占总投诉量的比重从实施前的80%下降到50%，人民群众对于建委系统的工作评价有了很大改观。鉴于烟台市社会服务承诺制取得的成绩，国务院于1996年5月在烟台召开会议，正式向全国推广社会服务承诺制。同年7月，中宣部和国务院纠风办召开座谈会进一步推广烟台社会服务承诺制，自此社会服务承诺制度在全国范围推行。我国各大中城市纷纷在供水、燃气、公共交通、航运、邮电、电力等部门和行业全面推行社会服务承诺制度，将其作为纠正行业不正之风和提高"窗口"行业文明服务水平的突破口。

（二）南京市"万人评议政府"活动

1993年，南京市市级机关开展了"开门评议机关"活动。活动中，市级机关作风办和各部委办向基层发放评议表，听取意见和建议，但不打分也不排序。"开门评议机关"活动成为后来"万人评议政府"活动的雏形。

2001年，南京市一改以往"开门评议"的做法，把党政机关和执法部门等70个单位列入评议范围，由随机抽取的近万名群众代表无记名填写评议表，并把群众的评议结果作为衡量机关工作作风和实施奖惩的主要依据，对于群众评议为最差单位的主要负责人实行末位淘汰。南京市实施的"万人评议政府"活动在全国引起强烈反响。2002年，南京市市级机关工委与江苏省社科院合作，联合组成《南京市市级机关作风评价体系》课题组，在深入调查研究、广泛征求意见的基础上，提出一个新的评议方案。评议主体从上年的6类扩大到10类。2004年底，"万人评议政府"活动在江苏省82个省级机关中首次展开，各部门各单位将"万人评议政府"中基层群众提出的6948条意见和建议，归纳成1795条整改事项，结合先进性教育活动，进行了集中整改，促进机关作风显著改善。2005年，江苏省委、省政府下发了《关于建立省级机关作风建设长效机制的意见》，把基层群众评议机关作风作为一项专门制度确定下来。南京市"万人评议政府"活动的主要特点有以下几个方面。

第一，评价主体的广泛性和代表性。南京市"万人评议政府"活动的评价主体涉及全市各个阶层、行业和人群。评价主体由初始的6类增加到10类。对机关各部门最了解的市级领导干部，市委、市人大、市政府、市政协四套班子成员全部作为评价主体；大中小学、医院、科研机构、文化团体以及街道乡镇也都有代表参加评议。为了更多地听取投资者和基层群众的意见，企业的评价主体由最初的500人增加到3000人，基层社区人员由2000人增加到4500人。2004年，市级机关干部不再参加评议，而是由市级机关作风监督员评议。除市级领导以外，其他评价主体以随机抽取的方式产生，并建立了评价主体信息库。党政机关以外的评价主体占了绝大多数,达85%,从而扩大和增强了评价主体的覆盖面与客观性。

第二,评价结果依据评价主体的分类进行加权处理。权重系数采用"主观赋值法",通过领导人员、专家和专业工作人员综合评定的方式设定(见表6-1),被评价部门(单位)的评价得分满分为100分。评价主体按10个方面分别计算初始得分,经加权处理后相加,得出被评价部门(单位)的最终得分。计算公式:被评价部门(单位)的得分=[(满意票数×100+比较满意票数×80+不太满意票数×50)÷该部门(单位)的得票总数]×评价主体对被评价部门的权重系数。

表6-1　　　　　　　　　　评价分值权重的确定

评价主体类别	权重分值		
	第一组被评价部门	第二组被评价部门	第三组被评价部门
市级领导干部	10.41	10.70	10.70
人大代表、政协委员	10.43	10.11	10.38
市管干部	8.47	8.87	9.22
区县机关工作人员	9.30	10.79	11.01
企业管理人员	11.48	10.65	10.33
驻宁机构人员	8.10	7.92	8.19
专业技术人员	8.33	8.35	8.51
街道、镇工作人员	10.03	9.85	10.07
基层社区群众	12.64	12.03	11.05
机关作风建设监督员	10.81	10.73	10.54
合计	100	100	100

第三,对评价对象进行科学分类。2005年,根据工作性质、职能、与群众接触的方式和程度等因素,南京市"万人评议政府"活动的评价对象由初始阶段的两组(一组为执法部门,包括司法执法和行政执法;另一组为综合部门和其他单位)改为三组:第一组为政府机构中与广大人民群众直接接触的提供服务或执法(有办事窗口和执法队伍)的部门及部分专营性企事业单位;第二组为政府机构中除第一组以外的部门及直属单位;第三组为党群机关、人大机关、政协机关、法检机关和直属单位。科学划分评价对象使评议

活动的结果更具科学性。

第四，将群众评议机关与机关工作作风评价相结合。评价内容主要涉及各机关单位领导干部的德、能、勤、绩、廉五个方面。2004年开始，政府绩效评价结果不仅依据"万人评议政府"的排名，更综合考虑机关作风建设工作的评价结果，前者占70%、后者占30%，两者结合，形成最终的评价结果，从而使各机关单位树立了"向人民学习、为人民办事、请人民监督、让人民满意"的意识。

第五，把群众监督评议与领导班子的评价和干部的使用相挂钩。根据评价结果，评比"先进单位"和"人民满意单位"。排序结果在一定范围内公布，并向被评价部门反馈。"万人评议政府"活动初始阶段，对排名靠后、群众意见较大的部门，其主要负责人要受到诫勉谈话、降职、免职等惩戒；而对排名靠前、群众满意度较高的部门，南京市委市政府给予表扬。2004年，将过去的直接追究单位行政领导责任改为进行组织评价，对连续两年位列三个组排序末位的部门进行重点评价，根据评价结果对最末位的部门领导班子做出相应的处理。这一举措引起了广大干部的高度重视，提高了广大干部接受监督的自觉性和自律性。

第六，与媒体紧密合作，扩大评议范围和影响度。据有关部门的统计，仅2002年，到南京采访报道"万人评议政府"活动情况的境内外媒体就达120多家（次）。2004年开始试行网上评议，在南京的"龙虎网"等3个新闻网站上开通评议热线，在《南京日报》《金陵晚报》等媒体上公开刊登"媒体版评议表"。新闻媒体的积极介入和有力报道促进了"万人评议政府"活动的推广与深化。

四、第三方评价

所谓第三方评价，是指由与政府无隶属关系和利益关系的第三方主持组织实施，评价的标准或方式主要由主持方拟订的评价政府及其部门绩效的活动。相对于其他的政府绩效评价方式，第三方评价具有以下独特优势：首先，第三方评价有利于确保政府绩效评价的独立性。第三方组织与政府无利益关系和隶属关系，评价过程不会受评价对象的干预，可以独立开展政府绩效评价。其次，第三方评价有利于确保政府绩效评价的科学性。第三方组织（特别是一些学术团体和科研机构）在绩效评价的理论研究上有着得天独厚的优势，它们通过帮助政府组织建立科学、规范、完善的政府绩效评价体系来提高绩效评价的科学性、准确性和公正性。最后，第三方评价能够促进各方的参与。第三方评价能够有效弥补内部评价的不足，将包括公民、企事业单位等多元评价主体引入绩效评价过程中，有利于提高外部的参与度，加强对政府的监督并由此改善行政效率和效果。

（一）兰州试验

为进一步转变政府工作作风，为企业发展营造一个规范严明的法制环境、诚实守信的信用环境、优质高效的服务环境及宽松和谐的创业环境，2004年，甘肃省政府决定将全省14个市、州政府及省政府39个职能部门的绩效评价工作，委托给兰州大学中国地方政府绩效评价中心具体负责组织实施。被外界称作"兰州试验"的第三方政府绩效评价活动开创了委托式外部评价的"先河"，使"外部评价"作为一项制度创新而备受瞩目。兰州的"第三方评价"模式不仅完善了评价方式，拓宽了评价主体范围，而且针对省级、市级职能部门的不同分别建立了科学的指标体系。具体来说，兰州的"第三方评价"具有以下主要特点。

第一，评价过程完全由第三方中介学术机构独立完成。与其他政府绩效评价方式不同，第三方绩效评价的主要推行者从政府转向了第三方机构。兰州大学中国地方政府绩效评价中心受甘肃省政府的委托，开展了对甘肃省政府的绩效评价活动，它不仅是评价主体，更是绩效评价的实施者和组织者，从方案的设计、专家的选择、调查问卷和调查表的印制、发放、回收和数据统计及最终评价结果的形成都由其独立完成。[1]

第二，评价主体范围扩大。甘肃省实施的"第三方评价"活动的评价主体突破了普通公民的范畴，所涉及的评价主体以各地有代表性的非公有制企

---

[1] 包国宪. 绩效评价：推动地方政府职能转变的科学工具——甘肃省政府绩效评价活动的实践与理论思考[J]. 中国行政管理，2005（7）.

业为主，由企业界的代表和学术界的专家以及省政府工作人员组成政府评价小组，从而拓宽了评价主体的范围，有助于拓宽政府绩效的意见收集渠道，获取较为客观的评价意见。

第三，建立了科学的评价指标体系。评价指标体系既有定量指标又有定性指标，既有反映政府阶段性重点工作的指标又有推动政府体制改革的长效指标，按照市、州政府和省政府所属职能部门两类评价对象分别设置。每套评价指标体系按企业、上级政府、专家三类评价主体分别设计。市政府绩效评价指标体系由职能履行、依法行政、管理效率、廉政勤政、政府创新5个一级指标，经济运行等14个二级指标以及40个三级指标构成。三级指标按非公有制企业、省政府评价小组和评价工作专家委员会三类评价主体分别设置。省政府所属职能部门绩效评价指标体系由职能发挥与政策水平、依法行政、政风与公务员素质、服务质量4个一级指标，职能发挥等9个二级指标以及31个三级指标构成。①

经过几年的努力，"兰州试验"取得了广泛的社会效果。首先，通过评价形成的压力和动力传导机制，有助于强化政府部门的绩效意识，促进政府绩效的持续提高；其次，政府绩效评价有助于为非公有制企业营造发展环境，在企业与政府之间建立了很好的联系机制，从而更好地服务于全省的经济和社会发展；最后，政府绩效评价也在一定程度上促进了公民社会的发展，为激发公众参政、议政的热情，增强社会公众的责任感和民主意识，建设政治民主制度创造有利的社会条件，从而有利于形成政府组织与各类非政府组织合作管理社会公共事务的治理体系。

（二）广东试验

继甘肃省实施"第三方评价"以来，广东省根据自身特点和优势，在全国率先采取由独立第三方对全省市、县两级政府整体绩效进行评价的探索性试验。正如《南方周末》在"思想大解放，推动大发展"的专刊上所言："独立第三方民评官，广东开全国先河"。一定程度而言，"广东试验"是

---

① 兰州大学中国地方政府绩效评价中心课题组. 兰州试验：第三方政府绩效评价新探索［J］. 城市管理，2005（3）.

"兰州试验"的继承与发展,但是"广东试验"根据广东省的特点和优势有了一定的创新,与"兰州试验"又有很大的不同,具体如表6-2所示。

表6-2　　　　　　"广东试验"与"兰州试验"的比较

比较内容	兰州试验	广东试验
评价主体	省政府委托,非公有制企业作为评价主体,有效问卷3168份	高校学术团队自主选题,满意度调查覆盖全省23777位公众
评价范围	甘肃省14个地级市(州)及39个省属职能部门	广东全省21个地级以上市及121个县(市、区)政府
评价方式	定量(问卷调查)与定性(内部座谈会)相结合	定量研究,40个源自统计源的客观指标及10个满意度调查指标
评价理念	体现政府治理自"行政成本"向"服务为本"转变	基于满意度导向,建立服务型政府、节约型政府和环保型政府
指标体系	针对市(州)政府,由职能履行、依法行政、管理效率、廉政勤政、政府创新5个一级指标,经济运行等14个二级指标以及40个三级指标构成	由促进经济发展、维护社会公正、保护生态环境、节约政府成本、实现公众满意5个领域层,38个内涵层以及50个具体指标构成
评价结果	形成咨询建议报告	形成年度整体绩效评价指数报告
结果应用	部分成果公开发表,为省政府(委托方)提供咨询报告,服务于政府内部管理	出版年度红皮书,全部成果由媒体公开,形成社会压力,作用于评价对象
技术路径	对非公有制企业抽样调查及召开体制内座谈会等。利用层次分析法建立评价体系及付诸行动	使用层次分析法特例建立指数模型,实现主观与客观指标衔接与印证。针对增量,兼顾存量。以技术创新降低研究成本
影响因素	委托方负责(领导)人的变化及态度直接影响研究进展	不受政府官员变动的影响,直接对社会及公众负责
主要困难	体制内评价。体现委托方意向,并受委托方支配	体制外评价。受经费及统计数据的缺失或失真的影响较大

资料来源:郑方辉,张文方,李文彬.中国地方政府整体绩效评价:理论方法与"广东试验"[M].北京:中国经济出版社,2008.

概括起来,"广东试验"主要具有如下特点:

第一,评价主体为独立第三方。与甘肃省"第三方评价"不同的是,"广东试验"是由高校学术团队自主选题,独立操作,而前者属于委托式第三方评价。整个绩效评价方案的制定，包括评价主体、评价标准、指标体系、评价方式、评价过程及评价结果公布，没有任何政府力量的介入，是真正意义上的第三方评价。

第二，基于公众满意导向建立政府绩效评价指标体系。依据"民主政治、市场经济、法制社会、和谐发展、有限有效"的理念，整个绩效评价指标体系包括促进经济发展、维护社会公正、保护生态环境、节约政府成本和实现公众满意 5 个领域层和 50 项具体指标，体现了党和政府"执政为民"的终极目标。[1]

第三，评价对象覆盖面广，形成了地方政府整体绩效指数。整个评价涉及全省 21 个地级以上市和 121 个县（市、区），并将所有评价对象置于统一的标准之下，形成年度整体绩效指数。通过对随机抽取的全省 2 万多名成年公众进行问卷调查，形成对政府 10 项公共服务的公共满意度报告。

第四，定期向社会公开评价指数结果。每年度通过媒体公布结果，形成"公众参与动力—政府感受压力—产生改进绩效需求"的激励机制和驱动机制，与兰州试验的委托式评价形成差异。2007 年 11 月 3 日，独立第三方在羊城晚报集团《新快报》上发布了《2007 年广东省市、县两级政府整体绩效评价指数研究》红皮书。2008 年 10 月 20 日，华南理工大学公共政策评价中心又正式对外公布了《2008 年广东省市、县两级政府整体绩效评价指数研究》红皮书。

五、我国公务员绩效评价办法

尽管我国自新中国成立初期就对建立公务员绩效评价制度进行了积极探索，但是一直到公务员制度出台之前，我国都没有完备的公务员绩效评价办法，主要采取干部鉴定或干部考察的方式对公务员进行评价。虽然这些方式存在一定的局限性，但是它们在一定时期内对于干部的考察和任用起到了积

---

[1] 郑方辉，张文方，李文彬. 中国地方政府整体绩效评价：理论方法与"广东试验"［M］. 北京：中国经济出版社，2008.

极作用，为公务员绩效评价制度的建立奠定了坚实基础。1993年《国家公务员暂行条例》的颁布标志着我国公务员制度的正式诞生，1994年3月由国家人事部发布的《国家公务员考核暂行规定》对公务员绩效评价的内容和标准等进行了具体的说明，我国公务员绩效评价制度逐步建立起来。2006年1月1日，《中华人民共和国公务员法》（以下简称《公务员法》）正式实施，该法案对有关公务员的评价内容、评价方式、评价主体以及评价结果应用等进行了明确的规定。在《公务员法》的基础上，中共中央组织部以及人事部相继出台了《体现科学发展观要求的地方党政领导班子和领导干部综合考核评价试行办法》（以下简称《综合考核评价试行办法》）和《公务员考核规定（试行）》等一系列具体办法，对各级公务员的绩效评价内容、标准、程序以及评价结果的应用等方面进行了更为具体、细致的规范。随着这些法律法规的相继出台，我国公务员绩效评价制度日益完善，并向着科学化、标准化和制度化的方向快速发展。

我国《公务员法》规定，对于领导成员和非领导成员公务员的定期评价采取不同的评价方式。其中，领导成员是指机关的领导班子成员，不包括机关内设机构担任领导职务的人员。对领导成员的定期评价，由主管机关按照有关规定办理，现行有关法规包括《党政领导干部考核工作暂行规定》和《综合考核评价试行办法》等；而对于非领导成员公务员，《公务员法》的配套法规《公务员考核规定（试行）》对评价的内容与方法、评价程序和评价结果的应用等进行了详细规定。

（一）领导成员绩效评价办法

对领导班子和领导干部的评价，包括平时评价、任职前评价和定期评价。平时评价是对领导班子和领导干部所进行的经常性评价。评价机关通过检查工作、个别谈话、专项调查、派人参加领导班子民主生活会和年度总结工作会等多种形式与渠道，了解评价对象的有关情况。任职前评价按有关规定进行。定期评价采取届中、届末评价的方式进行。没有明确届期的，每两年或三年进行一次定期评价。具体而言，对于领导班子和领导干部的评价主要包括民主测评、民意调查、实绩分析、个别谈话以及综合评价等方式。

1. 民主测评

民主测评主要了解领导班子和领导干部履行职责情况及领导干部德才表现。领导班子民主测评按照思想政治建设、领导能力、工作实绩、党风廉政建设四个类别设置测评内容和评价要点。测评内容主要包括政治方向、精神面貌、贯彻科学发展观、执行民主集中制、驾驭全局、务实创新、选人用人、处理利益关系和处置突发事件的能力、经济建设、政治建设、文化建设、社会建设和党的建设以及党风廉政建设等方面的情况。根据评价对象设置具体的评价内容及要点。对党委领导班子侧重评价总揽全局、协调各方、科学决策、党的建设等情况。对政府领导班子侧重评价维护大局、围绕中心、依法行政、政府效能建设等情况。

2. 民意调查

民意调查主要了解对领导班子和领导干部工作成效与形象的社会评价，从中分析领导班子及其成员的有关情况。对地方党政领导班子的民意调查，主要包括在经济建设、政治建设、文化建设、社会建设和党的建设等方面群众直接感受到的工作状态与成效。对领导干部的民意调查，主要涉及工作作风、履行职责、公众形象等内容。民意调查内容可以根据不同层次、区域、部门（单位）的具体情况，不同考察任务要求以及群众关注的突出问题，进行适当调整，并设计相应的调查问卷。

3. 实绩分析

实绩分析主要通过有关方面提供的经济社会发展的整体情况和群众评价意见，了解当地在一定时期的发展状况，重点分析地方党政领导班子和领导干部在任期内的工作思路、工作投入和工作成效，以充分体现"从实绩看德才、凭德才用干部"的原则。对地方党政领导班子及其成员的实绩分析，主要通过有关方面提供的经济社会发展的整体情况和群众的评价意见，重点分析任期内的工作思路、工作投入和工作成效。具体包括：上级统计部门综合提供的本地人均生产总值及增长、人均财政收入及增长、城乡居民收入及增长、资源消耗与安全生产、基础教育、城镇就业、社会保障、城乡文化生活、人口与计划生育、耕地等资源保护、环境保护、科技投入与创新等方面的统计数据和评价意见；上级审计部门提供的有关经济责任审计结论和评价意见；社会群众的评价意见，等等。

4. 个别谈话

个别谈话是深入了解地方党政领导班子建设状况和领导干部德才素质的重要途径。《综合考核评价试行办法》进一步改进和完善了个别谈话的方法，要求根据不同情况确定谈话要点，提前公布谈话提纲，提高谈话质量。对在现工作单位任职不满两年的拟提拔人选，还可到其原工作单位采取个别谈话等方式进行延伸考察，同时引入考察组集体面谈的方式，增强个别谈话的针对性和深入程度。

5. 综合评价

综合评价是在全面掌握评价信息的基础上，对民主测评、民意调查、实绩分析、个别谈话的结果进行比较分析，并结合纪检机关（监察部门）的意见，巡视组巡视、重大事项跟踪考察、参加民主生活会等方面反映的意见，以及平时了解到的其他情况相互补充和印证。通过考察组集体研究分析，对领导班子和领导干部做出客观公正的评价结论。

（二）非领导成员绩效评价办法

随着《公务员法》《公务员考核办法（试行）》的颁布，我国对担任非领导职务的公务员的评价也逐步走上规范化，相应的评价内容、评价等级、评价程序以及评价结果应用等方面都得到了逐步完善。

1. 评价内容

我国对公务员的评价分为平时评价和定期评价，定期评价以平时评价为基础。平时评价重点评价公务员完成日常工作任务、阶段性工作目标情况以及出勤情况，可以采取评价对象填写工作总结、专项工作检查、考勤等方式进行，由主管领导予以审核评价。公务员评价需全面考核"德、能、勤、绩、廉"等内容，重点考核工作实绩。

①考德是评价公务员的政治立场和思想品质，主要看其是否拥护党的政治路线和思想路线，是否贯彻执行党的方针政策、遵守党纪国法和社会主义公共道德，是否有良好的思想作风、工作作风和生活作风。"德"反映了公务员开展工作的指导原则，起着端正方向、明确目的的重要作用。用现代组

织理论的观点看,"德"是公务员的价值观,政府之所以要留用某个公务员,是因为该公务员的价值观符合政府组织的要求,这个价值观就是"德"。

②考能是考察公务员的基本素质和工作能力是否达到了所从事职位的能力要求。公务员的业务知识和身体素质共同构成了公务员的基本素质。其中,业务素质主要包括文化水平、语言表达能力、文字写作能力、辨别判断能力等;身体素质包括年龄、健康状况、心理素质等。公务员的工作能力包括独立工作能力、分析和解决问题的能力、专业知识水平、工作规划和预见能力、创新精神和能力、应变适应能力、克服困难能力、团结合作能力、领导和组织变革能力等。

③考勤是指对公务员的工作态度、敬业程度等进行评价。主要是考察公务员在工作上是否肯学肯钻,对业务是否精益求精、勇于创新。在实际评价过程中,必须注意与有关遵守劳动工作纪律以及出勤情况的评价相结合。同时,通过对公务员"勤"的评价,可以逐步完善我国公务员的考勤制度,以持续提高公务员的工作积极性、纪律性、责任感。

④考绩是工作业绩评价,是公务员考核的重点,是对公务员履行职责所产生的工作绩效的评价。具体内容可以通过工作数量、工作质量和工作效率等来测量和评价。需特别强调的是,评价公务员的工作实绩还需要考察公务员工作的社会效应,即社会效益以及有关部门、基层单位和社会公众对其工作的评价。

⑤考廉是考察公务员是否廉洁、是否秉公处事。根据《国家公务员行为规范》的规定,"廉"主要包括以下方面:克己奉公,秉公办事,遵守纪律,不徇私情,不以权谋私,不贪赃枉法,淡泊名利,艰苦奋斗,勤俭节约,爱惜国家资源,反对拜金主义、享乐主义。将"廉"确定为公务员评价的内容之一,主要是从惩治腐败、密切公务员与人民群众的关系出发,要求公务员发扬勤奋务实、艰苦朴素的优良作风,树立良好的廉政形象。

2. 评价等级

根据公务员在德、能、勤、绩、廉等方面的表现,将公务员绩效评价结果划分为优秀、称职、基本称职和不称职四个等级,并且每个等级都规定了相应的标准,具体如表6-3所示。同时规定,公务员年度绩效评价中的优秀等级人数一般掌握在本机关参加年度绩效评价的公务员总人数的15%以内，最多不超过20%。

表6-3　　　　　　　　　评价等级的标准

等级	优秀	称职	基本称职	不称职
标准	①思想政治素质高； ②精通业务，工作能力强； ③工作责任心强，勤勉尽责，工作作风好； ④工作实绩突出； ⑤清正廉洁	①思想政治素质较高； ②熟悉业务，工作能力较强； ③工作责任心强，工作积极，工作作风较好； ④能够完成本职工作； ⑤廉洁自律	①思想政治素质一般； ②履行职责的工作能力较弱； ③工作责任心一般，或工作作风方面存在明显不足； ④能基本完成本职工作，但完成工作的数量不足、质量和效率不高，或在工作中有较大失误； ⑤能基本做到廉洁自律，但某些方面存在不足	①思想政治素质较差； ②业务素质和工作能力不能适应工作要求； ③工作责任心或工作作风差； ④不能完成工作任务，或在工作中因严重失误、失职造成重大损失或者恶劣社会影响； ⑤存在不廉洁问题，且情形较为严重

3. 评价程序

公务员评价按照管理权限和规定的程序进行，由公务员管理部门组织实施。机关在年度评价时可以设立评价委员会。评价委员会由本机关领导成员、公务员管理及其他有关部门人员和公务员代表组成。年度评价主要按下列程序进行：

①被评价公务员按照职位职责和有关要求进行总结，并在一定范围内述职。

②主管领导在听取群众和公务员本人意见的基础上，根据平时评价情况和个人总结写出评语，提出评价等级建议和改进提高的要求。

③对拟评为优秀等级的公务员在本机关范围内公示。

④由本机关负责人或者授权的评价委员会确定评价等级。

⑤将评价结果以书面形式通知被评价公务员，并由公务员本人签署意见。

年度评价结果出来后，如果公务员对评价结果持有异议，可以按有关规定申请复核和申诉。最后，各机关应当将《公务员年度评价登记表》存入公务员本人档案，同时将本机关公务员年度评价情况报送同级公务员主管部门。

4. 评价结果的应用

近些年，公务员绩效评价结果的应用问题越来越受到重视，《公务员法》第三十七条明确指出："定期绩效考核的结果作为调整公务员职务、级别、工资以及公务员奖励、培训、辞退的依据。"概括起来，我国公务员绩效评价结果的应用主要在工资福利、职务调整、奖励奖金、绩效改进及培训开发等几个方面，具体如表6-4所示。

表6-4　　　　　　　中国公务员绩效评价结果的应用

应用领域	称职以上	基本称职	不称职
工资福利	累计两年被确定为称职以上等次的，在所定级别对应工资标准内晋升一个工资档次	本评价年度不计算为按年度评价结果晋升级别工资档次的评价年限	本评价年度不计算为按年度评价结果晋升级别工资档次的评价年限
职务调整	累计五年被确定为称职以上等次的，在所任职务对应级别范围内晋升一个级别；确定为称职以上等次，且符合规定的其他任职资格条件的，具有晋升职务的资格；连续三年以上被确定为优秀等次的，晋升职务时优先考虑	本评价年度不计算为按年度评价结果晋升级别的评价年限；一年内不得晋升职务	降低一个职务层次任职；本评价年度不计算为按年度评价结果晋升级别的评价年限；连续两年评价被确定为不称职等次的，予以辞退
奖励奖金	被确定为优秀等次的，当年给予嘉奖；连续三年被确定为优秀等次的，记三等功；享受年度评价奖金	不享受年度评价奖金	不享受年度评价奖金
绩效改进		对其诫勉谈话，限期改进	
培训开发	公务员主管部门和公务员所在机关应根据评价情况，有针对性地对公务员进行培训		

（三）我国公务员绩效管理方面的现有问题

从我国现行公务员评价办法来看，尽管与之前相比有了较大进步，特别是对评价内容、评价标准、评价等级以及评价结果应用等内容进行了详细规定，为规范公务员绩效管理提供了可操作的依据。但由于公务员绩效管理十分复杂，加之我国政府部门层次、类别多样，对不同类型公务员进行客观、公平、准确的评价具有挑战性。目前，我国的公务员绩效管理办法还存在一些不足之处。

1. 公务员评价内容不具体

我国《公务员法》规定的"德、能、勤、绩、廉"只是一种原则性的规定，尽管一些地方政府和部门根据自身的情况进行了细化，但是依然没有形成广受认可的、可操作化的方案。笼统的绩效评价指标必然导致评价结果的不科学、不公平，在一定程度上影响了评价结果的公正性和有效性。

2. 公务员评价标准不明确

我国公务员队伍庞大、职位繁多、职级复杂，与此相应的评价体系却相对简单。评价指标不明确主要是由于我国公务员的职位分类还不规范，存在公务员的职位模糊、职责不清等问题，因而以职责为基础设计评价指标必然会遭遇困境。

3. 公务员评价结果等级过少

我国公务员年度评价结果一般分为优秀、称职、基本称职、不称职四个等次，这给实际工作造成了极大的不便。由于公务员评价被评为优秀的比例最多不能超过总人数的15%，而真正不称职的也是极少数，所以绝大多数人都集中在称职这一等次上，这样就不能有效拉开差距，大大削弱了公务员评价对公务员应有的激励作用。

4. 评价主体的选择不合理

在公务员评价的具体实践中，我国一贯强调直接上级对下属进行评价，其评价意见往往占有较大的评价权重系数。但是一些反映下属真正绩效水平的因素往往是直接上级难以掌握的，这些评价内容就不应当交由上级来评价，因此要考虑让同级、服务对象等来参与评价，全方位、多视角地选取评价主体，并赋予其恰当的评价权重。

5. 公务员评价主体权责不清

我国公务员评价体系尽管对评价主体的责任做出了一般性的规定，但是没有具体规定不同评价主体在各个评价环节具体应承担的责任，没有把奖惩和评价工作联系起来。在实际的评价过程中，由于宽大化趋势，评价对象的评价结果等级未能有效拉开，这种评价结果显然是不理想的。由于没有受到有效监督，评价主体常常不能客观公正地实施评价，容易受个人好恶和私人关系的影响。

6. 重定性评价，轻定量评价

尽管公务员评价强调定性和定量相结合，但是实际上很多单位和部门更倾向于采用定性方法。一方面是认识不到位；另一方面因为指标量化相对复杂，缺乏科学的定量测评标准和相应的专业技术人员。但定性评价因其主观性和随意性较大，容易导致绩效评价结果的准确性不高，影响绩效评价效果的发挥。

第七章 我国政府绩效管理的新实践

近年来，平衡计分卡作为战略性绩效管理工具逐渐在政府部门得到推广。在本章中，我们将以北京延庆政府部门平衡计分卡为主线，介绍平衡计分卡作为一种绩效管理工具在地方政府绩效管理中的应用情况，帮助读者对基于平衡计分卡的政府绩效管理实践形成一个更为清晰、直观的认识。

一、北京延庆政府部门平衡计分卡实践

平衡计分卡是近年来逐渐兴起的一种战略及绩效管理工具，凭借其理念的先进性和设计的科学性，迅速被众多政府组织所关注。我国于2005年开始，在中组部领导干部考试与测评中心的组织与领导下，由黑龙江省海林市、广西壮族自治区桂平市平山镇、四川省乐山市五通桥区等政府组织作为试点单位相继设计和推行了平衡计分卡，拉开了平衡计分卡在中国政府部门应用的序幕。

（一）政府组织平衡计分卡体系设计

政府组织平衡计分卡体系设计主要有四个步骤：第一步，通过绘制战略地图来描述战略，将组织战略转化为四个层面的具体绩效目标；第二步，根据目标依次导出具体的衡量指标、目标值和行动方案，使战略目标能够被有效地衡量；第三步，通过分级设计战略地图和平衡计分卡，将战略目标落实到部门和个人，从而形成上下联动、左右贯通的平衡计分卡体系；第四步，通过建立绩效评价量表，来实现对绩效的衡量与监控。下面将结合政府组织

的基本特点，对上述各步骤逐一进行详细介绍。

1. 绘制战略地图

卡普兰和诺顿曾指出："战略如果不能被描述，就不能被衡量；如果不能被衡量，就不能被管理。"因此，利用战略地图来描述战略是构建政府组织平衡计分卡体系的首要环节。具体而言，主要包括以下几个步骤。

第一步，明确使命、核心价值观和愿景。由于政府组织与企业组织的差异，政府组织在确定使命、核心价值观以及愿景时要特别注意：一方面，政府组织作为一个独立组织实体，追求组织管理的最优化是其不可推卸的责任；另一方面，作为促进当地社会经济发展的责任主体，其社会职能也不能忽视。因此，政府组织在确定使命、核心价值观以及愿景时，需要兼顾组织管理和社会发展两方面的需求。

第二步，确定战略和战略主题。组织在明确了使命、核心价值观和愿景之后，接下来就是要据此来确定相应的战略和战略主题。在确定战略主题时，需要坚持两个基本原则：第一，战略主题应基于政府组织的工作职责，要尽量涉及与组织职责有关的关键绩效领域，既不能溢出也不能缺失。第二，战略主题应该能够有效界定政府组织一定时期的战略重点。尽管政府组织所涉及的工作领域非常广泛，但是在一定时期内必须将有限的资源集中在最为重要的工作上。战略主题应该有所侧重，要体现出组织在一段时期内最为关注的重要工作内容。因此，战略主题的数量不宜过多，否则会导致组织战略的稀释或模糊。

第三步，分层制定目标。在分层制定目标时，需要重点关注以下几个事项：首先，每个层面的战略目标应该根据战略地图四个层面间的因果逻辑关系从上往下分层制定，以确保战略目标能够从下至上层层支撑；其次，战略目标表述应该清晰、明确，能够切实体现组织的重要工作；最后，由于战略地图是描述战略的工具，因此体现在战略地图上的目标应该是组织工作的重点，一般而言，战略目标的总数控制在 10~20 个比较合适。

2. 制作平衡计分卡

战略地图将战略转化为具体目标，而平衡计分卡的主要作用是根据目标导出指标、目标值和行动方案。具体而言，平衡计分卡的设计可以分为以下几个步骤。

第一步，设计指标。在构建政府组织平衡计分卡时，指标的设计是一个难点所在。一方面，由于政府组织的公共性，其很多工作及产出往往难以用客观指标予以表示；另一方面，很多政府组织的绩效管理基础相对比较薄弱，对一些具体工作的衡量办法研究不足，这两方面因素共同导致政府组织在设计指标时困难重重。基于已有的理论研究和具体的管理实践，我们认为政府组织在设计绩效指标时可以借鉴以下几点经验：第一，由于指标是对绩效目标的具体衡量，因而在设计指标时，应该在对目标进行充分分析的基础上，根据目标的具体内涵和主要特征进行设计；第二，为了确保目标能够得以充分衡量，有时一个目标可能需要导出多个绩效指标，因此指标的数量往往多于目标数量，总指标数大概是总目标数的 1.5 倍左右；第三，在设计指标时，邀请有关领导、专家、绩效评价主体以及被评价者等共同参与到指标的设计过程中，有利于集思广益，确保指标设计的科学性和合理性。

第二步，设定目标值。目标值是为绩效指标设定的数量化衡量标度，为了使其对员工具有激励作用，目标值的设定必须合理。如果目标值过高，员工会对工作望而却步而不付出努力；如果目标值偏低，员工则会因为工作没有挑战性而失去追求高绩效的动力。目标值的设定主要可以分为两个步骤：一是将整体的价值差距分解到每个战略主题；二是在每个战略主题内，根据战略地图的因果关系分别设置目标值。在设置目标值时，有多种参考标杆：既可以根据上一个绩效周期的目标实现情况及发展趋势，也可以借鉴地区或行业在该指标上的平均值，还可以源于对利益相关者需求的充分调查等。

第三步，确定行动方案和预算。行动方案是平衡计分卡的一大特色，它使组织不仅关注如何对绩效进行衡量，还帮助管理者和员工明确绩效目标该如何达成。制定行动方案的过程，就是组织中相关人员深入思考和探讨如何完成绩效目标的过程。预算的编制则可以确保组织有限的资源能够有效地投入对组织战略实现最为重要的关键领域。要决定每个战略主题行动方案的资金投入数量，就需要有一个自上而下的流程来确定资金配置的等级，同时还需要一个自下而上的流程，来选择应给予资金支持的行动方案。因此，行动方案和预算的确定需要经过相关责任人和主管领导共同协商制定，以使其能够与绩效指标及目标值合理匹配，确保组织战略目标的顺利实现。

3. 分级开发平衡计分卡

组织层面的战略地图和平衡计分卡设计完成后，还需要将其逐级分解，依次建立部门及个人层面的战略地图和平衡计分卡，使得战略目标能够层层落实。分级设计平衡计分卡的思路主要是基于目标的承接或分解，而承接或分解的方式既可以根据组织架构，也可以基于业务流程。在这一过程中，协同的理念要贯彻始终。成功的组织不仅需要强有力的领导，而且需要在战略、组织、员工和管理系统之间形成良好的协同。通过战略目标在纵向上将组织、部门、团队及个人协调和整合起来，在横向上将组织中的业务单元与支持单元协调和整合起来，以达到整合组织创造协同效应的目的，具体如图7-1所示。

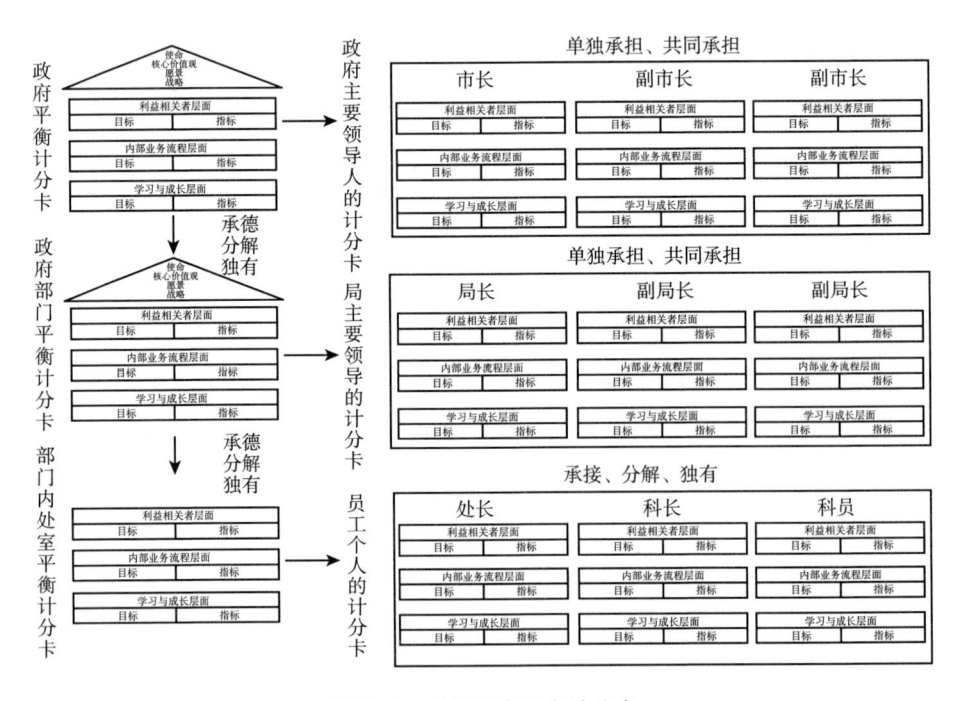

图 7-1 分级开发平衡计分卡

4. 建立绩效评价量表

利用战略地图和平衡计分卡，组织能够确定不同层级、不同单元的绩效目标、指标和目标值，为了确保这些绩效目标及指标在实际的管理实践中能够被有效地衡量，组织还应该建立相应的绩效评价量表。绩效评价量表的作用之一就是确定各个绩效指标的权重、评价主体、评价周期及评价方法等一系列决策。权重是用于确定"指标的重要程度"的问题，因此权重的设置既要能够体现出指标重要性的区别，又不能使权重间的差距过大，导致被评价者"抓大放小"；评价主体是用于确定"谁来评价"的问题，对于政府组织而言，绩效评价的主体既可以是上级主管部门，也可以是组织内部的工作人员或外部的群众及企事业单位等，组织应该根据具体的评价内容，选择合理的评价主体；评价周期是用于解决"多长时间评价一次"的问题，对于不同的指标，评价周期不能一概而论，应根据具体情况加以区别；评价方法是用于解决"如何评价"的问题，政府组织通常采用的评价方法主要是根据绩效指标的内容收集绩效信息，从而对指标的实现程度予以判断，这些绩效信息既包括客观的定量数据，也有主观的定性测评，组织应该将定性评价和定量评价有机地结合起来。

通过以上各步骤，政府组织的平衡计分卡体系就得以建立起来。最后，组织还应建立相应的绩效管理制度和办法，对绩效管理的负责机构、绩效管理的流程、绩效管理结果的应用与反馈等方面进行详细规定，以确保所构建的政府组织平衡计分卡能够切实落到实处，真正发挥作用。

（二）政府组织平衡计分卡案例

延庆县[①]地处北京市西北部，为北京市所辖区县之一。生态环境优良，是首都西北重要的生态屏障。平均海拔 500 米以上，气候独特，冬冷夏凉，有北京"夏都"之美誉。延庆地域总面积 1993.75 平方公里，常住人口 31.9 万人。延庆实施生态文明战略，县域发展理念坚持"生态立县"，生态建设和环境保护成绩喜人，先后获得全国绿化模范县、ISO14000 运行国家示范区、国家园林县城、国家卫生县城、北京市可再生能源示范区、国家生态县等荣誉称号，成为全国控制农村面源污染示范区、全国生态文明建设试点县。

延庆县委、县政府根据北京市的发展要求，结合区位优势和自身特点，量身制定了"十二五"发展战略，全县各二级班子又以此为依据设计了各自的平衡计分卡体系，现将成果展示如下。

[①] 延庆县在 2015 年经国务院批准撤销，设立为延庆区。

1. 延庆县委、县政府战略地图

（1）使命

经过延庆县委、县政府领导班子多次商讨，从延庆县委、县政府的宗旨出发，最终将使命确定为：贯彻落实市委、市政府的路线、方针、政策，全心全意造福延庆人民。

（2）核心价值观

延庆县委、县政府结合近些年在经济社会建设中一贯秉承的发展理念以及践行"北京精神"的要求，将其核心价值观概括为"绿色发展、高端一流、以人为本、开拓创新"。

（3）愿景

延庆县委、县政府为延庆人民描绘的美好蓝图是"到2016年，全面建设环境优美、生态宜居、富裕文明、幸福和谐的绿色北京示范区"。

（4）战略

为了实现所描绘的愿景，延庆县委、县政府在近一段时间内的重点工作是：以加强绿色环境建设为基础，以加快绿色产业发展为核心，以推广绿色生产生活方式为切入点，以绿色发展成果惠及民生为出发点和落脚点，推动"县景合一"。

（5）利益相关者层面

延庆县委、县政府的利益相关者包括上级北京市委、市政府，当地社会、企业和居民。为了巩固党的执政地位，充分体现社会主义优越性，体现首都北京的政治、经济、文化中心地位，必须把市委、市政府各项惠民政策抓紧落实，切实有效地维护全县人民的根本利益。因此，在利益相关者层面设置了"经济又好又快发展""人民生活明显改善""社会更加和谐稳定""城乡建设不断加强""生态环境品质进一步提升""文化更加发展繁荣""服务质量显著提升""改革开放更加深入"共八个结果性的战略目标。

（6）实现路径层面

为了实现利益相关者层面的结果性目标，延庆县委、县政府将实现路径层面划分为八个领域，即八个战略主题，其中"经济发展""改善民生""社会管理""城乡建设""生态环境""文化发展""改革创新"是实现中长期目标必须坚持的战略主题，而"世界葡萄大会筹备"则是重点工作项目。然后，在每个战略主题下设置实现路径层面的各个目标。例如，在经济发展战略主题下设置了"构建合理的产业结构布局""以休闲旅游产业为主导大力发展第三产业"等目标。在改善民生战略主题下设置了"为劳动者创造充分的就业机会""推动公共服务均衡优质发展"等目标。

(7) 学习与成长层面

延庆县委、县政府在保障措施层面共设置了 13 个目标，其中在党的建设方面主要设置了"提升党的组织工作水平""提升党的宣传思想工作水平"等目标。在政府自身建设方面则突出"建设法治型、服务型、廉洁型政府"的要求。财政资金是顺利推进全县各项事业的重要物质保障。延庆的状况是经济基础薄弱、财力物力不充足，必须从开源与节流两方面为获取资金保障而努力。开源一方面要确保经济持续稳定增长，提高政府财政收入；另一方面要想方设法"争取上级财政资金支持"，同时还要"拓宽融资渠道"，吸引社会投资。节流则通过"科学制定财政预算"严格控制"三公消费"和"大力削减行政成本"等举措来实现。延庆县委、县政府的战略地图如图 7-2 所示。

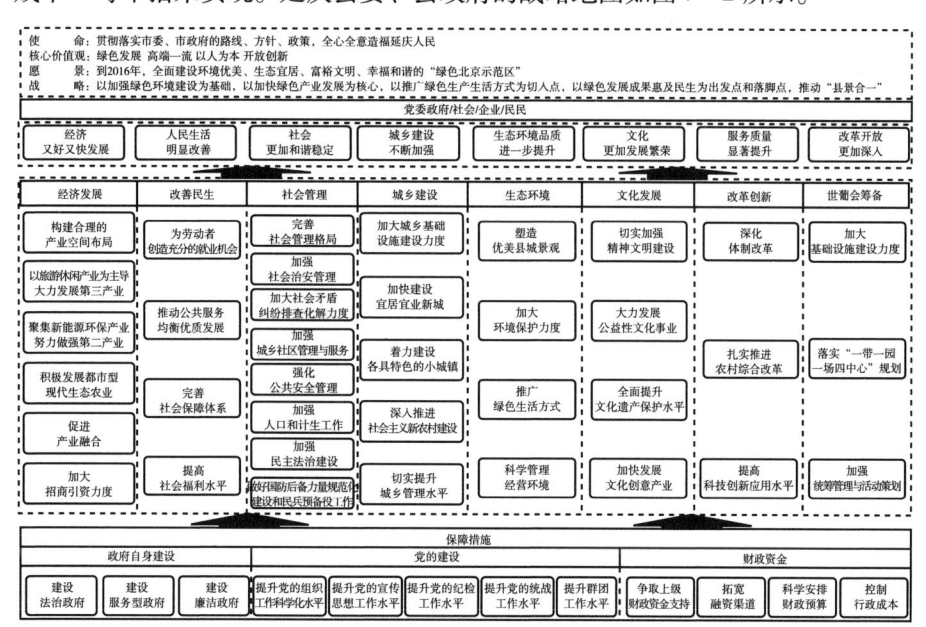

图 7-2 延庆县委县政府战略地图

资料来源：方振邦，唐健，姜颖雁. 公共部门绩效管理 [M]. 北京：中国人民大学出版社，2019：259.

2. 延庆县委、县政府平衡计分卡

根据战略地图中的层面和目标，延庆县委、县政府经过细致讨论、多轮协商，针对每个目标设置相应的指标、目标值、指标等级、指标类型、主管领导、责任部门和行动方案，形成县委、县政府的平衡计分卡（示例），如表7-1所示。

表7-1　　　　　延庆县委、县政府平衡计分卡（示例）

（1）利益相关者层面

目标	指标	目标值	指标等级	指标类型	主管领导	责任部门	行动方案
经济又好又快发展	地区生产总值年增长率	10%	县级	考核指标	略	发改委	略
	财政一般预算收入年增长率	10%	县级	考核指标	略	财政局	略
人民生活明显改善	城镇居民人均可支配收入年增长率	8%	县级	考核指标	略	发改委	略
	农民人均纯收入年增长率	9%	县级	考核指标	略	发改委	略

（2）实现路径层面

目标	指标	目标值	指标等级	指标类型	主管领导	责任部门	行动方案
■经济发展							
构建合理的产业空间布局	"一城一川两园四带"建设进展度	略	县级	监控指标	略	发改委	略
	十个新的战略增长极建设进展度	略	县级	监控指标	略	发改委	略
	新能源环保产业占规模以上工业产值比重	30%	县级	考核指标	略	经信委	略
	万元GDP能耗同比下降	4%	市级	考核指标	略	发改委	略
	万元GDP水耗同比下降	5%	市级	考核指标	略	发改委	略
以都市型现代生态农业为方向积极发展第一产业	农业产值年增长率	5%	县级	考核指标	略	农委	略
	有机农业占农业产值比重	略	县级	考核指标	略	农业局	略

续表

目标	指标	目标值	指标等级	指标类型	主管领导	责任部门	行动方案
以都市型现代生态农业为方向积极发展第一产业	耕地保有量	286平方公里	县级	考核指标	略	农业局	略
促进产业融合	融合产业产值同比增长率	略	县级	考核指标	略	发改委	略
加大招商引资力度	引进项目数量	个	县级	监控指标	略	投资促进局	略
	招商引资当年形成固定资产投资额	元	县级	考核指标	略	投资促进局	略
■改善民生							
为劳动者创造充分的就业机会	城镇登记失业率	<3.5%	县级	考核指标	略	人保局	略
	城镇失业人员就业率	>60%	县级	考核指标	略	人保局	略
	失业人员就业率	>80%	县级	考核指标	略	人保局	略
■社会管理							
健全社会管理格局	网格化管理覆盖率	略	县级	监控指标	略	相关部门	略
	新增服务类公益性社会组织数量	个	县级	考核指标	略	社会办民政局	略
■城乡建设							
加快建设宜居宜业新城	新城公共基础设施建设累积投资额	元	县级	考核指标	略	发改委	略
	城镇居民生活工作便利度	等级	县级	监控指标	略	住建委	略
	住宅小区改造建设面积	平方米	县级	考核指标	略	住建委	略
■生态环境							
塑造优美县域景观	新增林地面积	2万亩	县级	考核指标	略	园林绿化局	略
	城市人均公共绿地面积	平方米	市级	考核指标	略	园林绿化局	略
■文化发展							

续表

目标	指标	目标值	指标等级	指标类型	主管领导	责任部门	行动方案
切实加强精神文明建设	精神文明先进单位数量	个	县级	考核指标	略	宣传部	略
	精神文明先进个人数量	个	县级	考核指标	略	宣传部	略
■改革创新							
深化体制改革	群众对经济体制改革满意度	略	县级	监控指标	略	相关部门	略
	事业单位改革进展度	100%	县级	考核指标	略	编办 人事局	略
	医药卫生体制改革进展度	略	县级	考核指标	略	卫生局	略
■世葡会筹备							
加大基础设施建设力度	基础设施建设投资额	元	县级	考核指标	略	发改委	略
	年内开工和建设工程数量	4个	县级	考核指标	略	住建委	略

(3) 保障措施层面

目标	指标	目标值	指标等级	指标类型	主管领导	责任部门	行动方案
■政府自身建设							
建设法治政府 坚持依法行政	行政诉讼案件败诉次数	0次/年	县级	考核指标	略	法制办	略
	行政处罚案卷合格率	100%	县级	考核指标	略	法制办	略
■党的建设							
提升党的组织工作科学化水平	班子和干部队伍建设工作	达标	县级	考核指标	略	组织部	略
	党的基层组织建设工作	达标	县级	考核指标	略	组织部	
	人才队伍建设工作	达标	县级	考核指标	略	组织部	略

续表

目标	指标	目标值	指标等级	指标类型	主管领导	责任部门	行动方案
■财政资金							
争取上级财政资金支持	市级以上财政资金支持总额	元	县级	加分项	略	发改委 财政局	略
拓宽融资渠道	社会融资总额	元	县级	加分项	略	发改委 财政局	略
科学安排财政预算	预算执行率	略	县级	考核指标	略	财政局	略
	基本公共服务支出比率	略	县级	监控指标	略	财政局	略
控制行政成本	"三公"经费占总支出比重	略	县级	考核指标	略	财政局	略

3. 延庆县委县政府绩效评价量表

在平衡计分卡的基础上，为了评价便利，剔除目标、指标等级、指标类型等内容，形成延庆县委县政府的绩效评价量表（示例），如表7-2所示。

表7-2　　　　延庆县委县政府绩效评价量表（示例）

层面	指标	目标值	满分	权重系数	数据来源	评价主体
利益相关者层面	1. 地区生产总值年增长率	10%	100	略	市统计局	市发改委
	2. 财政一般预算收入年增长率	10%	100	略	市统计局	市发改委
	3. 全社会固定资产投资增长率	10%	100	略	市统计局	市发改委
	4. 城镇居民人均可支配收入年增长率	8%	100	略	市统计局	市发改委
	5. 农民人均纯收入年增长率	9%	100	略	市统计局	市发改委
	6. 空气质量二级和好于二级的天数占全年比重	>84%	100	略	市环保局	市环保局
	7. 游客满意度	%	100	略	市统计局	游客
实现路径层面	1. 旅游休闲业产值占第三产业产值比重	%	100	略	市统计局	市发改委
	2. 社会消费品零售额	元	100	略	市统计局	市发改委
	3. 耕地保有量	286平方公里	100	略	市农业局	市农业局
	4. 融合产业产值同比增长率	%	100	略	市统计局	市发改委
	5. 招商引资当年形成固定资产投资额	元	100	略	市统计局	市发改委
	6. 城镇登记失业率	<3.5%	100	略	市人保局	市人保局

续表

层面	指标	目标值	满分	权重系数	数据来源	评价主体
实现路径层面	7. 失业人员再就业人数	人/年	100	略	市人保局	市人保局
	8. 农村富余劳动力转移就业人数	4000 人	100	略	市人保局	市人保局
	9. 职业技能培训人数	4000 人	100	略	市人保局	市人保局
	10. 义务教育普及率	>99%	100	略	市教委	市教委
	11. 安全饮水达标率	96%	100	略	市水务局	市水务局
	12. 公共安全事件发生次数	<次	100	略	市综治办	市综治办
	13. 重点食品安全监测抽查合格率	98%	100	略	市卫生局	市卫生局
保障措施层面	1. 行政诉讼案件败诉次数	0 次/年	减分项	略	市法制办	市法制办
	2. 行政处罚案卷合格率	100%	100	略	市法制办	市法制办
	3. 腐败案件发生数量	0 件/年	减分项	略	市监察局	市监察局
	4. 预算执行率	%	100	略	市财政局	市财政局
	5. "三公"经费占总支出比重	%	100	略	市财政局	市财政局

在确定延庆县委、县政府战略地图、平衡计分卡和绩效评价评价量表之后，下设各职能部门以及乡镇、街道等也在县委县政府使命、核心价值观、愿景和战略的指引下，结合部门和单位实际分别开发了针对性的战略地图、平衡计分卡及绩效评价量表，通过目标的分解和承接，共同助推县委、县政府战略目标的顺利达成。

（三）政府组织平衡计分卡设计与实施过程中需要注意的问题

为了使平衡计分卡能够在政府组织中发挥出最大效用，政府组织除了要对平衡计分卡的设计环节给予高度重视，还要充分考虑构建政府组织平衡计分卡的准备和实施环节，尤其是要对以下的一些具体问题特别予以关注。

第一，要正确认识和看待平衡计分卡。随着理论的发展和实践的深入，平衡计分卡已经由最初的绩效评价工具发展为有效的战略管理工具，它通过描述战略、衡量战略和管理战略，将战略管理和绩效评价有机结合起来。但是在一些政府组织应用平衡计分卡时，由于目前组织对组织战略的重视不足，并且对平衡计分卡的理解不够深入，因而常常将平衡计分卡仅作为一种绩效评价工具来看待，出现"重评价、轻战略"的情况。而事实上绩效评价的目的不只是要对员工的工作进行评定，更重要的是能够使员工在平衡计分卡体系的引导和管控下顺利完成工作任务，最终实现组织的战略目标。因此，政府组织在构建平衡计分卡体系时，应首先从组织的战略入手，对现有战略的有效性进行检验，并据此调整战略或开发新战略。避免根据以往的工作计划或总结来绘制战略地图这种"新瓶装旧酒"的做法。

第二，应用平衡计分卡需要获得高层领导的支持。构建平衡计分卡体系是一项"一把手工程"，高层领导成员的支持和参与是决定平衡计分卡体系设计成功与否的关键所在，也是影响平衡计分卡体系推广程度和实施效果的重要因素。一方面，平衡计分卡体系的设计和实施不仅需要组织在时间与财力上的大力投入，还需要动员组织全体成员共同参与，而领导者的态度则直接影响到组织资源的投入力度和员工的参与程度；另一方面，组织中的领导成员对组织的发展战略最为了解，他们最能够把握组织的前进方向，平衡计分卡中的战略目标恰恰必须是根据这些发展方向来确定。因此，在平衡计分卡体系的设计与实施过程中，获得高层领导的支持是一项不可或缺的必要条件。

第三，让组织中每个成员理解并接受平衡计分卡。在政府组织推行平衡计分卡时，还经常会遇到员工不配合甚至抵触的情况。这是因为很多人认为平衡计分卡太过复杂、难以理解，并且实施起来费时费力，因而不愿意参与其中。另外，由于一些政府组织以往的绩效管理不正规、不系统，有些员工"干多干少一个样，评与不评一个样"的思想根深蒂固。而平衡计分卡的应用将会彻底改变这一状况，它通过建立科学、规范的绩效管理体系，切实对员工起到有效的激励和约束作用。这也就不可避免地会影响到一些人员的思维习惯和既得利益，引发他们的不满和抵触。对于这种情况，组织应该采取外部培训与内部沟通相结合等方式，积极地帮助员工理解并接受平衡计分卡，使他们认识到平衡计分卡对于个人及组织的重要意义，吸引其真正地参与到平衡计分卡的推行过程当中，鼓励其为平衡计分卡的设计和完善献计献策、贡献力量。

第四，在实践中不断更新和完善平衡计分卡。建立科学的平衡计分卡体系并不是一时之功，而是一个在实践中不断发展和完善的长期过程。因此，不可以抱有一劳永逸的思想，也不能为了追求"完美的设计"而在应用时缩手缩脚。比较可行的做法是在适当时机将平衡计分卡付诸实践，在实践中进行检验和调整。随着时间的推移，目标、指标、目标值和行动方案都会不断改变，平衡计分卡体系也会变得更加科学和完善。

二、杭州"3+1"综合绩效管理实践①

杭州综合考评是杭州市委、市政府以科学发展观为统领,以"创一流业绩,让人民满意"为宗旨,从目标考核、社会评价、领导考评及创新创优(特色创新)四个维度,对市直单位和区县(市)实施的全方位、多维度、综合性考核评价,即"3+1"综合考评体系(见图7-3)。

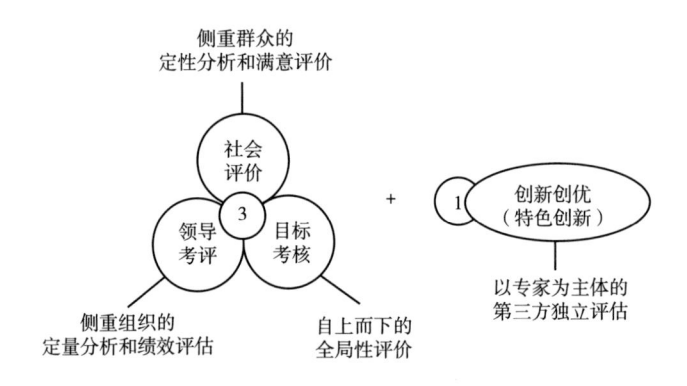

图7-3　杭州综合考评"3+1"体系示意图

资料来源:伍彬. 政府绩效管理:理论与实践的双重变奏[M]. 北京:北京大学出版社,2017:165.

从综合考评指标体系的构成来看,目标考核主要侧重组织的定量分析和绩效评估;社会评价侧重的是群众的定性分析和满意度评价;领导考评的指标设置主要是在传统5分评定模式的基础上,运用了标准打分的办法;市直单位的创新创优采用好中选优的"竞赛制+淘汰制"方法,区、县(市)特色创新则采用"参与加分制"的方法来衡量。社会评价与组织考核(目标考核、领导考评)相结合,既保证了内部组织考核的有效性,又通过民情民意表达渠道的制度化建设,进一步提升了综合考评的公信度,较好地解决了"自上而下"考评的信度缺失和"自下而上"评价的效度缺失问题。

---

① 伍彬. 政府绩效管理:理论与实践的双重变奏[M]. 北京:北京大学出版社,2017:164-179.

（一）市直单位综合考评指标体系

杭州市根据单位的职能和工作性质，把参加综合考评的市直各部、委、办、局及有关单位分为综合考评参评单位和综合考评非参评单位两大类，设置不同的考评内容不同的权重，统一组织考核评价。市直单位综合考评总分为 100 分。其中，社会评价占 50 分，目标考核占 45 分，领导考评占 5 分。创新创优作为综合考评加分项目，由市直各单位自愿申报（见表 7-3）。

表 7-3　　　　杭州市市直单位综合考核评价指标体系

维度		分项指标	组织单位	分值
目标考核	绩效指标	关键指标	市考评办及相关牵头部门	45 分
		职能指标		
		通用指标		
	工作目标	重点工作目标		
		部门协作目标	专项牵头单位	
		诉求回应目标	市信访局市考评办、市监察局、市政府办公厅、市人大提案委、市政协提案委	
		自身建设目标	市委组织部、市纪委（监察局）、市考评办、市委、市财政局、市编委办等	
领导考评		总体工作业绩	市考评办	5 分
社会评价		专项社会评价	市考评办	50 分
		综合社会评价		
创新创优		创新目标	市考评办（专家评估）	"竞赛制 + 淘汰制" 100 +
		创优目标		
		克难攻坚目标		

注：资料截止时间为 2016 年 12 月。

资料来源：伍彬. 政府绩效管理：理论与实践的双重变奏 [M]. 北京：北京大学出版社，2017：166-167.

综合考评非参评单位只设置目标考核和领导考评，其中，目标考核 90 分，领导考评 10 分，社会评价只征求意见不评价打分。

1. 目标考核

杭州市从 2005 年开始实施综合考评时，就建立了市直单位目标考核指标体系，经过多年的运行，积累了不少好的做法和经验。2012 年，杭州市以列入全国政府绩效管理试点为契机，不断优化综合考评、强化绩效管理，对市直单位目标考核指标体系作了重大调整。目前的杭州市直单位目标绩效考核指标体系中，绩效指标包括关键指标、职能指标、通用指标三类，工作目标包括重点工作目标、部门协作目标、诉求回应目标和自身建设目标四类。这样的指标设计，既体现了量化的工作任务，又明确了定性的工作质量要求（见表 7-4）。

表 7-4　　　　　杭州市直单位目标绩效考核指标体系

类型	分项指标	考核或评价指标内容	考核维度 实现程度（1）	考核维度 绩效维度（2）	目标（指标）解释	权重
绩效指标	关键指标	市委、市政府确定的涉及本部门的相关国民经济和社会发展定量指标	●	√	市人代会通过的杭州市国民经济和社会发展主要指标	80%
绩效指标	职能指标	市直单位法定职责履行情况相关绩效指标	●	√	由各单位根据"三定"方案，结合杭州市实际，提炼反映本单位履行职能情况，体现效率、效益、效果等结果性的内容	80%
绩效指标	通用指标	适用于市直各单位的部分通用性绩效指标，包括依法行指标政、电子政务、行政效率和简报信息质量等指标	●	—	由"两办"、市法制办市电子政务办公室、市考评办、市审改办	80%
工作目标	重点工作目标	省委、省政府对杭州市的重点考核目标	●	√	以杭州市与省委、省政府签订的目标责任状为依据	80%
工作目标	重点工作目标	市委、市政府中长期战略目标和重大决策分解到当年的相关工作任务	●	√	如"杭改十条""杭法十条"等明确的年度工作任务	80%
工作目标	重点工作目标	市委、市政府确定的其他年度重点工作任务	●	√	市委、市政府确定的年度重点工作任务分解、可考核的目标任务（以市委全委会报告、市政府工作报告为依据，其中政府预算内投资重大项目评估由市发改委提供）	80%

续表

类型	分项指标	考核或评价指标内容	考核维度 实现程度（1）	考核维度 绩效维度（2）	目标（指标）解释	权重
工作目标	重点工作目标	市政府为民办实事项目	●	√	按《市政府为民办实事项目考核办法》考核	80%
		市委、市政府重点专项工作	●	√	市委、市政府主抓的阶段性重点专项工作	
	部门协作目标	由有关部门牵头、多部门协作配合的，事关全市、有明确年度目标任务、适于量化考核的阶段性工作目标，由若干专项组成	●	—	由专项工作牵头单位提出，按照必须、可行、有效和总量控制的原则设置。专项目标由牵头部门提出具体的分解依据、考核内容和考核办法，经市考评办审核后下达，纳入相关单位年度绩效目标考核。专项牵头单位对该项目负总责	
	诉求回应目标	信访和"12345"市长公开电话办理、社会评价意见整改（含市考评办跟踪督办意见整改目标）、建议提案办理	●	—	分别由市信访局、市考评办和市政府办公厅、市人大代表工委、市政协提案委牵头负责	
	自身建设目标	领导班子建设、党风廉政建设、绩效管理、财政绩效评价、机构编制评估	●	—	分别由市委组织部、市纪委（监察局）、市考评办、市财政局、市编委办等牵头负责	20%

注：（1）"实现程度"是指目标（指标）实际完成情况与设定目标（指标）内容之间的比较，通过进度、工作量、覆盖面等反映，按实际完成百分比赋分。（2）"绩效测度"是指反映达成目标（指标）的挑战程度、工作质量成果运用及效益性、满意度等指标。表中带√的栏目为可设置绩效测度的目标，分别按挑战指标、表彰奖励和绩效测评三种类型选定。（3）"职能指标"选择部分反映市直单位法定职责履行情况相关绩效指标，其中，党群政务类单位绩效指标重点反映贯彻落实服务保障，突出工作的保障性与前瞻性、政务的质量和水平；执法监管类单位绩效指标重点反映公正、效率，突出职责法定、依法行政；社会管理和服务类的单位绩效指标重点反映公平、均衡，突出服务质量和群众满意度；经济管理类单位绩效指标重点体现科学发展，突出工作效率、公平；国有企业单位的绩效指标应突出承担市委、市政府的重点工作，主要体现在承担社会责任、城市公共服务水平、产业示范带动、城市空间优化布局等方面，企业经营性指标不建议作为该类指标。（4）资料截止时间为2016年10月。

资料来源：伍彬. 政府绩效管理：理论与实践的双重变奏［M］. 北京：北京大学出版社，2017：168.

2. 领导考评

领导考评是基于上级领导的视角，由市四套领导班子成员及市法院院长、市检察院检察长，对市直单位的总体工作实绩进行评价，具体包括市直单位工作目标和市委、市政府交办任务的完成情况，部门在全国同行业内横向比较和部门对全市的贡献程度等。

3. 社会评价

社会评价作为一种自下而上的外部评估，它对市直单位形成强大的外部压力，促进部门改进机关作风，提高行政效能。

（1）社会评价的组成

社会评价由综合社会评价和专项社会评价两部分组成。综合社会评价是指社会公众对市直综合考评参评单位当年度履职情况的总体满意度评价；专项社会评价采用按事项评价的方法，选取若干市委、市政府部署、由多部门协同推进的事关民生、有较高公众知晓度的年度重点工作事项，进行一事一评，根据评价结果，对工作关联单位予以赋分。

（2）评价内容

综合社会评价包括服务态度、工作效率、办事公正、廉洁自律、工作实效和社会影响等各方面；专项社会评价按不同的评价事项，设计相关的评价指标。

（3）评价主体

综合社会评价按比例随机抽取市党代表、市人大代表、市政协委员、区县（市）领导代表、区县（市）机关代表［含部、委、办、局及街道（乡镇）负责人］、社会组织代表（含社区居委会负责人、行业协会负责人、民办非企业单位负责人）、社会监督代表（含老干部、专家学者、省直机关新闻媒体绩效信息员及市行风评议代表）、企业代表、市民代表（含城镇居民、外来创业务工人员、农村居民）9个层面约1.2万名投票人员。专项社会评价选取评价事项相关的服务对象，进行满意度测评。

4. 创新创优

创新创优采取"竞赛制＋淘汰制"的办法，按照"自愿申报、绩效评估好中选优"的原则实施考核激励。根据绩效评估结果，给予加分激励。

(1) 项目类型

创新创优项目分为创新、创优、克难攻坚三种类型。创新项目包括原创性创新项目和继承性创新项目；创优项目包括综合性表彰奖励成果和提升服务质量项目；克难攻坚项目包括经济社会热点、难点问题破解和机关绩效改进。

(2) 评估办法

创新创优项目实行"竞赛制+淘汰制"的办法，即根据两轮专家绩效评估结果，分别按年度创新创优申报项目总数各15%、不超过10项，评出创新奖、创新提名奖和创新鼓励奖项目，在综合考评中分别给予适当的加分激励。加分后如晋档的，不挤占综合考评已进入先进以上等次单位的名额。

(二) 区、县（市）综合考评指标体系

杭州区、县（市）综合考评的考评对象为杭州市所辖的13个区、县（市），其中，淳安县作为"美丽杭州"建设实验区，单列考评。在考评内容与权重设置上，目标考核占65%的权重（包括发展指标和工作目标两部分），领导考评占5%的权重，社会评价占30%的权重。特色创新作为加分项目，由区、县（市）自愿申报，实施绩效评估（见表7-5）。

表7-5　　　　杭州区、县（市）综合考评指标体系

考评维度		考核或评价指标内容	分值	合计
目标考核	发展目标	经济建设	30	30分
		社会管理和公共服务		
		发展潜力		
		个性化指标		
	工作目标	重要工作目标：市委、市政府确定的涉及区、县（市）的重点目标任务，包括市委市政府与各区、县（市）以签订责任状形式明确的一些工作任务，需要区、县（市）完成的年度重要工作，以及其他专项目标任务	25	35分
		共性目标：各区、县（市）机关自身建设以及其他具有共性特征的工作目标任务，包括领导班子建设、党风廉政建设、机关效能建设、社会评价意见整改和信息督查及目标管理等	10	

续表

考评维度	考核或评价指标内容	分值	合计
领导考评	综合评定各区、县（市）领导班子的领导力执行力、协作力、创新力和总体工作业绩	5	5分
社会评价	总体评价各区县（市）党委和政府在经济建设、社会管理、公共服务、依法行政及自身建设等方面的工作业绩和社会效果	30	30分
特色创新	对各区、县（市）在经济建设、社会管理、公共服务、政治民主、行政改革、党的建设等方面具有地方特色和推广价值的改革与创新举措实施绩效考核	5	5分（加分）

注：资料截止时间为2016年10月。

资料来源：伍彬．政府绩效管理：理论与实践的双重变奏［M］．北京：北京大学出版社，2017：173．

1. 目标考核

目标考核占区、县（市）综合考评分值权重的65%，考核内容包括发展指标和工作目标完成情况。

（1）发展指标

发展指标分值设定30分，包括经济建设、社会管理和公共服务、发展潜力，以及个性化指标四个方面。设置四个方面内容的考核主要基于以下考虑："经济建设"指标体现了以经济建设为中心的基本路线，要求各区、县（市）把发展作为第一要务，推动区域经济又好又快的发展；"社会管理和公共服务"指标的设计以民生为导向，引导地方党委和政府树立以人为本、以人民为中心的执政理念；"发展潜力"要求地方党委和政府树立正确的政绩观，既要注重当前的发展，又要着眼长远目标，追求可持续发展："个性化指标"按照把握导向分类指导的原则依据市委、市政府的战略部署和各地实际，反映各地的区域特色和发展方向。发展指标的每个方面又细分若干项具体指标，具体见表7-6。

表7-6　　　　杭州区、县（市）综合考评发展指标设置

维度	指标名称	分值设定
经济建设	1.1 人均地区生产总值增长率★	3
	1.2 地区生产总值增长率▲	3
	1.3 人均一般公共预算收入增速★	5

续表

维度	指标名称	分值设定
经济建设	1.4 一般公共预算收入增速▲	5
	1.5 农林牧渔业增加值增长率★	2
	1.6 规模以上工业增加值增长率★	4
	1.7 服务业增加值增长率▲	6
	1.8 信息经济产业增加值增长率	4
	1.9 "两化"融合发展指数	3
	1.10 城镇常住居民人均可支配收入增长率★	2
	1.11 农村常住居民人均可支配收入增长率★	2
	1.12 社会消费品零售总额增速	3
	1.13 居民消费价格指数（CPI）★	2
	1.14 外贸出口总额增长率	4
	1.15 工业技改投入增速★	2
社会管理和公共服务	2.1 社会治安秩序评价指标	4（3）
	2.2 安全生产综合指数	3
	2.3 群众上访诉求化解率	3
	2.4 行政诉讼综合评价指数	3
	2.5 教育优质均衡发展指数	3
	2.6 社会保障支出占地方财政支出比重	3（2）
	2.7 城镇登记失业率★	2
	2.8 城乡居民医疗保险参保率★	2
	2.9 自然灾害防治安全指数	0
	2.10 数字城管问题解决率	3（2）
	2.11 行政执法综合评价指数	4（2）
发展潜力	3.1 科学研究和试验发展（R&D）经费占GDP比重	4（3）
	3.2 人才发展指数	4（3）
	3.3 万人发明专利授权量	3（2）
	3.4 万元GDP综合能耗降低率★	3
	3.5 万元GDP综合电耗降低率▲	4

续表

维度	指标名称	分值设定
发展潜力	3.6 高新技术产业产值占工业产值的比重	3（2）
	3.7 区域建设用地集约利用综合评价指数	4
	3.8 地方政府性债务率	2
	3.9 环境质量综合评价指数	9（10）
个性化指标	4.1 区、县（市）个性化指标	10

注：(1) 本指标体系适用于杭州市 12 个区、县（市），不包括淳安县。(2) 标有▲的指标适用于 6 个老城区 [上城区、下城区、江干区、拱墅区、西湖区、杭州高新开发区（滨江）]。(3) 标有★的指标适用于 6 个区、县（市）（萧山区、余杭区、富阳区、桐庐县、建德市、临安市）。(4) "自然灾害防治安全指数"为倒扣制指标，如有扣分事项发生，以发展指标的 4 分权重为满分折算扣分。(5) 资料截止时间为 2015 年 12 月。

资料来源：伍彬. 政府绩效管理：理论与实践的双重变奏 [M]. 北京：北京大学出版社，2017：174－175.

个性化指标系根据市委、市政府统筹城乡发展的要求，结合各地工作实际，由市直有关单位或相关区、县（市）申报，考核项目可以针对单个区、县（市），也可以涉及多个区县（市）。个性化目标（指标）设置需要具体明确、可执行、可度量，并有可比性和连续性。设置个性化目标（指标）时，优先考虑能够反映当地区域优势、发展优势和发展重点的指标，有一定的先进性和导向性。考核数据由市级以上部门或权威的第三方机构提供。

（2）工作目标

工作目标分值设定为 35 分，分为重要工作目标和共性目标两类。其中，重要工作目标主要包括市委、市政府与各地党政领导班子签订的工作责任状和市委、市政府确定的其他重要工作任务等考核目标，每年动态调整，共性目标主要是领导班子建设、党风廉政建设、机关效能建设、社会评价意见整改和目标组织管理等。

2. 领导考评

领导考评主要是由市四套领导班子成员及市法院院长、市检察院检察长，对区、县（市）领导班子的领导力、执行力、协作力、创新力和总体工作业绩进行考评。领导力是指区、县（市）领导班子总揽全局、科学决策、组织实施的能力；执行力是指区、县（市）领导班子贯彻落实中央和省、市战略决策与工作部署，完成上级下达的目标任务的能力；协作力是指区、县

(市）领导班子团结合作、协调各方的能力；创新力是指区、县（市）领导班子紧密联系本地实际，解放思想、实事求是、积极探索、勇于创新、开拓进取的能力；总体工作业绩是指区、县（市）领导班子按照科学发展观的要求，组织领导当地经济、政治、文化、社会、生态建设取得的实际成效。

3. 社会评价

（1）评价主体

评价主体的五个层面包括市民代表，各级党代表、人大代表、政协委员及老干部代表，企业代表，部委办局和街道（乡镇）代表，以及社区居委会和行政村村委会代表，其具体权重如表7-7所示。

表7-7　　杭州区、县（市）社会评价样本权重设置情况

样本来源［所在区、县（市）］	所占权重（%）
1. 市民代表（按照各地情况确定城镇人口与农业人口的比例）	40
2. 各级党代表、人大代表、政协委员及老干部代表	25
3. 企业代表	15
4. 部委办局和街道（乡镇）代表	10
5. 社区居委会和行政村村委会代表	10
合计	100

注：资料截止时间为2015年12月。

资料来源：伍彬. 政府绩效管理：理论与实践的双重变奏［M］. 北京：北京大学出版社，2017：176。

各区、县（市）社会评价的样本量，按照当地总人口（各地人口数以第六次人口普查数据为准）予以确定。

（2）评价内容

杭州区、县（市）社会评价，按照以人为本以人和"创一流业绩、让人民满意"的综合公共服务依法行政及自身建设等方面，其设计了16项指标（见表7-8）。

表7-8　　杭州区、县（市）综合考评社会评价指标内容

序号	评价指标内容
1	您对物质生活改善情况是否满意
2	您对本区、县（市）公共文化生活是否满意

续表

序号	评价指标内容
3	您对本区、县（市）公民道德素质和社会风气是否满意
4	您对本区、县（市）政府提供的就业服务是否满意
5	您对本区、县（市）城乡扶贫济困情况是否满意
6	您对本区、县（市）义务教育是否满意
7	您对本区、县（市）医疗服务是否满意
8	您对本区、县（市）环境卫生状况是否满意
9	您对本区、县（市）社会治安状况是否满意
10	您对本区、县（市）安全生产状况是否满意
11	您对本区、县（市）政务公开、依法办事情况是否满意
12	您对本区、县（市）基层民主政治建设是否满意
13	您对本区、县（市）党政机关工作作风、办事效率是否满意
14	您对本区、县（市）选拔任用干部情况是否满意
15	您对本区、县（市）党风廉政建设是否满意
16	您对本区、县（市）党委、政府工作的总体评价

注：资料截止时间为 2015 年 12 月。

（3）特色创新

特色创新是区、县（市）综合考评的加分项目，主要是各区、县（市）上报的当地在经济建设、社会管理、公共服务、政治民主、行政改革、党的建设等方面实施的具有地方特色和推广价值的改革与创新举措，分值为 5 分，按照"自愿申报、绩效评估"的原则实施考核。

（三）"美丽杭州"淳安实验区单列考评指标体系

党的十八大把生态文明建设纳入"五位一体"的总体布局，明确建设美丽中国的战略目标，并提出要努力走向社会主义生态文明新时代的重大命题。按照习近平总书记的重要指示和中央、省委关于生态文明建设的一系列要求，2013 年 7 月 30 日，中共杭州市第十一届委员会第五次全体会议审议通过了《关于建设"美丽杭州"的决议》和《"美丽杭州"建设实施纲要（2013—2020 年）》，正式作出建设"美丽杭州"的战略决策，并将淳安列为实验区，在生态文明建设上先行探索。

为贯彻落实好市委决策，杭州市考评办（市绩效办）会同有关部门，研究建立了"美丽杭州"淳安实验区综合考评指标体系，在保持综合考评体系完整性的基础上，突出"美丽杭州"实验区单列考核，把淳安的资源消耗、环境损害、生态效益等体现生态文明建设状况的指标纳入经济社会发展评价体系。新的单列考评指标体系从2013年度区、县（市）综合考评开始实施，当年即取消了对淳安县的GDP考核，优化了环境质量综合评价指数，突出生态保护生态经济改善保障民生等内容，原则上不再考核工业经济总量等相关指标。具体指标如表7-9所示。

表7-9 "美丽杭州"淳安实验区单列考评指标

类别		目标名称	计算方法	分值及权重
发展指标	生态保护	环境质量综合评价指数	C1	2
		镇村污水治理率	C1	2
		区域建设用地集约利用综合评价指数	A4	2
	生态经济	财政可用资金保障率	C1	2
		高新技术产业增加值增长率	C1	2
		服务业增加值增长率	C1	2
		农林牧渔业增加值增速	A2	2
		社会消费品零售总额增长率	C1	2
		万元GDP综合能耗降低率	C1	2
		信息经济产业增加值增幅	C1	2
		"两化"融合指数	C1	2
	改善保障民生	社会保障支出占地方财政支出比重	A2	2
		城镇居民人均可支配收入增长率	A4	2
		民生农村常住居民人均可支配收入增长率	A4	2
		社会治安秩序	C1	2
				30
重要工作目标		生态文明建设和"五水共治"工作	/	5
		美丽杭州实验区工作（含国家良好湖泊建设工作）	/	3
		城乡区域统筹发展（新农村建设）	/	3
		"三改一拆"行动	/	3
		信息经济智慧应用工作（"一号工程"）	/	5
		食品安全综合评价	/	2
		打造"美丽杭州"，建设"两美"浙江示范区	/	倒扣制
				35

续表

类别	目标名称	计算方法	分值及权重	
重要工作目标	旅游休闲业转型升级	/	2	35
	法治政府建设（依法行政）	/	3	
	领导班子建设	/	3	
	党风廉政建设	/	3	
	社会评价意见整改目标	/	2	
	信息督查与目标管理	/	1	
领导考评	综合评定县领导班子的领导力、执行力、协作力、创新力和总体工作业绩	/	5	
社会评价	评价淳安生态保护、社会管理、公共服务、依法行政及自身建设等方面的工作业绩和社会效果	/	30	
特色创新	发展绿道经济，推进秀水富民	/	5	

注：A 类计算方法为功效系数法，C 类计算方法为得分率法。资料截止时间为 2015 年 12 月。

资料来源：伍彬．政府绩效管理：理论与实践的双重变奏［M］．北京：北京大学出版社，2017：177。

对淳安实行单列考评，按照加强主体功能区建设这一思路，立足"县域景区化、生态化"，把加强生态保护、发展生态经济、改善保障民生等作为考核的核心内容，考核的方式注重指标标准值控制比和增幅考核，采取历年来的纵向比较，以更好地体现发展质量和效益。"美丽杭州"淳安实验区单列考评指标的设置，可以引导淳安以更多的精力和财力开展生态保护与社会建设工作，保护青山绿水，发展以旅游经济为特色的服务型经济，努力建成"绿水青山就是金山银山"的样本。

参考文献

[1]［美］保罗·R. 尼文. OKR：源于英特尔和谷歌的目标管理利器[M]. 北京：机械工业出版社，2017.

[2]［美］保罗·尼文. 政府及非营利组织平衡计分卡[M]. 北京：中国财政经济出版社，2004.

[3]［美］道格拉斯·C. 诺思. 制度、制度变迁与经济绩效[M]. 上海：上海人民出版社，1994.

[4]［美］加里·德斯勒. 人力资源管理[M]. 北京：中国人民大学出版社，1999.

[5]［美］凯思·麦基. 建设更好的政府：建立监控与评估系统[M]. 北京：中国人民大学出版社，2009.

[6]［美］雷蒙德·A. 诺伊等. 人力资源管理：赢得竞争优势[M]. 第五版. 北京：中国人民大学出版社，2005.

[7]［美］罗伯特·卡普兰，大卫·诺顿. 战略地图：化无形资产为有形成果[M]. 广州：广东经济出版社，2005.

[8]［美］罗伯特·卡普兰，戴维·诺顿. 战略中心型组织[M]. 北京：人民邮电出版社，2004.

[9]［美］马克·波波维奇. 创建高绩效政府组织[M]. 北京：中国人民大学出版社，2006.

[10]［美］马克·霍哲. 公共部门业绩评估与改善[J]. 中国行政管理，2000（3）.

[11]［美］尼古拉斯·亨利. 公共行政与公共事务[M]. 北京：中国人民大学出版社，2002.

［12］［美］尼克·斯坦顿．控制沟通［M］．北京：高等教育出版社，2000．

［13］［美］斯蒂芬·S. 罗宾斯．管理学［M］．第 7 版．北京：中国人民大学出版社，2004．

［14］［美］唐纳德·P. 莫伊尼汗．政府绩效管理：创建政府改革的持续动力机制［M］．北京：中国人民大学出版社，2020．

［15］［美］西奥多·H. 波伊斯特．公共部门绩效评估［M］．北京：中国人民大学出版社，2016．

［16］［美］西奥多·H. 波伊斯特．公共与非营利组织绩效考评：方法与应用［M］．北京：中国人民大学出版社，2005．

［17］包国宪，鲍静．政府绩效评价与行政管理体制改革［M］．北京：中国社会科学出版社，2008．

［18］包国宪，曹西安．论政府绩效管理中的绩效沟通［J］．经济体制改革，2007（1）．

［19］包国宪，董静．政府绩效评价在西方的实践及启示［J］．兰州大学学报（社会科学版），2006（5）．

［20］蔡立辉．西方国家政府绩效评价的理念及其启示［J］．清华大学学报（哲学社会科学版），2003（1）．

［21］蔡立辉．政府绩效评估的理念与方法分析［J］．中国人民大学学报，2002（5）．

［22］陈洪江．坚持改革创新　加强机关建设——天津市政府办公厅十年来实行目标管理的做法和经验［J］．中国行政管理，2001（6）．

［23］陈镭．OKR 目标与关键成果法［M］．北京：机械工业出版社，2020．

［24］陈天祥，陈芬．影响政府绩效评估指标体系设计的多维因素［J］．中国人民大学学报，2007（5）．

［25］陈振明．政府部门战略管理途径的特征、过程和作用［J］．厦门大学学报（哲学社会科学版），2004（3）．

［26］董大胜，杨胜雄，等．政府绩效评价与政府会计［M］．大连：大连出版社，2005．

［27］杜世成. 提高执政能力的一条有效途径——青岛市实施目标绩效评估的实践与思考［J］. 求是，2005（24）.

［28］范柏乃，朱华. 我国地方政府绩效评价体系的构建和实际测度［J］. 政治学研究，2005（1）.

［29］范柏乃. 政府绩效评估与管理［M］. 上海：复旦大学出版社，2007.

［30］方振邦，鲍春雷. 政府组织基于平衡计分卡的绩效评价体系设计［J］. 甘肃行政学院学报，2009（4）.

［31］方振邦，金洙成. 韩国地方政府绩效管理实践及其对中国的启示——以富川市构建平衡计分卡系统为例［J］. 东北亚论坛，2010（1）.

［32］方振邦，罗海元. 中国公共组织平衡计分卡应用设计研究——以黑龙江省H市（县级）为例［J］. 北京行政学院学报，2008（1）.

［33］方振邦，孙一平. 绩效管理［M］. 北京：科学出版社，2010.

［34］方振邦，唐健，姜颖雁. 公共部门绩效管理［M］. 北京：中国人民大学出版社，2019.

［35］方振邦，杨畅. 绩效管理［M］. 北京：中国人民大学出版社，2019.

［36］方振邦. 战略性绩效管理［M］. 北京：中国人民大学出版社，2014.

［37］方振邦. 战略性人力资源管理［M］. 北京：中国人民大学出版社，2010.

［38］何文盛，曹洁，张志栋. 美国政府绩效评价中项目评价分级工具：背景、内容与借鉴［J］. 兰州大学学报（社会科学版），2009（3）.

［39］胡税根. 公共部门绩效管理——迎接效能革命的挑战［M］. 杭州：浙江大学出版社，2005.

［40］姜异康，唐铁汉. 政府绩效管理的理论与实践［M］. 北京：国家行政学院出版社，2007.

［41］康志平. 政府绩效评估与企业绩效评估比较及借鉴意义［J］. 汕头大学学报（人文社会科学版），2006（5）.

［42］寇博. 美国政府绩效评估的实践和启示［J］. 公共管理评论，

2007（1）.

［43］蓝志勇，胡税根. 中国政府绩效评估：理论与实践［J］. 政治学研究，2008（3）.

［44］林华. 因参与、透明而进步：互联网时代下的公众参与和政府信息公开［J］. 行政法学研究，2009（2）.

［45］刘旭涛. 政府绩效管理制度、战略与方法［M］. 北京：机械工业出版社，2003.

［46］吕昕阳. 政府绩效管理创新研究［M］. 北京：经济管理出版社，2017.

［47］罗美富，李季泽，章轲. 英国绩效审计［M］. 北京：中国时代经济出版社，2005.

［48］马国贤. 政府绩效管理［M］. 上海：复旦大学出版社，2005.

［49］马国贤. 政府绩效管理与绩效指标研究——兼论政府绩效管理"德州模式"［M］. 北京：经济科学出版社，2017.

［50］马亮. 第三方评估、绩效排名与政府循证管理［M］. 南京：江苏人民出版社，2021.

［51］孟华主编. 政府绩效评估：美国的经验与中国的实践［M］. 上海：上海人民出版社，2006.

［52］彭国甫. 地方政府公共事业管理绩效评估研究［M］. 长沙：湖南人民出版社，2004.

［53］彭国甫. 对政府绩效评估几个基本问题的反思［J］. 湘潭大学学报（哲学社会科学版），2004（5）.

［54］彭国甫. 价值取向是地方政府绩效评估的深层结构［J］. 中国行政管理，2004（7）.

［55］彭国甫. 行政组织学［M］. 长沙：湖南师范大学出版社，1990.

［56］彭媛媛. 中美政府绩效审计的比较与思考［J］. 审计与理财，2008（1）.

［57］祁光华，张定安. 我国公共部门绩效管理问题分析［J］. 中国行政管理，2005（8）.

［58］冉景亮. 政府绩效管理：理论与实务［M］. 北京：中国社会科学

出版社，2018.

[59] 任康磊. 绩效管理工具：OKR、KPI、KSF、MBO、BSC 应用方法与实战案例 [M]. 北京：人民邮电出版社，2021.

[60] 桑助来等. 政府绩效评估报告 [M]. 北京：中共中央党校出版社，2009.

[61] 桑助来等. 政府绩效评估研究 [M]. 北京：中国人事出版社，2005.

[62] 尚虎平. 基于数据挖掘的我国地方政府绩效评估指标设计——面向江苏四市的探索性研究 [M]. 北京：经济管理出版社，2013.

[63] 审计署科研所译. 美国政府审计准则 [M]. 北京：中国财政经济出版社，2004.

[64] 审计署外事司. 国外效益审计简介 [M]. 北京：中国时代经济出版社，2003.

[65] 盛明科. 服务型政府绩效评估体系构建与制度安排研究 [M]. 湘潭：湘潭大学出版社，2009.

[66] 施青军. 政府绩效评价概念、方法与结果运用 [M]. 北京：北京大学出版社，2016.

[67] 孙庆国. 英国地方政府绩效评估体系改革及对中国的启示 [J]. 辽宁大学学报（哲学社会科学版），2008（4）.

[68] 王义. 困境与变革：政府绩效评估发展论纲 [M]. 长沙：湖南人民出版社，2007.

[69] 吴建南，李贵宁. 教育财政支出绩效评价：模型及其通用指标体系构建 [J]. 西安交通大学学报（社会科学版），2004（2）.

[70] 吴建南，温挺挺. 政府绩效立法分析：以美国《政府绩效与结果法案》为例 [J]. 中国行政管理，2004（9）.

[71] 吴志华. 当今国外公务员制度 [M]. 上海：上海交通大学出版社，2008.

[72] 伍彬. 政府绩效管理：理论与实践的双重变奏 [M]. 北京：北京大学出版社，2017.

[73] 杨洪. 政府绩效评估 200 问 [M]. 北京：人民出版社，2007.

［74］叶贵炎．论绩效评估申诉制度［J］．理论界，2006（10）．

［75］臧乃康．政府绩效的复合概念与评估机制［J］．南通师范学院学报（哲学社会科学版），2001．

［76］臧乃康．政府绩效评估价值及其实现［J］．武汉大学学报（哲学社会科学版），2005（6）．

［77］臧乃康．政府绩效评估价值与和谐社会的契合［J］．探索，2005（4）．

［78］臧乃康．政府绩效评价及其系统分析［J］．江苏社会科学，2004（2）．

［79］曾友中．主体选择：地方政府绩效评价研究的视角及问题域［J］．湘潭大学学报（哲学社会科学版），2007（12）．

［80］张成福，党秀云．公共管理学［M］．北京：中国人民大学出版社，2001．

［81］张泰峰等．公共部门绩效管理［M］．郑州：郑州大学出版社，2004．

［82］赵晖，贺小林．政府绩效评估与企业绩效评估比较［J］．统计与决策，2008（5）．

［83］郑方辉，张文方，李文彬．中国地方政府整体绩效评价：理论方法与"广东试验"［M］．北京：中国经济出版社，2008．

［84］中国行政管理学会课题组．政府部门绩效评估研究报告［J］．CPA中国行政管理，2006．

［85］周志忍．当代国外行政改革比较研究［M］．北京：国家行政学院出版社，1999．

［86］周志忍．公共组织绩效评估：中国实践的回顾与反思［J］．兰州大学学报（社会科学版），2007（1）．

［87］朱国玮，黄珺，汪浩．政府绩效信息的获取、使用与公开制度研究［J］．情报科学，2005（4）．

［88］朱立言，张强．当代美国联邦政府绩效评价的方法和技术［J］．国家行政学院学报，2005（6）．

［89］朱立言，张强．美国政府绩效评估的历史演变［J］．湘潭大学学

报（哲学社会科学版），2005（1）.

［90］朱衍强. 中国地方政府绩效管理研究——以深圳的实践为例［M］. 北京：经济管理出版社，2013.

［91］卓越. 以公共部门绩效评估为基点的评价类型比较［J］. 湘潭大学学报（哲学社会科学版），2005（5）.

［92］卓越. 政府绩效管理概论［M］. 北京：清华大学出版社，2007.

［93］卓越. 政府绩效评价指标设计的类型和方法［J］. 中国行政管理，2007（2）.

［94］Administrative Management in the Government of the United States, 1937.

［95］Alan Price. Human Resource Management in a Business Context (2nd Edition). Thomson Learning, 2004.

［96］Angela Antonelli. The 1993 Results Act: What are the Results? Regulation, Washington, Summe, 1998.

［97］Anne Ketelaar et al. Performance-based Arrangements for Senior Civil Servants OECD and other Country Experiences. OECD Working Papers on Public Governance. OECD Publishing, 2007.

［98］Audit Commission. Commission for Social Care Inspection, Healthcare Commission, HM Inspectorate of Constabulary, HM Inspectorate of Prisons, HM Inspectorate of Probation and Ofsted, Comprehensive Area Assessment, 2007.

［99］Audit Commission. CPA—The Harder Test Framework for 2007 (London), 2007.

［100］Beryl A Radin. Intergovernmental Relationships and the Federal Performance Movement, Pulius, Philadelphia, 2000.

［101］Cabinet Office, National Audit Office. Audit Commission. Choosing the Right Fabric: A Framework for Performance Information. UK, 2001.

［102］Cabinet Office. Civil Service Management Code. UK, 2009.

［103］Cabinet Office. Managing Performance in the Senior Civil Service-A Guide for HR Practitioners, Managers, and Members of the Senior Civil Service. UK, 2010.

［104］Cabinet Office. Modernizing Government. UK, 1999.

［105］ Craig Foltin. State and Local Government Performance: It's Time to up. The Government Accountants Journal, 1999.

［106］ David H. Rosenbloom. Reinventing Administrative Prescriptions: The Case for Democratic-Constitutional Impact Statements and Scorecards. Public Administration Review, 2007.

［107］ Department for Communities and Local Government. Development of the New LAA framework-Operational Guidance 2007. UK, 2010.

［108］ Department for Communities and Local Government. Measuring and Reporting Value for Money Gains. UK, 2009.

［109］ Department for Communities and Local Government. National Indicators for Local Authorities and Local Authority Partnerships-Handbook of Definitions. UK, 2008.

［110］ Department for Communities and Local Government. The Local Government White Paper. UK, 2009.

［111］ Department for International Development. Evaluation Policy. UK, 2009.

［112］ D. Osborne, T. Gaebler. Reinventing Government: How the Entrepreneurial Spirit is Transforming the Public Secter. New York: Plume, 1993.

［113］ D. W. Williams. Measuring Government in the Early Twentieth Century. Public Administration Review, 2003.

［114］ F. Bocci. A New BSC Architecture for the Public Sector. Perspectives on Performance, 2005.

［115］ Graeme Boowning. Quest for Quality. National, 1991.

［116］ Harry P. Hatry. Performance Measurement: Fashions and Fallacies. Public Performance & Management Review, 1999.

［117］ HM Treasury. Meeting the Aspirations of the British People: 2007 Pre-Budget Report and Comprehensive Spending Review. UK, 2007.

［118］ HM Treasury. PSA Delivery Agreement. UK, 2007.

［119］ HM Treasury. Service Transformation Agreement. UK, 2007.

［120］ John Mercer. OMB's Program Assessment Rating Tool. http://www.John-mercer.com.

[121] Jonathan D. Breul. The Government Performance and Results Act-10 Years Later. The Journal of Government Financial Management. Alexandria, Spring, 2003.

[122] Joseph S. Wholey. Federal Evaluation Policy. Washington D. C. : Urban Institute, 1970.

[123] Kenneth Prewitt. Principles of American Government. Publishers, 1980.

[124] Local Government Association. An Introduction to the Local Performance Framework-Delivering Better Outcomes for Local People. UK, 2007.

[125] Martin Loughlin. Local Government in the Modern State. London: Sweet and Maxwell, 1986.

[126] MHRM (C). Staff Appraisal System. Mosque Human Resource Manual by Majlis Ugama Islam Singapura (MUIS).

[127] Mik Wisniewski. Developing Balanced Scorecards in Local Authorities: A Comparison of Experience. International Journal of Productivity and Performance Management, 2004.

[128] NAO of UK. Value for Money Handbook—A Guide for Building Quality into VFM Examinations, 2003.

[129] Northumberland County Council. Executive Report for Q3. UK, 2010.

[130] Northumberland County. Senior Management Structure. UK, 2010.

[131] Office of Management and Budget. Budget of the United States Government. Analytical Perspective, 2006.

[132] Office of the Deputy Prime Minister. Local Area Agreements: Guidance for Round 3 and Refresh of Rounds 1 and 2. UK, 2006.

[133] P. R. Mullen. Performance-based Budgeting: The Contribution of the Program Assessment Rating Tool. Public Budgeting & Finance, 2006.

[134] Susan A. Timberlake. The Effect of The Government Performance and Results Act on Museums. Visitor Studies Today, Vol. 2.

[135] Ung-Yong Choi, Hyun-Yun Cho, Sung-Hee Kwon, Jae-Hyung Cho, Hyun-Jung Bae. A Case Study of Local Government's Balanced Performance Management System Focused on BSC Implementation in Bucheon City. Reasearch of

Management Accounting (Special issue), 2008 (3).

[136] United States General Accounting Office. GPRA Has Established a Solid Foundation for Achieving Greater Results. Report to Congressional Requesters, 2004 (3).

[137] William Jefferson Clinton. Remarks on Signing the Government Performance and Results Act of 1993 and an Exchange with Reporters. Public Papers of the Presidents, August 3, 1993.

[138] World Development Report. The Challenge of Development. Washington D. C.: The World Bank, and Oxford University Press, 1991.